浙江省高职院校“十四五”重点教材

“国际商务单证员”培训推荐教材

国家双高专业群建设成果

高等职业教育新形态一体化教材

新编21世纪高等职业教育精品教材◆经济贸易类

进出口单证实务

（第四版）

JINCHUKOU DANZHENG SHIWU

主 编 芮宝娟 孙 康

副主编 齐朝阳 张 华

潘飞霞 张群艳

中国人民大学出版社

·北京·

图书在版编目(CIP) 数据

进出口单证实务/芮宝娟，孙康主编. --4版. --北京：中国人民大学出版社，2023.3
新编21世纪高等职业教育精品教材. 经济贸易类
ISBN 978-7-300-30617-9

Ⅰ.①进… Ⅱ.①芮… ②孙… Ⅲ.①进出口贸易—原始凭证—高等职业教育—教材 Ⅳ.①F740.44

中国版本图书馆CIP数据核字（2022）第086500号

浙江省高职院校“十四五”重点教材
“国际商务单证员”培训推荐教材
国家双高专业群建设成果
高等职业教育新形态一体化教材
新编21世纪高等职业教育精品教材·经济贸易类
进出口单证实务（第四版）
主　编　芮宝娟　孙　康
副主编　齐朝阳　张　华　潘飞霞　张群艳
Jinchukou Danzheng Shiwu

出版发行 中国人民大学出版社
社　　址 北京中关村大街31号　　**邮政编码** 100080
电　　话 010－62511242（总编室）　010－62511770（质管部）
010－82501766（邮购部）　010－62514148（门市部）
010－62515195（发行公司）　010－62515275（盗版举报）
网　　址 http://www.crup.com.cn
经　　销 新华书店
印　　刷 北京密兴印刷有限公司
规　　格 185 mm×260 mm　16开本
印　　张 18.75
字　　数 437 000
版　　次 2010年3月第1版
2023年3月第4版
印　　次 2023年3月第1次印刷
定　　价 49.00元

第四版前言

《进出口单证实务》第四版的修订旨在及时反映国际贸易领域的国际国内规则、法律法规的新变化、新发展和新做法，以满足时代发展和读者的需要。本版教材的修订背景包括：电子商务和数字贸易飞速发展，贸易便利化和单一窗口深入推进，中国海关与出入境检验检疫局于2018年启动“关检合一”改革，相关法律法规和实际业务随之发生变化。2018年11月，环球同业银行金融电讯协会对SWIFT信用证相关报文进行升级，并增加了信用证修改的续接报文MT708。国际商会修订的《国际贸易术语解释通则2020》于2020年1月1日生效实施。随着我国自贸区建设的战略升级，到2021年年底，我国已经拥有了1个优惠贸易安排（亚太贸易协定）和19个自由贸易区协定；2022年1月1日，《区域全面经济伙伴关系协定》(RCEP）正式生效；互联网时代下，原产地证书的申领也迈入了秒通时代。这些背景的变化要求我们在国际贸易的操作包括对进出口单证的缮制也应做出相应调整。此外，“互联网+”时代的到来，《国家职业教育改革实施方案》和《高等学校课程思政建设指导纲要》的颁布，也对教材建设提出了新的要求。

因此，为了能反映这些新的变化和适应职业教育新的要求，本次修订在保持本教材原有编写体系的基础上，更新了教材中的进出口案例，并为深入贯彻落实习近平总书记在全国高校思想政治工作会议上有关要用好课堂教学这个主渠道的精神，在“学习目标”栏目中增加了素养目标、在每个项目中增加了“素养园地”栏目；在进出口报关报检的单证操作环节按“关检合一”展开，并新增了“国际贸易单一窗口”的申报界面。

本次修订还随书配备了动画、PPT课件、习题、思维导图、互动动画等丰富的数字资源，并将浙江省高等学校在线开放课程共享平台课程《外贸单证操作》（https：//www.zjooc.cn/course/8a22821a850eb34d0185b55c711f6586）的线上资源与教材实现互联互通，全面和丰富的数字资源，更加有利于开展线上线下混合的教与学，实现“学能辅教”。

浙江经济职业技术学院芮宝娟副教授负责修订绪论及项目2、4、5、10、11、12；

潘飞霞老师负责修订项目13；江苏联合职业技术学院苏州建设交通分院孙康副教授负责修订项目6中的任务1、2、3、5、6及项目8、9；原浙江轻工业品进出口有限公司的齐朝阳经理负责修订项目1、3、7；常熟外轮代理有限公司船务部经理张华负责修订项目6中的任务4；北京络捷斯特科技发展股份有限公司的教学总监张群艳负责本教材配套数字化资源建设（电子课件、二维动画、交互动画等）。

感谢浙江万木新材料科技股份有限公司的方天宇先生、台州市路桥朗信进出口有限公司的张雨婷女士、宁波千盛供应链管理有限公司的支小莉女士、浙江翰达国际货运有限公司的周源先生，为本次教材修订提供了第一手的企业素材和宝贵的意见。

由于作者水平有限，书中难免存在不足和需进一步改进之处，欢迎同行、专家和读者赐教。

编者

目录

绪　论

一、外贸单证的含义

外贸单证是指外贸进出口业务过程中使用的单据、文件与证书，买卖双方凭借这些单据、文件与证书来处理货物的交付、运输、保险、检验检疫、报关、结汇等工作。狭义的单证主要指单据和信用证，广义的单证则指各类文件和凭证。

外贸单证概述（课件）

《跟单信用证统一惯例》（以下简称《UCP600》）第5条规定："银行处理的是单据，而不是单据可能涉及的货物、服务或履约行为。"可见，单证在现代国际贸易结算过程中（尤其是在信用证结算方式下）具有非常重要的地位。

二、外贸单证工作的重要性

单证工作贯穿进出口业务中的销售、采购、运输和收汇的整个过程，具有工作量大、时间性强、涉及面广的特点，因此，单证和单证工作在国际贸易业务中发挥着重要的作用。

（一）单证是国际结算的基本工具

国际货物买卖是国与国之间的商品买卖，是货物与货币的交换。但买卖双方处在不同的国家、地区，商品与货币不能简单地直接交换，而必须以单证作为交换的凭证。因此，国际货物买卖又称为单据买卖。例如，在信用证结算方式下，卖方凭与信用证要求完全一致的全套单据收取货款，因此，正确缮制各种单证，以保证交货后能及时地收回货款就显得十分重要。

（二）单证是履行合同的证明

单证具有证实出单人（或签发人）业已履行合约或满足信用证某项要求的作用。如在象征性交货的贸易术语下，卖方凭单交货，买方凭单付款，卖方只要提交符合合同或符合信用证规定的与货物有关的单据就认为已完成交货义务，而买方的付款则是以卖方提交合同或信用证规定的货物单据为前提的。

（三）单证工作是企业经营管理的重要环节

单证是为贸易全过程服务的，贸易合同的内容、信用证条款、货船衔接、审证改证、交单议付等业务管理的问题，最后都会在单证工作中反映出来。单证工作是外贸企业经营管理中一个非常重要的环节，单证工作组织管理的优劣直接关系到外贸企业的经济利益。

（四）单证工作是政策性很强的涉外工作

单证工作是一项政策性很强的涉外工作，体现着平等互利和遵循国际惯例的精神。外贸单证作为涉外商务文件，必然体现国家的对外政策，因此必须严格按照国家有关外贸的法规和制度办理。例如，进出口许可证关系到国家对某些进出口商品的计划管理，甚至还会涉及两国之间的贸易协定。

（五）单证工作是发生业务纠纷后索赔的依据

外贸单证作为收汇的依据，当发生贸易纠纷时，又常常是处理争议、解决索赔的依据和法律文件。如货物在运输途中受损，被保险人向保险公司提出索赔，保险单就是赔偿的凭证；如关系到赔偿额的计算问题，发票就是赔偿的依据；如属于承运人的责任，向承运人索赔，提单或其他运输单据就是处理索赔的依据；如因货物品质发生争执，品质检验证书就是处理纠纷的依据。

三、单证制作的基本要求

外贸单证制作的质量，直接关系到企业能否安全顺利结汇，所以，单证不可随意缮制，必须符合商业法规、国际惯例和实际需要。外贸单证的制作必须做到：正确、完整、及时、简明、清晰。

（一）正确

正确是单证制作的前提，单证不正确就意味着不能安全结汇。

在制单过程中要做到正确，包括两个方面的内容：一方面要保证各种单据必须做到“三相符”，即单据与信用证相符、单据与单据相符、单据与贸易合同相符；另一方面则要求各种单据必须符合有关国际惯例和进口国的有关法令与规定。信用证结算方式下，从银行角度来说，它们只控制“单证相符”和“单单相符”；从外贸出口企业角度来说，除以上三个“相符”外，还有一个“单货相符”需要严格控制，只有这样，单证才能真实代表出运的货物，才能确保正常履约，安全收汇。

在跟单托收业务中，对单据的要求虽然不像信用证那样严格，但如果不符合买卖合同的规定，也有可能被进口商找到借口，拒付货款或延付货款。

（二）完整

完整是指全套单证必须完整无缺。单证完整主要包括三层意思：一是单证种类完整，即单证在通过银行议付或托收时，一般都是成套的、齐全的，而不是单一的。遗漏任何一种单证，都是单证不完整。二是单证内容完整，即每一种单证本身的内容（包括单证本身的格式、项目、文字和签章、背书等）必须完备齐全，否则不能构成有效文件。三是单证份数完整，即出口商提供的各种单证，要按信用证或买卖合同的要求和惯例如数交齐，不能短缺。

（三）及时

外贸单证工作的时间性很强，各种单证都要有一个适当的出单日期。及时出单是指各种单证的出单日期必须合理可行（如信用证结算方式下，必须紧紧掌握信用证的装运期、有效期、交单期），并保证各种单证的出单日期及交单日期符合实际的操作顺序。

（四）简明

单证的内容力求简化，力戒烦琐。单证的内容应按合同或信用证的要求和国际惯例填写，力求简明，切勿加列不必要的内容，以免画蛇添足。简化单证不仅可以减少单证人员的工作量，提高工作效率，而且有利于提高单证的质量和减少单证的差错。

（五）清晰

清晰是指单证表面要清洁、美观、无涂改，单证的各项内容清晰易认，记载简洁明了。清晰主要体现在三个方面：一是单证的格式设计和文字使用力求标准化、规范化；二是单证内容的排列要行次整齐，主次有序，重点项目突出醒目，字迹清晰，语法通顺，用词简明扼要、恰如其分；三是如有更改，则更改处一定要加盖校对章或校签，如果更改处较多，则应重新缮制单证。

四、外贸单证的流转程序

出口单证的流转（动画）

（一）出口单证的流转程序（以L/C、CIF贸易术语为例）

1. 信用证的审核与修改

（1）来证登录。

信用证一般由出口国的银行（通知行）传递给出口企业。出口企业收到信用证后必须立即做好登录，登录的内容主要有信用证号码、合同号码、开证申请人、开证行、总金额、装运期、信用证有效期等，以便查考和管理。

（2）信用证的审核。

信用证的审核应以合同为基础，参照《UCP600》来进行，必须对信用证的全文和附件以及证实书等，结合外贸业务实际情况从头到尾、上下前后、逐条、逐字地进行仔细审核。如果信用证有附件或证实书、修改书等文件，要与原证对照，对这些相关文件进行同样细致的审核，并执行最终有效的条款。

（3）信用证的修改。

信用证在审核过程中，如发现有问题，应及时通知国外客户通过开证行进行修改。

2. 出口单证的缮制程序

（1）缮制商业发票和装箱单。

发票是所有单据中的核心单据，其他单据的主要内容都是根据发票制作的，所以缮制发票时一定要符合信用证、合同的规定，同时还要与交货情况一致。L/C（Letter of Credit，信用证）要求提供的文件中，对商业发票要求最严格。发票的日期要确定在开证日之后、交货期之前。发票中的货物描述要与L/C上的完全相同，小写金额和大写金额都要正确无误，信用证对发票的填制要求应显示出来。如果发票需办理对方大使馆认证，一般要提前20天办理。有时一批出口商品有多个品种，包装情况又很复杂，而信用证没有要求在发票上详细列明，则可以在装箱单上补充列明。装箱单应清楚地列明货物装箱情况，要显示每箱内装货物的数量，每箱的毛重、净重、外箱尺寸。按外箱尺寸计算出来的总体积要与标明的总体积相符。要显示唛头和箱号，以便于客户查找。装箱单的重量、体积要与提单相符。

（2）缮制检验检疫申请书并报检。

凡属于法定检验的商品，在出口前必须由海关实施强制检验。这类商品出口时，应在国际贸易单一窗口完成检验检疫的申请。

不属于法定检验的出口商品，如果合同、信用证中没有要求检验检疫，则不必报检。

（3）缮制出口托运单并办理托运手续。

出口企业在备货的同时要根据合同中的贸易条件和运输条款按照不同的要求办理不同的托运手续，缮制不同的托运单。

在CIF（Cost，Insurance and Freight，成本加保险费加运费）或CFR（Cost and Freight，成本加运费）条件下，租船订舱是卖方的主要职责之一。出口货物数量较大，需要整船载运的，则要办理租船手续；出口货物数量不大，不需要整船载运的，可洽订班轮或租订部分舱位运输。

租船订舱的简单程序为：

1）出口商委托货代公司办理托运手续，填写托运单（Shipping Note，亦称“订舱委托书”），递送货代公司作为订舱依据。

2）货代公司收到托运单进行审核后，填制货代公司抬头的订舱委托书向船公司订舱（或在船公司官网上电子订舱）。

3）船公司接受订舱后通过货代公司通知出口企业装箱时间。出口企业将报关资料发送给货代公司，由货代公司统筹安排装箱、报关、集港。

（4）缮制投保单并投保。

在 CIF 贸易术语下，出口企业还要办理保险手续。出口企业在投保时应将货物名称、保额、运输路线、运输工具、开航日期、投保险别等一一列明。有些进出口公司同保险公司的业务量较大，为简化手续，一般不填写投保单，而是利用出口货物明细单或商业发票等替代投保单，保险公司接受投保，签发保险单或保险凭证。

（5）缮制出口货物报关单并报关。

报关是指进出口货物装船出运前，向海关申报的手续。按照《中华人民共和国海关法》（以下简称《海关法》）的规定，凡是进出国境的货物，必须经由设有海关的港口、车站、国际航空站进出，并由货物的收发货人或其代理人向海关申报，经过海关放行后，货物才可提取或者装船出口。当前，我国的出口商在办理报关时，必须填写出口货物报关单，必要时还需提供出口合同副本、发票、装箱单或重量单、商品检验证书及其他有关证件，向海关申报出口。根据我国海关的规定，一般货物在出运的 24 小时前报关。报关时，凭报关单向海关申报，海关验明货物无误后，商品才可以装上运输工具出运。

（6）确认运输单据。

集装箱进入港区后，货代公司需跟踪集装箱配载情况并随时与出口企业联系，直至集装箱装载上船。船舶启运后，由货代公司和船公司确认提单草本，并由出口企业完成确认。确认无误后，船公司或船代在 2～3 天内根据出口企业的要求出具正本提单（电放提单或海运单），再由货代公司转交出口企业。

（7）发送装运通知。

出口商在开船后要及时通知客户发货的细节，包括船名、航班次、开船日、预计抵港日、货物及数量、金额、包装件数、唛头、目的港代理人等。有时 L/C 要求提供发送证明，如传真报告书、发函底单等，应在客户要求的时间内办理。

（8）审单。

各种单据缮制完后，出口企业应进行审核。审单的基本要求是确保“单证一致，单单一致、单同一致、单货一致”。

（9）交单、议付、结汇。

交单是指出口企业将审核无误的单证按所需的份数及时送交有关银行。议付是指议付行在保留追索权的条件下，购买信用证受益人出具的汇票及所附单据。结汇是指银行在审单后，将汇票与单证寄交进口方开证行或指定付款行，向其索款，待款到后，出口企业按银行牌价将外汇货款结售给银行，银行将人民币结付给出口企业。至此，才履行完一个合同的所有环节，达到出口创汇的目的。

出口企业交单的基本要求是：单证齐全完整，提交及时。

（10）改单。

出口企业交单后，银行进行审单，如发现单证有错，则将单证退回，出口企业应及时进行改单，不可拖延。如果进口方开证行或付款行审单后，拒付或退回并要求更正的单证，应立即查明原因并及时解决。

（11）单证的留底和保管。

所有出口单证，尤其是议付单证，必须有一套副本留底存档，以备改单和查阅。

（二）进口单证的流转程序（以 L/C、FOB 贸易术语为例）

进口单证的流转（动画）

1. 进口许可证的申领

如果进口的商品属于国家进口贸易管制的范围，则在开立信用证前，必须先向指定的发证机构申领进口许可证。

2. 开证申请书的填制

许可证申领后，以信用证为付款方式的进口合同，进口企业要在合同规定日期内向银行申请开立信用证。

3. 办理订舱手续

如果合同是以 FOB（Free on Board，装运港交货）贸易条件签订的，进口企业要负责安排运输工具，即办理租船订舱，填制订舱委托书。

4. 办理预约保险手续

根据买卖合同书向保险公司办理预约保险单，等收到卖方装运通知书后，预约保险单生效。

5. 审核到货单证

进口企业收到银行转来的相关单据后，应认真审核。经审核，如发现单据不符或存在问题，应通过银行及时提出拒付的理由。

6. 办理进口报检手续

货物到达目的港后，进口企业应抓紧时间做好货物的数量和质量的检验工作。属于法定检验的，必须在规定的时间内向中国海关进行报检，填写“入境货物检验检疫申请单”。

7. 办理进口报关手续

进口货物到货后，进口商应在海关规定的时间内向进口地海关申报进口，填写“进口货物报关单”，属于法定检验的还要在海关实施检验检疫后申请放行。

8. 办理进口付汇

进口货物到货、办完海关完结手续后，进口企业可凭进口报关单、合同或发票等任何一种能够证明交易真实性的单证在银行直接办理付汇手续。

第一篇
出口单证操作

买卖双方签订合同后就进入了合同的履行阶段，以 CIF 条件成交和 L/C 方式支付的合同，出口商必须经过以下环节：落实信用证、租船订舱、投保、报检、报关、制作结算单证、审单、核销退税。以 FOB 条件成交和汇付（T/T）或托收方式支付的合同，对出口商来说，则主要经过报检、报关、制作结算单证、核销退税等环节。“关检合一”后，报关、报检操作趋于便利化，可以直接通过国际贸易单一窗口自理或者代理完成。因此，在信用证结算方式下，对出口商而言，业务的流转过程涉及的单证工作项目相对于汇付（T/T）或托收来说要更为复杂。

本篇分为三条线：

第一条线以 CIF 交易条件、信用证结算方式成交为例，根据单证员的工作内容，从项目 1 至项目 7，详细介绍了出口合同履行过程中的单证流转过程：审核信用证——撰写改证函，海运出口货物的托运办理——订舱委托书的填制，出境货物的报检——出境货物检验检疫申请表的填制，出境货物的报关——报关委托书和出口货物报关单的填制，出口货物投保——投保单的填制和审核保险单，制单——商业发票、装箱单、一般原产地证书、海运提单、装船通知、汇票的制作，审单——审核商业发票、装箱单、海运提单、一般原产地证书、保险单。

第二条线（项目 8）以 FOB 交易条件、托收（D/P）结算方式为例，介绍了商业发票、详细装箱单、海运提单、普惠制产地证、汇票、出口商证明信等结算单证的填制方法。

第三条线（项目 9）以 CIP 交易条件、电汇（T/T）结算方式为例，介绍了在出口业务中其他常用单据（包括航空运单、其他产地证、船籍证明）的填制。

信用证的审核与修改

项目引入

在信用证结算方式下，对出口商来说，落实信用证是履行出口合同中不可缺少的重要环节。落实信用证工作主要包括催证、审证和要求进口商改证三项。如果买方在合同规定的期限内开出信用证，催证工作就可以省略。但是在收到信用证后，审证工作是必不可少的。因为信用证是一份自足的文件，处理的只是纯粹的单据交易——信用证项下有关各方的权利与义务仅以信用证条款为依据，不受贸易合同的约束，即使信用证援引了相关合同条款，开证银行的付款与拒付也仅以单据为唯一依据，而不管单据之外的事实。所以，卖方必须严格审核信用证条款（Examination of the L/C），对来证中不符合买卖合同的条款及时更改（Amendment of the L/C），以便掌握安全收汇的主动权。

学习目标

知识目标

1. 熟悉信用证的审证要点
2. 熟悉信用证的修改程序

技能目标

1. 能够读懂信用证条款
2. 能够对照合同找出信用证的问题条款
3. 能够撰写修改函

素养目标

1. 具备耐心、细心、严谨的工作作风

2. 践行精益求精的大国工匠精神
3. 树立爱岗敬业、踏实勤奋的职业精神

素养园地

信用证业务流程

浙江省某轻工艺进出口有限公司与泰国一进口商签订一笔毛绒玩具的合同，交货条件为CFR曼谷，支付条款为即期信用证，对方开来信用证后出口商进行了仔细审核，后来对方将运输方式改为空运，但对原证中的“提交一份受益人证明，证明出口方已将海运提单副本寄给开证申请人”这一条款却只字未提，我方接受进口商的信用证修改书后未对该条款提出相应修改。出口方办妥空运手续后，备齐单据向议付行交单。议付行审单发现：若出口方按单据条款处理的话将造成单单不符（有关单据内容与受益人证明要求内容不符）；若按实际情况处理的话则单证不符（未提交信用证规定的受益人证明信），从而使出口商陷入进退两难的局面。开证行收到全套议付单据后来电称：“因受益人证明与其他单据不符，我行根据《UCP600》条款拒收单据，并将不符点指示给客户，一旦客户付款，而贵行又无新的指示，我方会将款项在扣除我方费用后偿付给你们。”议付行收到拒付后，一方面向开证行提出，该不符点系由于进口商疏忽所造成，而非我方过错；另一方面与受益人联系，请他们与进口商商谈赎单事宜。最后，开证行来电称进口方同意在降价20%的条件下付款赎单，最后，经过协商，双方同意降价15%，进口商付款赎单了结此笔业务。此笔业务导致货款损失了15%，这是因为未仔细审核信用证修改书而造成的。

在进出口业务中，出口商一般比较重视对信用证的审查，但往往忽视审核信用证修改书。在实务操作中，对每个细节都要有严谨的工作作风，力争做到精益求精，不放过每一个环节。

任务　审证与改证

知识支撑

信用证的内容

一、审证的依据和要点

信用证的审核一般可分为通知银行审核和出口企业审核两部分，两者审核的侧重点和内容不同。通知银行一般从国家政策、开证行的资信、信用证的真伪以及信用证的兑付条款等方面进行审核。出口企业的单证员主要审核信用证的内容，即信用证条款。这里主要介绍出口企业应该如何审核信用证。

（一）审证的依据

1. 外贸合同

信用证是依据外贸合同开立的，所以其条款应与外贸合同的条款相符。外贸合同是开立信用证的基础，因此，审查信用证条款是否与外贸合同的条款相符，是单证员收到信用证后的首要工作。信用证条款规定比合同条款严格时，应当对信用证中存在的问题提出修改意见（在实际业务中以是否影响出口商安全收汇和顺利履行合同义务为依据）。信用证条款规定比合同条款宽松时，可以不要求修改。

2. 国际商会的第 600 号出版物《跟单信用证统一惯例》（《UCP600》）

单证员审核信用证时，应遵循《UCP600》的规定来确定是否可以接受信用证的某些条款。例如，关于分批装运和转运，如果合同中有规定允许分批装运（或转运），而信用证没做“禁止”规定，根据《UCP600》的规定，则视为允许分批装运（或转运）。

3. 实际业务中的操作情况

对于外贸合同中未做规定或无法根据《UCP600》来做出判断的信用证条款，单证员应根据实际业务中的操作情况进行审核。这里的实际操作情况，是指信用证条款对安全收汇的影响程度、进口国的法令和法规以及开证申请人的商业习惯等。

（二）审证要点

1. 信用证的类别

审证要点（思维导图）

《UCP600》第 3 条规定：“信用证是不可撤销的，即使未如此表明。（A credit is irrevocable even if there is no indication to that effect.）”因此，所有的信用证都是不可撤销信用证。在检查信用证的类别时要注意检查是否可保兑和可转让。如合同规定买方开立不可撤销的保兑的信用证，则应检查信用证中有无注明“CONFIRMED”字样、保兑行名称以及保兑行明确的保兑条款或声明。如合同规定为不可撤销的可转让的信用证，则应检查信用证有无注明“TRANSFERABLE”字样以及自由议付信用证项下的经开证行特别授权作为转让行的银行名称。

2. 开证行的资质

虽然通知银行为了给客户提供便利和服务，可以代为调查审核开证行的资质，但银行对其提供的信息不负任何法律责任。因此，如果出口商对开证行的资信和付款能力有疑问，可要求开证行所在国或第三国的信誉卓著的大银行对信用证加具保兑。

3. 信用证开证申请人与受益人的名称与地址

信用证开证申请人与受益人的名称与地址，如果来证出错，应及时修改，以免制单时发生困扰而影响收汇，因为开证行有理由拒付由非受益人出具的单据。

4. 信用证有效期及各相关日期的合理性

信用证的期限主要包括三项内容：装运期、有效期和交单期。

带你了解信用证“三期”（动画）

（1）装运期：要注意信用证上的装运期是否与合同相符，是否合理。如果来证的装运期太近，或因生产、船期等原因无法按时装运，在申请展期的时候，应将信用证的有效期同时顺延，因为最后装运日期的延展并不意味着信用证有效期的顺延。另外，还应注意若信用证中未规定装运期，则最迟装运日与信用证截止日为同一天，即通常所称的“双到期”。在实际业务操作中，应合理规定最迟装运日（一般在信用证截止日前 15 天），以便受益人有合理时间来制单结汇。

（2）有效期（截止日）：按《UCP600》第 6 条 d 款的规定，信用证必须规定一个交单的截止日，没有规定有效期的信用证为无效信用证。若信用证规定付款、承兑或议付的截止日，则这一日期为信用证的有效期。

（3）交单期：一般信用证都会规定一个交单期限，即运输单据签署后的某段时间，但同时又在信用证的有效期内。按《UCP600》第 14 条 c 款的规定，提交若包含一份或多份按照本惯例第 19 条、20 条、21 条、22 条、23 条、24 条或 25 条出具的正本运输单据，则必须由受益人或其代表按照相关条款在不迟于发运日后的 21 个公历日内提交，但无论如何不得迟于信用证的截止日。该条款的含义是如果信用证未规定交单期，最迟的交单期为运输单据日期后第 21 天，但又必须是在信用证的有效期之内。

应当注意，如果信用证的截止日和最迟交单日适逢接受交单的银行歇业（法定节假日或银行休息日，非天灾、暴动、战争、罢工等原因），则截止日或最迟交单日可顺延至其重新开业的第一个银行工作日。但最后装运日期则不能因为载货的船公司的法定节假日或休息日而顺延。

5. 信用证的到期地点

信用证一般会规定一个交单地点，该地点可以是出口地，也可以是进口地或者是第三国。出口地交单对出口商最有利，进口地交单和第三国交单对出口商都不利，因为交单地点均在国外，容易产生迟交单和寄丢单的风险。为此，出口商应争取在出口地交单，若争取不到，则必须提前交单，以防逾期。如果合同中没有明确规定到期地点，而来证规定是在进口商所在地，应特别注意是否有足够的邮寄单据时间。

6. 关于装运货物与金额的描述

信用证规定的装运货物和金额是受益人装运交货及制单结汇的依据，这些内容必须与合同条款一致，否则会使出口商在执行合同时发生困难、造成损失。因此，审核时必须依据合同对信用证规定的品名、规格、数量、包装、价格条款和金额等内容逐项予以核对。

（1）注意单价、数量与总金额是否匹配，总金额是否超过合同总价，总金额是否带有佣金，加佣的方法和付佣的对象是否有错。对有“溢短装”条款的来证，应注意允许数量增减的同时，有无总金额增减的规定，两者的增减幅度是否一致。

(2) 对于不能分批的货物，又没有"溢短装"规定的，应一次性出运完毕，但大宗散装货物，可以在不超过信用证总金额的情况下，允许5%的伸缩。以个数计量（如件、个、打、双、只等）的货物不适合上述规则。

(3) 注意信用证所使用的币制是否与合同币制一致，来证所使用的货币应为可自由兑换的货币，否则应提出修改，以防由于汇差而遭受损失。

(4) 注意价格条件条款与合同是否一致，如果合同规定CFR目的港，而来证为CIF目的港，则应修改信用证。

7. 关于保险条款的审核

对信用证内保险条款的审核要注意以下几点：

(1) 核对信用证中的价格条款是否应由卖方办理保险。

(2) 核对信用证中规定的投保险别是否与合同规定的一致。

(3) 核对信用证中规定的保险金额是否与合同规定的一致。如果来证规定以发票金额的130%或以上投保，受益人不仅需注意所增加的额外保险费由谁承担，还要征求保险公司的同意后才能考虑接受。

8. 关于运输条款的审核

信用证中的运输条款规定是否合理可行，直接关系到装运工作能否顺利进行。对运输条款的审核应注意以下事项：

(1) 如果信用证规定由集装箱装运，在审证时应考虑到商品适合的集装箱规格和尺寸，货物能否全部装入，货量与箱容是否匹配等。若不适合，应及时修改。

(2) 在CIF或CFR价格条款下，如果来证规定某班轮或某船公司装运，受益人应先向船公司了解装运期内的航班情况，如果操作有难度，应及时联系开证申请人修改信用证。

(3) 如果合同规定可以分批装运，也可以转运，但信用证中没有明示，则视为可以分批装运，也可以转运。

(4) 信用证中的装运港（地）与目的港（地）须与合同规定的一致。对于出口信用证，如果装运港（地）是China，则不需要更改，因为这样对出口商有利。但是如果目的港（地）为欧洲（Europe）或美国（America），则一定要修改，因为范围太广，很容易引起贸易纠纷。

9. 银行费用

如果信用证没有另外规定，银行费用（开证费、通知费、议付费、偿付费、承兑费、修改费、电报费、邮寄费等）由发出指示的一方（即开证行或开证申请人）承担。如果信用证要求受益人承担全部银行费用，显然是不合理的。现在的习惯做法为：开证银行的费用由开证申请人承担，开证银行以外的费用由受益人承担。

10. 开证行的保证条款

按照惯例，开证行一般都在信用证中注明："本证受《跟单信用证统一惯例》（《UCP600》）约束"和"如果单证一致、单单一致，我们保证付款"的文句，但以SWIFT（Society for Worldwide Interbank Financial Telecommunications，环球同业银行金融电信协会）方式开立的信用证可以除外。如果来证既无受约束声明，又无保证付款声明，甚至附加类似“保留”“限制”等条款，受益人应提出修改。

知识链接

在审核信用证的过程中，还要注意信用证中的软条款。

软条款（Soft Clause）是指对受益人不利的弹性条款，即信用证中无法由受益人自主控制的条款。虽然国际商会始终不赞成在信用证中加列软条款，但软条款仍以不同方式出现或隐匿于信用证中，一旦受益人处理不当，就会引发收汇风险甚至导致出口损失。因此，受益人务必提高对软条款的认识与防范，及时通知开证申请人修改，以消除隐患。

常见的软条款有：

（1）暂不生效条款。例如，信用证尚未生效，须待进口商取得进口许可证或其他有关文件后，开证行将以信用证修改的形式通知生效。

（2）开证行免去第一性付款责任。例如，货物抵达目的港后，由进口商指定的检验人员检验货物合格并出具有关检验证书后，开证行才履行付款责任。

（3）缺乏安全性与有效性。例如，来证要求开证申请人或指定人签发的检验证，且签署人的签名须与其留在开证行的签名一致。

（4）以本国法律干预信用证业务。例如，信用证中规定审证标准除了《UCP600》外，还有进口国的法律。

二、改证

（一）改证的原则

SWIFT 信用证常见代码和内容

对于审证后发现的信用证问题条款，受益人应遵循“利己不损人”原则进行，即受益人改证既不影响开证申请人正常利益，又维护自己的合法利益。一般来说，针对审核中发现的信用证问题条款，有以下 5 种处理意见：

（1）对我方有利且不影响对方利益的问题条款，一般不改。

（2）对我方有利但会严重影响对方利益的问题条款，一定要改。

（3）对我方不利但不增加或少量增加成本的问题条款，可以不改。

（4）对我方不利又要增加较多成本的问题条款，若对方愿意承担成本，则不改；否则，一定要改。

（5）对我方不利且不改会严重影响收汇安全的问题条款，坚决要改。

(二) 改证的程序

受益人不能直接与开证银行联系改证，这样可能会导致开证银行不理睬而影响合同执行。改证的正确程序是：受益人→开证申请人→开证银行→通知银行→受益人。改证的具体操作程序及须注意的内容如下所述。

1. 申请修改

开证申请人以书面形式向开证行提出改证申请，如果涉及货物品名、单价、数量、金额、受益人名称的变更，还须提供变更后的合同副本，并由进出口双方重新签署。

SWIFT 信用证代码表及详解

2. 履行改证

开证行经过审核，接受申请人的修改意愿后，以加押电传或 SWIFT 方式向信用证原通知行发出修改通知书 MT707，修改通知书一经发出就不能撤回，即开证行对该修改通知书负有不可撤销的义务。如果涉及受益人的变更，开证行应该在修改通知书中明示通知行：须先告知原信用证受益人，并将其接受或拒绝此修改通知书的态度及时反馈给开证行。

3. 通知改证

原信用证通知行验明修改通知书的表面真实性后，及时转告原信用证受益人。除非电传或 SWIFT 电文中有其他规定，电信通知修改应被视为有效的修改文件。

4. 修改生效

除《UCP600》第 38 条另有规定外，未经开证行、保兑行（如有的话）及受益人同意，信用证既不得修改，也不得撤销。在受益人告知通知行其接受该修改之前，原信用证（或含有先前被接受的修改的信用证）的条款对受益人仍然有效。受益人接受修改的那一刻起，信用证修改生效。

工作任务实训

一、任务情境

2020 年 10 月，上海百山祖进出口有限公司（以下简称“百山祖”）和西班牙 LINSA ALIMENTOS 股份公司在广交会认识，经过几个月的往来函电，双方于 2021 年 1 月 18 日就有机食用菌粉和有机白桦茸干品的买卖签署了号码为 LA21 - BSZ0118 的销售确认书(见图 1 - 1)。

2021 年 2 月 10 日，LINSA ALIMENTOS 股份公司根据合同开出以百山祖为受益人的第 21BSLC43285 号信用证（见资料 1 - 1）。

上海百山祖进出口有限公司
SHANGHAI BIOSAN IMP. AND EXP. CO.,LTD.

860 Zuchongzhi Road,Zhangjiang, Shanghai, China

销售确认书
SALES CONFIRMATION

To:

LINSA ALIMENTOS S. A.
VIVICCI 195 BAJOS
08011 BARCELONA
SPAIN

S/C No.: LA21-BSZ0118
Date: JAN. 18, 2021
Place: SHANGHAI, CHINA

Dear Sirs, we hereby confirm having sold to you the following goods on terms and conditions as specified below:

Shipping Marks	Description of Goods and Packing	Quantity	Unit Price	Total Amount
AS PER SELLER'S OPTION	**MUSHROOM POWDER AND INONOTUS OBLIQUUS DRIED**		CIF BARCELONA	
	ORGANIC MUSHROOM POWDER	920.00KGS	USD21.50	USD19 780.00
	ORGANIC INONOTUS OBLIQUUS DRIED	1 500.00KGS	USD17.43	USD26 145.00
	TOTAL:	2 420.00KGS		USD45 925.00

Total Amount in words:

SAY U. S. DOLLARS FORTY-FIVE THOUSAND NINE HUNDRED AND TWENTY-FIVE ONLY.

Loading port: SHANGHAI

Destination: BARCELONA

Time of Shipment: ON OR BEFORE APR. 30, 2021

Partial/Transshipment: PARTIAL SHIPMENTS AND TRANSSHIPMENT PROHIBITTED.

Insurance: TO BE EFFECTED BY THE SELLER FOR AT LEAST 110 PCT OF INVOICE VALUE COVERING ALL RISKS AS PER CIC OF PICC DATED 01/01/2010, CLAIMS PAYABLE IN SPAIN IN THE SAME CURRENCY OF THE DRAFTS

Packing: IN ONE 20 FEET FULL CONTAINER LOAD

Terms of Payment:

BY IRREVOCABLE LETTER OF CREDIT IN FAVOUR OF THE SELLER TO BE AVAILABLE BY DRAFTS AT SIGHT, TO BE OPENED AND REACH CHINA BEFORE FEB. 15, 2021 AND TO REMAIN VALID FOR NEGOTIATION IN CHINA UNTIL 15 DAYS AFTER THE ACTUAL TIME OF SHIPMENT.

Documents required: SIGNED COMMERCIAL INVOICE IN 3 COPIES SHOWING S/C NO AND CREDIT NO.
FULL SET OF CLEAN ON BOARD BILL OF LADING MADE OUT TO ORDER, BLANK ENDORSED, MARKED FREIGHT PREPAID, NOTIFY THE BUYER.
SINED PACKING LIST IN 3 COPIES.
SIGNED CERTIFICATE OFORIGIN IN 2 COPIES.
INSURANCE POLICY IN 2 COPIES.

The Seller:
SHANGHAI BIOSAN I/E CO.,LTD.
顾宏璋

The Buyer:
LINSA ALIMENTOS S. A.
Linsa Patrick

图 1-1 合同 LA21-BSZ0118

资料 1-1 主信用证

信用证的解读
（动画课件）

FM.：BANCO SANTANDER，S. A. BARCELONA
TO：BANK OF CHINA，SHANGHAI BRANCH
*27：SEQUENCE OF TOTAL：1/1
*40A：FORM OF DOC. CREDIT：IRREVOCABLE
*20：DOC. CREDIT NUMBER：21BSLC43285
31C：DATE OF ISSUE：210210
40E：APPLICABLE RULES：UCP LATEST VERSION
*31D：DATE AND PLACE OF EXPIRY：DATE 210430 PLACE SPAIN
*50：APPLICANT：LINSA ALIMENTOS S. A.
VIVICCI 195 BAJOS
08011 BARCELONA
SPAIN
*59：BENEFICIARY：SHANGHAI BIOSAN IMP. AND EXP. CORP.
860 ZUCHONGZHI ROAD,
ZHANGJIANG，SHANGHAI
CHINA
*32B：AMOUNT：CURRENCY USD AMOUNT 45 900.00
41D：AVAILABLE WITH/BY：ANY BANK IN CHINA
BY NEGOTIATION
42C：DRAFTS AT…：AT 30 DAYS AFTER SIGHT
FOR FULL INVOICE VALUE
42A：DRAWEE：BANCO SANTANDER，S. A.
28660 BOADILLA DEL
BARCELONA
43P：PARTIAL SHIPMENTS：ALLOWED
43T：TRANSSHIPMENT：ALLOWED
44E：PORT OF LOADING/AIRPORT
OF DEPARTURE：CHINA
44F：PORT OF DISCHARGE/AIRPORT
OF DESTINATION：BARCELONA
44C：LATEST DATE OF SHIPMENT：210430
45A：DESCRIPTION OF GOODS AND/OR SERVICES：
MUSHROOM POWDER AND
CIF BARCELONA
ALL DETAILS AS PER S/C NO. LA21-BSZ018
46A：DOCUMENTS REQUIRED
+SIGNED COMMERCIAL INVOICE IN TRIPLICATE SHOWING S/C No. AND L/C NO.
+FULL SET OF CLEAN ON BOARD OCEAN BILLS OF LADING MADE OUT TO ORDER，BLANK ENDORSED，MARKED FREIGHT PREPAID，NOTIFY APPLICANT AND SHOWING THAT THE GOODS HAVE BEEN SHIPPED IN CONTAINER LOAD.
+INSURANCE POLICY IN DUPLICATE BLANK ENDORSED FOR 120 PCT OF

INVOICE VALUE COVERING ALL RISKS AS PER CIC OF PICC DATED
01/01/2010.
+SIGNED PACKING LIST IN TRIPLICATE.
+SIGNED CERTIFICATE OF ORIGIN IN DUPLICATE.
+SHIPPING ADVICE TO APPLICANT SHOWING ALL SHIPPING DETAILS
ONE DAY BEFORE THE ACTUAL SHIPMENT DATE.

47：ADDITIONAL CONDITIONS：

1. DRAFT DRAWN UNDER THIS CREDIT MUST BE ENDORSED AND CONTAIN THE CLAUSE：DRAWN UNDER BANCO SANTANDER，S. A. BARCELONA，LETTER OF CREDIT NO. 21BSLC43285 DATED 2021-02-10.
2. A DISCREPANCY FEE OF USD150.00（OR EQUIVALENT）SHOULD BE DEDUCTED FROM THE AMOUNT CLAIMED OR WILL BE DEDUCTED FROM THE PROCEEDS OF ANY DRAWING，IF DOCUMENTS ARE PRESENTED WITH ANY DISCREPANCY，INSTRUCTIONS TO THE CONTRARY，THIS CHARGE SHALL BE FOR ACCOUNT OF BENEFICIARY. IN ADDITION，THE PAYMENTS OF THE RELATIVE CABLE EXPENSE，IF ANY，SHALL ALSO BE FOR ACCOUNT OF BENEFICIARY.
3. THIRD PARTY OF DOCUMENTS NOT ACCEPTABLE.

48：PERIOD FOR PRESENTATION：DOCUMENTS MUST BE PRESENTED WITHIN 10 DAYS AFTER THE DATE OF SHIPMENT BUT WITHIN THE VALIDITY OF THE CREDIT.

*49：CONFIRMATION：WITHOUT

71B：CHARGES：ALL BANKING CHARGES ARE FOR ACCOUNT OF BENEFICIARY.

78：INSTRUCTIONS TO THE PAYING/ACCEPT/NEGOTIATE BANK：ALL DOCUMENTS MUST BE FORWARDED DIRECTLY TO OUR DOCUMENTARY CREDITS DEPT. RATHER THAN JUST TO THE BANK（ADD：BANCO SANTANDER，S. A.，28660 BOADILLA DEL，BARCELONA，SPAIN）IN ONE LOT BY COURIER SERVICE.

二、工作任务

单证员林晓婷的工作是根据第 LA21-BSZ0118 号合同审核第 21BSLC43285 号信用证，并提出修改意见。

三、任务实施

2021 年 2 月 14 日，百山祖的单证员林晓婷从业务员处拿到合同和信用证后开始审证工作，操作如下：

（1）熟悉合同，对合同的主要条款做到心中有数。

（2）熟悉信用证的内容和条款，特别注意信用证的有效期、交单地点、交单期、装运期、要求提交的单据等条款。

（3）根据合同审核信用证，找出信用证中与合同不符的问题条款，经过审核，发现信用证存在以下不符地方：

1）来证到期日期是 4 月 30 日，到期地点是西班牙，与合同规定的“有效期是装运日期（4 月 30 日）后的第 15 天在中国到期。”不符。

2）来证中受益人的名称错，正确的应是：SHANGHAI BIOSAN IMP. AND EXP. CO.，LTD.。

3）来证中的金额错误，根据合同应该是“45 925.00”。

4）来证中的汇票期限错误，根据合同应该是即期，“AT SIGHT”。

5）来证中关于分批的要求错，根据合同应该是不允许分批，“NOT ALLOWED”。

6）来证中关于转运的要求错，根据合同应该是不允许转运，“NOT ALLOWED”。

7）来证中的启运港是中国，“CHINA”，合同中规定是上海，虽然与合同不符，但不需要更改。

8）来证45A中有两个地方错：a. 根据合同品名是MUSHROOM POWDER AND INONOTUS OBLIQUUS DRIED；b. 正确的合同号码应该是“LA21－BSZ0118”。

9）来证46A第三款“保险单”中有两个地方错：a. 根据合同，保险金额是发票金额加一成，即110PCT OF INVOICE VALUE；b. 根据合同应加上：CLAIMS PAYABLE IN SPAIN IN THE SAME CURRENCY OF THE DRAFTS。

10）来证规定在装运日后10天交单，与合同不符，根据合同应该是“提单日期后15天交单”。

11）来证71B中要求“全部银行费用由受益人承担”的条款不合理，根据惯例，开证行的费用由开证申请人承担，开证行以外的银行费用由受益人承担，因此应改为：“ALL BANKING CHARGES OUTSIDE KOREA ARE FOR ACCOUNT OF BENEFICIARY”。

（4）审核后，对信用证存在的问题提出修改意见。

林晓婷审核出了信用证上的不符点后，即给进口商发送电子邮件，提出了信用证中出现的10个不符点，希望LINSA ALIMENTOS股份公司修改信用证，使合同能顺利执行。邮件如下：

14 Feb.，2021

Dear Mrs. Patrick：

The Credit under S/C No. 21BSLC43285 is received with thanks. It is a pity that we find somo mistakes in it. Please amend them as follows：

1. 31D wrong，it should be：Date 210515 Place in China according to the S/C,

2. 59 wrong，it should be：Shanghai Biosan Imp. and Exp. Co.，Ltd. …according to the S/C,

3. 32B wrong，it should be：45 925.00 according to the S/C,

4. 42C wrong，it should be：at sight according to the S/C,

5. 43P wrong，it should be：not allowed according to the S/C,

6. 43T wrong，it should be：not allowed according to the S/C,

7. In 45A，the name of goods should be：Mushroom powder and inonotus obliquus dried and the S/C no. should be LA21－BSZ0118 according to the S/C,

8. In 46A，there are 2 mistakes in Insurance policy. it should be：Insurance Policy for 110 PCT of invoice value covering all risks and war risk as per CIC of PICC claim payable in Spain in the same currency of the drafts according to the S/C,

9. 48 wrong，as per the S/C，it should be：within 15 days from the shipment date but …according to the S/C,

10. 71B wrong，as per the usual practice and customary rules，it should be：all bank-

ing charges outside SPAIN are for the account of beneficiary.

Please try your best to do the amendment so that we can execute the sales confirmation successfully.

Best regards!

Shanghai Biosan Imp. and Exp. Co.，Ltd
Documents and Transport Dept.

2月20日，百山祖收到了信用证21BSLC43285项下的第一号修改书（见资料1-2）。

资料1-2

APPLICANTION HEADER：707 1401 200219 PASCITMXXX 3189 448014 200219 2001N
*BANCO SANTANDER，S. A.
*BARCELONA，SPAIN

*20：SENDER'S REF. ：214953LI00014
*21：RECEIVER'S REF. ：NA
52A：ISSUING BANK ：BASNESBAXXX
BANCO SANTANDER，S. A.
28860 BOADILLA DEL
BARCELONA
31C：DATE OF ISSUE ：210210
30：DATE OF AMENDMENT：210219
26E：NUMBER OF AMENDMENTS：01
59：BENEFICIARY：SHANGHAI BIOSAN IMP. AND EXP. CORP.
860 ZUCHONGZHI ROAD，
ZHANGJIANG，SHANGHAI
CHINA
31E：NEW DATE EXPIRY：210515
79：NARRATIVE：PLS IN FIELD 31D INSERT NOW：
CHINA
INSTEAD OF：
SPAIN
.
PLS IN FIELD 59 AMEND AS FOLLOWS：
SHANGHAI BIOSAN IMP. AND EXP. CO.，LTD.
860 ZUCHONGZHI ROAD，
ZHANGJIANG，SHANGHAI
CHINA
.
PLS IN FIELD 32B AMEND AS FOLLOWS：
CURRENCY USD AMOUNT 45925.00
.
PLS IN FIELD 42C AMEND TO READ NOW：
AT SIGHT
IN STEAD OF
AT 30 DAYS AFTER SIGHT
.

PLS IN FIELD 43P AMEND TO READ NOW:
NOT ALLOWED
IN STEAD OF
ALLOWED
.
PLS IN FIELD 43T AMEND TO READ NOW:
NOT ALLOWED
IN STEAD OF
ALLOWED
.
PLS IN FIELD 44E AMEND TO READ NOW:
SHANGHAI
INSTEAD OF
CHINA

PLS IN FIELD 45A AMEND TO READ NOW:
MUSHROOM POWDER AND
INONOTUS OBLIQUUS DRIED
CIF BARCELONA
ALL DETAILS AS PER S/C NO. LA21-BSZ0118
INSTEAD OF
THE FORMER
.
PLS IN FIELD 46A "+INSURANCE POLICY" AMEND TO READ NOW:
+INSURANCE POLICY IN DUPLICATE BLANK ENDORSED FOR 110 PCT OF INVOICE VALUE COVERING ALL RISKS AS PER CIC OF PICC DATED 01/01/2010, CLAIM PAYABLE IN SPAIN IN THE SAME CURRENCY OF THE DRAFTS.
.
PLS IN FIELD 48 AMEND AS FOLLOWS:
WITHIN 15 DAYS FROM THE SHIPMENT DATE BUT WITHIN THE VALIDITY OF THE DOCUMENTARY CREDIT
.
PLS IN FIELD 71B AMEND TO READ NOW:
ALL BANKING CHARGES OUTSIDE SPAIN ARE FOR THE ACCOUNT OF BENEFICIARY
.
ALL OTHER TERMS AND CONDITIONS REMAIN UNCHANGED

72: SEND TO REC. INFO.: CREDIT IS SUBJECT TO ICC UNIFORM CUSTOMS AND PRACTICE FOR CREDITS (UCP600)

训练测试题目

请根据合同（见图1-2）审核信用证（见资料1-3），找出信用证与合同不符的地方，并提出修改意见。

宁波司娜阁家居用品有限公司
NINGBO SNUG HOME SUPPLIES CO., LTD.

12 Changshou Road, Fenghua, Ningbo, China

销售确认书
SALE CONFIRMATION

To:
JOY HOME HOUSEWARES CO., LTD.
2ND FLOOR NO. 137E, 33RD STREET,
LOS ANGELES, CA, 90011
U. S. A.

S/C No.: NSJY210504
Date: 04 MAY, 2021

This sales confirmation is made between the seller and buyer whereby the seller agrees to sell and the buyer agrees to buy the under mentioned goods according to the terms and conditions stipulated below:

Description of goods	Quantity	Unit Price	Amount
STORAGE BENCH		CIF LONG BEACH	
ART. NO. NS19082	730PCS	USD22.80	USD16 644.00
P/O NO. JHH210430 DATED 30 APR. 2021.			

Total amount in word: SAY U. S. DOLLARS SIXTEEN THOUSAND SIX HUNDRED AND FORTY FOUR ONLY.

Shipment: FROM NINGBO CHINA TO LONG BEACH U. S. A. BY SEA.

Delivery: PARTIAL SHIPMENTS ALLOWED BUT TRANSSHIPMENT NOT ALLOWED.

Packing: IN ONE FULL 40' HQ LOADED.

Time of Shipment: ON OR BEFORE 30 JUN. 2021.

Terms of Payment: BY IRREVOCABLE L/C IN FAVOUR OF THE SELLER TO BE AVAILABLE BY DRAFTS AT SIGHT REACHING CHINA 45 DAYS BEFORE THE DATE OF SHIPMENT. THE L/C REMAINS VALID FOR NEGOTIATION IN CHINA FOR A PERIOD OF 15 DAYS AFTER THE ACTUAL DATE OF SHIPMENT.

Insurance: TO BE EFFECTED BY THE SELLER FOR AT LEAST 110 PCT OF INVOICE VALUE COVERING ALL RISKS AS PER CIC OF PICC INCLUDING W/W CLAUSE.

Documents required:
1. SIGNED COMMERCIAL INVOICE IN TRIPLICATE.
2. PACKING LIST IN TRIPLICATE.
3. FULL SET CLEAN ON BOARD B/L MADE OUT TO ORDER AND MARKED FREIGHT PREPAID NOTIFY THE BUYER.
4. INSURANCE POLICY IN DUPLICATE.
5. CERTIFICATE OF CHINESE ORIGIN.
6. INSPECTION CERTIFICATE ISSUED BY CUSTOMS.

The Seller
NINGBO SNUG HOME SUPPLIES CO., LTD.
邹惠柱

The Buyer
JOY HOME HOUSEWARES CO., LTD.
K. S. Lee

图 1-2　合同 NSJY210504

资料 1-3

TO	:	BANK OF CHINA NINGBO BRANCH
FM	:	UNION BANK OF CALIFORNIA，N. A.
MESSAGE TYPE	:	MT700
Sequence of Total	* 27：	1/1
Form of Doc. Credit	* 40A：	IRREVOCABLE
Documentary Credit No	* 20：	306M216905
Date of Issue	31C：	210511
Applicable Rules	* 40E：	UCP LATEST VERSION
Date and Place of Expiry	* 31D：	210710 IN CHINA
Applicant	* 50：	JOY HOME HOUSEWARES CO.，LTD. 2ND FLOOR NO. 137E，33RD STREET， LOS ANGELES，CA，90011 U. S. A.
Beneficiary	* 59：	NINGBO SNUG HOME SUPPLIES CO.，LTD. 12 CHANGSHOU ROAD， FENHUA，NINGBO CHINA
Currency Code and Amount	* 32B：	USD 16 644. 00
Pct. Credit amt. tolerance	39A：	05/05
Available with... by...	* 41D：	ANY BANK IN CHINA BY NEGOTIATION
Draft at...	42C：	AT SIGHT
Drawee	* 42D：	UNION BANK OF CALIFORNIA，N. A. SOUTHERN CALIFORNIA TRADE SERVICE MONTEREY PARK， CA，91755
Partial Shipments	43P：	NOT ALLOWED
Transshipment	43T：	ALLOWED
Port of Loading/Airport of Departure	44E：	SHANGHAI CHINA
Port of Discharge/Airport of Destination	44B：	LONG BEACH U. S. A.
Latest Date of Shipment	44C：	210630
Descript. of Goods and/or Services	45A：	STORAGE BENCH ART. NO. HS19082 730PCS CIF LOS ANGELES ALL OTHER DETAILS ARE AS PER P/O NO. JHH210430 DATED 30 APR. 2021.

Documents Required 46A:

+SIGNED COMMERCIAL INVOICE IN TRIPLICATE CERTIFYING THAT THE QUALITY, SIZE AND STYLE ARE AS PER P/O NO. JHH210430 DATED 30 APR. 2021.

+PACKING LIST IN TRIPLICATE SHOWING THAT THE GOODS ARE PACKED IN ONE FULL 40'HQ LOADED.

+FULL SET OF CLEAN ON BOARD OCEAN BILLS OF LADING MADE OUT TO THE ORDER MARKED FREIGHT PREPAID AND NOTIFY APPLICANT

+CERTIFICATE OF ORIGIN INDUPLICATE ISSUED BY CCPIT

+INSURANCE POLICY IN DUPLICATE ENDORSED IN BLANK FOR AT LEAST 110 PCT OF THE INVOICE VALUE COVERING ALL RISKS AS PER CIC OF PICC INCLUDING W/W CLAUSE.

Additional Conditions 47A:

1. ALL DOCUMENTS MUST INDICATE THIS CREDIT NUMBER.

2. IF DOCUMENTS ARE PRESENTED WITH ANY DISCREPANCY, A DISCREPANCY FEE OF USD150. 00 PER EACH SET OF DOCUMENTS WILL BE DEDUCTED. THIS CHARGE SHALL BE FOR ACCOUNT OF BENEFICIARY. IN ADDITION, THE PAYMENTS OF THE RELATIVE CABLE EXPENSE, IF ANY, SHALL ALSO BE FOR ACCOUNT OF BENEFICIARY.

3. ONE ADDITIONAL COPY OF DOCUMENTS IS REQUIRED TO BE PRESENTED TOGETHER WITH THE DOCUMENTS FOR ISSUING BANKS RETENTION. USD50. 00 WILL BE DEDUCTED IF NO SUCH COPY PRESENTED.

4. THIS CREDIT IS SUBJECT TO THE UNIFORM CUSTOMS AND PRACTICE FOR DOCUMENTARY CREDITS (2007 REVISION) INTERNATIONAL CHAMBER OF COMMERCE, PUBLICATION NO. 600.

Details of Charges 71B: ALL BANKING CHARGES OTHER THAN THOSE OF THE ISSUING BANK ARE FOR ACCOUNT OF BENEFICIARY.

Period for Presentation 48: DOCUMENTS TO BE PRESENTED WITHIN 10 DAYS AFTER THE DATE OF SHIPMENT BUT WITHIN THE VALIDITY OF THIS CREDIT

Confirmation Instructions *49: WITHOUT

Instructions to the Paying/Accept/Negotiate Bank 78:

+ NEGOTIATING BANK IS REQUESTED TO FORWARD THE DOCUMENTS IN ONE

MAILING BY COURIER ATTN：TRADE SERVICE OPERATIONS（V01－518），1980 SATURN STREET，MONTEREY PARK，CA 91755，U. S. A.

＋ IN REIMBURSEMENT：WE ENGAGE WITH YOU THAT ALL DRAFTS DRAWN UNDER AND IN COMPLIANCE WITH THE TERMS OF THIS CREDIT WILL BE HONORED ON DELIVERY OF DOCUMENTS AS SPECIFIED IF PRESENTED AT THIS OFFICE.

项目2 海运出口货物的托运

项目引入

在实际业务中，如果海关要求提供出口商品的出口许可证，出口商必须在落实信用证的过程中及时向商务部配额许可证事务局授权的出证机构提出申领。如果不需要出口许可证，出口商在落实好信用证后，开始执行下一环节的工作，即安排工厂生产、包装、刷唛和办理托运手续。

托运是实现出口货物空间位移和国际商务单证流转的第一个实际操作阶段，是完成外贸运输和实现安全结汇的关键。因此，根据合同和信用证规定的装运时间以及工厂的生产进度向货运代理公司订舱是单证员在确认信用证之后的第一项工作。

学习目标

知识目标

1. 熟悉水路运输的托运流程
2. 熟悉海运订舱的国际货物运输托运单的内容

技能目标

能够根据信用证和/或合同以及有关资料缮制国际货物运输托运单

素养目标

1. 具有良好的沟通能力、协同合作的职业素养
2. 践行精益求精、专注能力的工匠精神

素养园地

2020 年杭州 A 公司与巴西某公司签订合同，出口一批浴巾，结算方式为即期付款信用证，目的港为萨尔瓦多，委托某货代公司代办订舱事宜，单证员在填写订舱委托书时写了中文港口“萨尔瓦多”，货代公司在订舱时未和 A 公司进行细节确认，直接订成了萨尔瓦多共和国的港口（SAN SALVADOR），而不是巴西的港口（SALVADOR），在提单确认时 A 公司的单证员也没仔细审核，直接确认。单证员备齐全套议付单据去银行议付时，审核发现目的港有误，此时船已经在海上，这给出口商、进口商以及货代公司带来巨大损失。从该案例可知：单证员在工作业务中要有良好的沟通能力，并要养成细心严谨的工作作风。

任务　填制国际货物运输托运单

知识支撑

一、（集装箱）水路运输出口的托运流程

出口货物托运流程（动画）

（1）出口企业（托运人）填制国际货物运输托运单包括托运人、收货人、通知人、装运港、目的港、货物的基本信息及预定船期等信息，委托国际货运代理公司办理货物运输的相关手续。

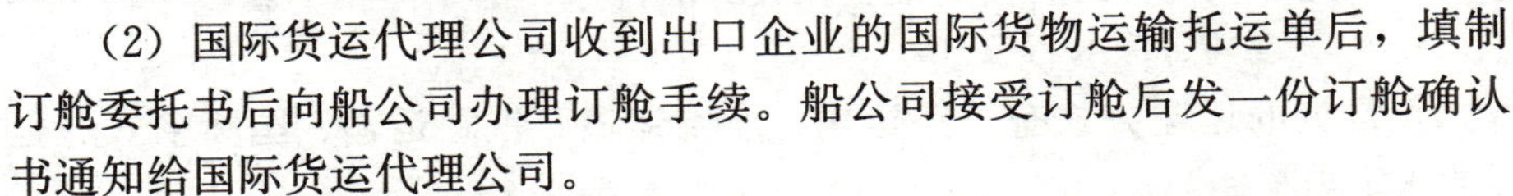

（2）国际货运代理公司收到出口企业的国际货物运输托运单后，填制订舱委托书后向船公司办理订舱手续。船公司接受订舱后发一份订舱确认书通知给国际货运代理公司。

（3）国际货运代理公司通知出口企业在规定的时间内装箱、报关、进港。同时出口企业提供报关全套资料给国际货运代理公司，委托国际货运代理公司统筹安排报关、装箱，完成货物进港。货物装箱完毕后，国际货运代理公司按照装箱单数据和报关资料进行报关，同时安排集装箱重箱运输进港（先集港后报关还是先报关后集港根据港口要求操作）。

（4）集装箱进入港区后，国际货运代理公司需跟踪集装箱配载情况并随时与出口企业（托运人）联系，并提供出口集装箱重量查核（VGM 申报），直至集装箱装载上船。

（5）船舶启运后，由国际货运代理公司和船公司确认提单草本，并由出口企业确认。确认无误后，船公司或船代在 2～3 天内根据出口企业的要求出具正本提单（电放提单或海运单），再由国际货运代理公司转交发货人。

知识链接

2016年6月17日国际海事组织（IMO）发布了将实施《国际海上人命安全公约》（SOLAS公约）关于出口集装箱重量查核VGM（VERIFIED GROSS MASS）的相关要求的消息，规定要求自2016年7月1日起，除非提单上的托运人向海运承运人且/或码头代表提供集装箱重量，否则集装箱不再允许装载。新规定明确表示：

（1）托运人需要负责提供集装箱重量（见图2-1）。

（2）有两种获准的称重方式来断定集装箱重量。

（3）码头操作者有义务确保有核实重量的集装箱才能登船。

该新规定对于提升海上安全和确保货品、集装箱以及整个供应链中集装箱运输所涉及的方方面面危险性的降低起着至关重要的作用。

二、（出口商）国际货物运输托运单的缮制

（一）国际货物运输托运单的内容

托运单的填制（动画课件）

出口商填写的国际货物运输托运单一般由出口商自行设计，没有固定格式，约含30项内容（空白单据见图2-2），将托运、订舱（订箱）的要求表达清楚。

具体缮制要求如下：

（1）发票号码：由出口商自行编写，易认好记即可。

（2）贸易方式：可以是一般贸易、易货贸易、来料加工、补偿贸易、进料加工、外资设备物品、边境小额贸易、其他贸易等。一般情况下，信用证项下以“一般贸易”为主。

（3）收汇方式：常见的收汇方式有信用证、托收、汇付等，信用证项下就填写“信用证”或“L/C”。

（4）运输方式：常见的运输方式有水路运输、航空运输、铁路运输、国际多式联运等，按照信用证的规定填写。

（5）货物备妥时间：这里是指集装箱到工厂装货的时间，或工厂将货物自行送至集装箱货运站的时间。按照有关规定，此时间要比货物装船时间早2～3天，比报关时间早1～2天。

（6）运费支付方式：一般情况下，提单上不显示具体运费，只需填写“运费到付”或“运费预付”。贸易术语CIF/CIP或CFR/CPT项下，填写“预付”（FREIGHT PREPAID），贸易术语FOB/FCA项下，填写“到付”（FREIGHT COLLECT）。

（7）杂费支付方式：杂费指的是集装箱到工厂拖货的费用、报关费用、内装箱费用等，一般情况下都是预付的，即由货运代理公司先垫资金支付给船公司后，出口商再支付给货运代理公司。

托运人载货集装箱重量申报授权书

我司在此申明，对以下货物是基于我司提供的重量数据，委托 DEWELL 进行载货集装箱重量申报。我司保证所提供的数据以及信息真实准确，由此产生的一切问题和费用，由我司承担。

序号	船名	航次	备注：以下内容填写请参考批注，灰色填充栏可选填，VGM 一旦提交拒绝更改。							
	HANOVER EXPRESS	064E								
	箱号	MBL NO./海单号	箱型尺寸	箱主代码	集装箱状态	运输模式	VGM 箱总重	VGM 称重时间	VGM 称重方法	VGM 称重地点	订舱号(箱单上提单号)
1	SMLU7872445	HDMUNXTC2204541	40'HQ	HMM	F	E	22281	2016.07.04	M2		HDMUNXTC2204541
2											
3											
4											
5											
6											
7											
8											
9											
10											

授权人签名	YANAN. YANG	
授权人公司	ZHEJIANG JIANGU COMPANY LIMITED	
授权人联系地址	NO. 1181, GONGYUANXI ROAD, JINQIAO INDUSTRIAL AREA, FUYANG CITY, ZHEJIANG PROVINCE, CHINA	
授权人联系方式	0571-63260000	SHIPPER 公章(可电子章)
授权人联系邮箱	yanan.yang@jgwheel.com	日期：

以下是注意事项，必须仔细查看：

1．截 VGM 时间同截 AMS/ACI/ENS 数据时间；如不及时递交 VGM 数据会导致集装箱无法上船。
2．各家船公司可接受的 VGM 误差为±5% or 1 吨之内，两者取小。
3．VGM FORM 上的发货人名称务必与提单上的发货人名称一致。
4．关于箱重的提供：
   A．箱门上的重量标示请拍照留底（箱门上显示的 TARE: ×××KG 就是箱重）；
   B．通过船公司的官网查询箱重（目前各家船公司都在更新网站）。
5．如遇海事局抽查或抽查后不准的情况发生，所有产生的费用、罚金及后果责任均由客户承担！

图 2－1　托运人载货集装箱重量申报授权书实例

（出口商）国际货物运输托运单

(12)托运人(Shipper)		(1)发票号码	(2)贸易方式	(3)收汇方式
		(4)运输方式	(6)运费支付方式(到付/预付)	
(13)收货人(Consignee)		(5)货物备妥时间	(7)杂费支付方式(到付/预付)	
		(8)可否转运	(9)可否分批	
(14)被通知人(Notify Party)		(10)装运期限	(11)信用证有效期	
		(15)装箱方式(自送/门到门)		
(17)装运港	(18)卸货港	(16)门到门装货地址		
(19)最终目的地	(20)提单份数			

(21)标记唛头	(22)件数及包装种类	(23)货物描述	(24)毛重（千克）	(25)体积（立方米）

(26)备注或特殊条款

(27)配载要求

(28)托运人签署：

(29)联系人及联系方式：
手机：　　　　(30)托运日期：

图 2-2 （出口商）国际货物运输托运单（空白）

(8) 可否转运：按照合同或信用证条款，在“允许”或“不允许”两者中选择一个。如果信用证规定可以转运，但转运港却是指定在××港，这时此栏就要留空，并在备注栏内作详细说明。

(9) 可否分批：按照合同或信用证条款，在“允许”或“不允许”两者中选择一个。如果信用证规定可以分批出运，但每批的数量是固定的，不能随意增减，这时此栏就要填“不允许”，以免船公司或货运代理公司在操作时漏装。

(10) 装运期限：此栏填写信用证受益人与货运代理公司商定的装载出口货物的船舶的船期，该日期须早于或等于信用证规定的最迟装运日期。例如，某信用证规定最迟装运日期是 3 月 31 日，而载货船舶的船期是 3 月 29 日，该栏就填写“3 月 29 日”。

(11) 信用证有效期：此栏参照信用证规定的有效期，根据上栏（第 10 栏）“装运期限”要求，再加上信用证的交单期来填写。例如，信用证规定的有效期是 4 月 15 日，交单期是 15 天，因装运日提前了两天，该栏填写的日期就必须早于 4 月 15 日，即 4 月 13 日。

(12) 托运人（Shipper）：根据《UCP600》的规定，若信用证没有特别指示，银行接受任何人作为托运人的提单。所以，一般情况下填写信用证的受益人，可只填写出口商的名称，而不填写出口商的地址。如果信用证中指定了托运人，就按照信用证的要求填写。

此栏必须用英文填写。

(13) 收货人（Consignee）：提单中的“收货人”俗称“抬头”，在对外贸易进出口实务中，抬头通常有如下两种填写方法：

1) 记名抬头：即直接将收货人的名称和地址完整地填写在收货人栏内。记名抬头的提单不能背书转让给第三方，除了提单上记名的收货人，其他任何人不能提货。这种做法有利于进口商提货，但对于出口商来说有一定的风险。万一国际市场有变，进口商拒绝提货，出口商也无法转让。

2) 指示抬头：因为提单是物权凭证，谁持有提单谁就拥有了货物的所有权，所以在实务中提单收货人常用“凭指示”或“凭××指示”的形式来表示。“凭指示”也称“空白抬头”，需要托运人背书后才能转让物权；“凭××指示”也称“记名指示抬头”，需要“××”背书后才能转让物权。

受益人在托运时，应根据信用证的要求填写。最常见的“空白抬头、空白背书”提单，是指出口商在收货人栏内填写“凭指示（TO ORDER）”，并在提单背面做空白背书。这种做法对出口商最为有利。

此栏必须用英文填写。

(14) 被通知人（Notify Party）：在指示抬头的提单中，不显示收货人的具体名称，用“凭指示”的泛指来表示，船公司担心货到目的港后无人提取，因此设置了“被通知人”一栏，列明某个公司的名称和地址，以便承运人在货物到达目的港时通知其前来办理报关提货手续。

在记名抬头的情况下，信用证中常不规定被通知人的内容，受益人可以不填写，也可以填写“如上（SAME AS ABOVE）”；在指示抬头的情况下，若信用证中没有明示提单的被通知人，受益人应事先要求更改信用证，或将正本的提单栏留空，将副本的提单栏填写开证申请人的名称地址；如果信用证要求两个或两个以上的公司作为被通知人，受益人应把这两个或两个以上公司的名称及地址完整地填写在这一栏目中，填不下时可以用“***”符号连接到提单的空白处。

此栏必须用英文填写。

(15) 装箱方式：此栏在“自送”和“门对门”两者中选填一个。一般情况下，整箱货出口采用“门对门”的方式装箱，也有工厂用卡车将货物运至货运代理公司指定仓库进行内装箱的，此种情况下填写“自送”。拼箱货则一般采用“自送”的方式。填写“自送”的时候，一般要加上“请告知仓库地址与联系人及电话”的字样，以便工厂及时送货。

(16) 门到门装货地址：在“装箱方式”栏内填写“自送”的，此栏可以留空不填；填写“门对门”的，此栏中填写工厂的名称和地址，有时候（如节假日装箱）也可以加上工厂联系人及电话。

(17) 装运港：此栏按信用证上规定的装运港填写，如果信用证中规定的装运港是“CHINA”“ANY SEA PORT IN CHINA”或类似的词语，此栏不能机械地搬抄，要根据托运时的实际情况填写实际装货港。

此栏必须用英文填写。

(18) 卸货港：此栏按信用证规定的卸货港填写，填写时注意重名港口的情况，如“金斯敦”在牙买加、加拿大和澳大利亚都有，受益人应在托运单的空白处做说明。如果信用证中规定的卸货港后面有国家名称，那么填写时应该将国名加上去。

此栏必须用英文填写。

(19) 最终目的地：如果使用 FOB、CFR 和 CIF 这三种贸易术语，该栏可以留空，因为这三种贸易术语的启运地和目的地都必须是港口。如果使用 FCA、CPT 和 CIP 这三种贸易术语并且采用国际多式联运，该栏则填写货物到进口国的内地城市名称。例如，以 FCA 上海成交，从上海到洛杉矶采用海运，从洛杉矶到拉斯维加斯采用陆运，最终目的地是拉斯维加斯，那么装货港填写“SHANGHAI”，卸货港填写“LOS ANGELES”，最终目的地填写“LAS VEGAS”。

此栏必须用英文填写。

(20) 提单份数：此栏填写提单正本的份数，纸质提单一般为三份，三份正本提单皆有效，一份正本提货之后，其余两份自动失效。根据《UCP600》第 20 条 a 款的规定，除非信用证另有规定，提单一般仅有一份正本，如果出具了多份正本，则应在提单中显示全套正本份数。

此栏必须用英文填写，不能写阿拉伯数字，但可以同时填写字母与数字（如 THREE/3）。

(21) 标记唛头：此栏填写信用证或合同规定的唛头，如果合同和信用证都没有规定唛头，整箱出口的可以填写“N/M”，也可由受益人编制一个标准唛头；拼箱出口时，受益人必须编制一个唛头并填写上去。

(22) 件数及包装种类：件数是指出口货物的运输包装件数，如 12 000 件 T 恤衫装入 200 箱，就填写“200”而不是“12 000”。包装种类是指运输包装的种类，如箱、包、捆等，如有 400 捆的竹制火把出口，就填写“400 BUNDLES”。

此栏必须用英文填写。

(23) 货物描述：此栏填写出口货物的名称，可以填写大类名称或统称，不填写具体规格、颜色等细目，但不能与信用证规定的货物描述相矛盾。如果同时出口不同种类的商品，应分别列明，不允许只填写其中数量较多或金额较大的那种商品。

此栏必须用英文填写。

(24) 毛重：此栏填写出口货物的总毛重。如某批货物（有两种商品）出口共有 350 箱，其中 200 箱的商品每箱 22 千克，150 箱的商品每箱 18 千克，则该货物的总毛重就是 7 100 千克。按照惯例，毛重四舍五入，保留两位小数点，即使是整数，小数点后面也应填“00”。例如，某货物毛重 2 345.60 千克，则在托运单上填写 2 346.00 千克。

(25) 体积：此栏目填写出口货物的尺码总数，一般单位为立方米。按照惯例，体积保留三位小数，即使是整数，小数点后面也应填写“000”。例如，200 箱的商品纸箱尺寸是46×46×36（厘米），计算结果是 15.235 立方米，150 箱的商品纸箱尺寸是 153×128×15（厘米），计算结果是 44.064 立方米，两者相加，保留三位小数点，总体积则为 59.299 立方米。

(26) 备注或特殊条款：此栏填写出口商要求的提单副本份数、信用证规定的特别要求（如提单上显示信用证号码）等内容。提单副本一般是指出口商留底份数＋寄单所需份数＋信用证对副本提单要求的份数。如某信用证要求结汇时除提交整套正本提单外，还要提交 3 份副本提单，寄给客户 1 份副本提单，加上受益人自己 1 份副本提单备份，所以要求船公司给予 5 份提单副本。

(27) 配载要求：此栏根据信用证中有关运输方面的特殊条款填写，比如冷藏箱的温度、危险品的等级等，也可以填写要求配载的船舶所属的船公司的名称。

(28) 托运人签署：托运人（出口商）盖章。

(29) 联系人及联系方式：此处出口商的单证员签上自己的名字及联系方式（手机号或办公室电话）。

(30) 托运日期：填写托运时的日期。一般情况下，受益人在预期装运的前 14 天至前 10 天托运，如果是每年的运输高峰期（七、八、九月），还要适当提前托运。

(二) 缮制国际货物托运单的注意事项

1. 内容的正确

(出口商) 国际货物运输托运单是受益人在货物出口前向船公司或其代理人（货运代理公司）申请租船订舱（订箱）的单据，是缮制提单的主要背景资料。如果托运单缮制错误或延误，就会影响其他单证的正常流转。因此，受益人必须正确、快速地缮制国际货物运输托运单，从而保证安全收汇。

2. 文字的使用

(出口商) 国际货物运输托运单的内容与托运用发票的内容必须一致。单据中除了必须在提单上显示的内容使用英文填写以外，其余皆可使用中文填写。

工作任务实训

一、任务情境

百山祖进出口有限公司的单证员林晓婷根据信用证和合同的装运日期与工厂联系，得知工厂能在4月25日完成生产，因此联系上海德威国际货运有限公司委托其安排订舱（集装箱出口时也称订箱）以及装运，并由其负责在上海代理出口报关。

合同LA21-BSZ0118项下的货物明细如下：

有机食用菌粉920.00千克，共计46箱，纸箱尺码：58×38×50厘米，毛重：20千克/箱，净重：20千克/箱，税则号：2106909090，法定商检产品；

有机白桦茸干品1 500.00千克，共计150箱，纸箱尺码：58×38×30厘米，毛重：12千克/箱，净重：10千克/箱，税则号：2106909090，法定商检产品。

唛头：

LINSA

LA21-BSZ0118

BARCELONA

NO. 1-196

其他相关资料如下：

启运港：上海　　发票号码：21SBB0421

发票日期：2021年4月21日　　贸易方式：一般贸易

货物备妥时间：2021年4月20日　　装箱方式：门对门

林晓婷电话：021-85327328　　托运日期：2021年4月18日

百山祖进出口有限公司法人代表：顾宏璋

装箱地点：丽水市莲都区通济街8号丽水佳味菌菇有限公司

二、工作任务

单证员林晓婷在托运环节的工作是根据本篇项目1中的合同（见图1-1）、修改后的信用证和上述“任务情境”中的明细及相关资料，缮制（出口商）国际货物运输托运单，填制后发送给上海德威国际货运有限公司办理订舱。

三、任务实施

（出口商）国际货物运输托运单，具体缮制如下：

第1栏：填写“21SBB0421”。

第2栏：根据有关资料，填写“一般贸易”。

第3栏：填写“信用证”或“L/C”。

第4栏：根据信用证的要求，填写“水路运输”。

第5栏：填写“2021年4月20日”。

第6栏：填写“预付”。

第7栏：填写“预付”。

第 8 栏：根据信用证的要求，填写“不允许”。

第 9 栏：根据信用证的要求，填写“不允许”。

第 10 栏：根据有关资料，填写“2021 年 4 月 30 日”。

第 11 栏：根据有关资料与信用证的要求，填写“2021 年 5 月 15 日”。

第 12 栏：根据信用证的要求，填写百山祖公司的英文名称“SHANGHAI BIOSAN IMP. AND EXP. CO.，LTD.”及地址“860 ZUCHONGZHI ROAD，ZHANGJIANG SHANGHAI，CHINA”。

第 13 栏：根据信用证的要求，填写“TO ORDER”。

第 14 栏：根据信用证的要求，填写开证申请人的名称与详细地址“LINSA ALIMENTOS S. A. VIVICCI 195 BAJOS 08011 BARCELONA，SPAIN”。

第 15 栏：根据有关资料，填写“门对门”。

第 16 栏：根据有关资料，填写“丽水市莲都区通济街 8 号丽水佳味菌菇有限公司”。

第 17 栏：根据信用证的要求，填写“SHANGHAI PORT，CHINA”。

第 18 栏：根据信用证的要求，填写“BARCELONA PORT，SPAIN”。

第 19 栏：根据有关资料和信用证的要求，此栏留空。

第 20 栏：根据惯例，填写“THREE”。

第 21 栏：根据有关资料，填写“LINSA/LA21 - BSZ0118/BARCELONA/NO. 1 - 196/MADE IN CHINA”。

第 22 栏：根据有关资料，填写“196CTNS”。

第 23 栏：根据信用证的要求，填写“ORGANIC MUSHROOM POWDER AND ORGANIC INONOTUS OBLIQUUS DRIED”。

第 24 栏：根据有关资料计算得出，有机食用菌粉和有机白桦茸干品的总毛重是 2 812 千克，此栏填写“2 812.00KGS”。

第 25 栏：根据有关资料计算得出，有机食用菌粉和有机白桦茸干品的总体积是 14.987 立方米，此栏填写“14.987CBM”。

第 26 栏：根据信用证的要求，此栏填写“提单上显示：FREIGHT PREPAID 和 SHIPMENT BY CONTAINER LOAD”。

第 27 栏：根据有关资料，此栏填写“无”。

第 28 栏：此处由百山祖公司盖章。

第 29 栏：此处林晓婷签上自己的名字及电话号码。

第 30 栏：根据相关资料，填写“2021 年 4 月 18 日”。

缮制好的（出口商）国际货物运输托运单（实例）如图 2 - 3 所示。

（出口商）国际货物运输托运单

托运人(Shipper)	发票号码	贸易方式	收汇方式
SHANGHAI BIOSAN IMP. AND EXP. CO., LTD 860 ZUCHONGZHI ROAD, ZHANGJIANG SHANGHAI，CHINA	21SBB0421	一般贸易	信用证
	运输方式：水路运输		运费支付方式(到付/预付)：预付
收货人(Consignee) TO ORDER	货物备妥时间：2021 年 4 月 20 日		杂费支付方式(到付/预付)：预付
	可否转运：不允许		可否分批：不允许
被通知人(Notify Party) LINSA ALIMENTOS S. A. VIVICCI 195 BAJOS 08011 BARCELONA .SPAIN	装运期限：2021 年 4 月 30 日		信用证有效期：2021 年 5 月 15 日
	装箱方式(自送/门到门)：门对门		
装运港：SHANGHAI PORT,CHINA；卸货港：BARCELONA PORT,SPAIN	门到门装货地址：丽水市莲都区通济街 8 号丽水佳味菌菇有限公司		
最终目的地：；提单份数：THREE			

标记唛头	件数及包装种类	货物描述	毛重（公斤）	体积（立方米）
LINSA LA21-BSZ0118 BARCELONA NO. 1-196	196CTNS	ORGANIC MUSHROOM POWDER AND ORGANIC INONOTUS OBLIQUUS DRIED	2 812.00KGS	14.987CBM

备注和特殊条款

提单上显示：FREIGHT PREPAID

SHIPMENT BY CONTAINER LOAD。

配载要求

无

托运人签署：

上海百山祖进出口有限公司 托运专用章

联系人：林晓婷

联系方式：021-85327328

托运日期：2021 年 4 月 18 日

图 2-3 （出口商）国际货物运输托运单（实例）

？训练测试题目

请根据信用证的部分条款（见资料 2－1）及有关资料，缮制（出口商）国际货物托运单。

资料 2－1

TO : BANK OF CHINA NINGBO BRANCH
FM : UNION BANK OF CALIFORNIA，N. A.
MESSAGE TYPE : MT700
Sequence of Total ＊27：1/1
Form of Doc. Credit ＊40A：IRREVOCABLE
Documentary Credit No ＊20：306M216905
Date of Issue 31C：210511
Applicable Rules ＊40E：UCP LATEST VERSION
Date and Place of Expiry ＊31D：210715 IN CHINA
Applicant ＊50：JOY HOME HOUSEWARES CO.，LTD.
2ND FLOOR NO. 137E，33RD STREET，
LOS ANGELES，CA，90011
U. S. A.
Beneficiary ＊59：NINGBO SNUG HOME SUPPLIES CO.，LTD.
12 CHANGSHOU ROAD，
FENGHUA，NINGBO
CHINA
Currency Code and Amount ＊ 32B：USD 16644，00
Pct. Credit amt. tolerance 39A：05/05
…………
Partial Shipments 43P：ALLOWED
Transshipment 43T：NOT ALLOWED
Port of Loading / Airport of Departure 44E：NINGBO CHINA
Port of Discharge / Airport of Destination 44B：LONG BEACH U. S. A.
Latest Date of Shipment 44C：210630
Descript. of Goods and / or Services 45A：
STORAGE BENCH
ART. NO. NS19082，730PCS
CIF LONG BEACH
ALL OTHER DETAILS ARE AS PER P/O NO.
JHH210430 DATED 30 APR. 2021.
Documents Required 46A：
…………

+ FULL SET OF CLEAN ON BOARD OCEAN BILLS OF LADING MADE OUT TO OUR ORDER MARKED FREIGHT PREPAID AND NOTIFY APPLICANT

....

其他相关资料如下：

发票号码：NSHS21-612

件数：730纸箱

体积：68.985立方米

毛重：6 205千克

装运期限：2021年6月30日

装箱方式：自送

托运日期：2021年6月22日

货物备妥时间：2021年6月27日

联系人：李芳

电话：0574-86481252

贸易方式：一般贸易

配载要求：配载1*40高柜

装箱地址：宁波司娜阁家居用品有限公司

唛头：J. H. H.
JHH210430
LONG BEACH
NO. 1-730

项目3 出境货物报检

项目引入

根据《中华人民共和国进出口商品检验法》的规定，列入目录（国家商检部门制定必须实施检验的进出口的商品目录）的进出口商品，由商检机构实施检验。进口商品未经检验的不准销售、使用；出口商品未检验合格的，不准出口。进出口公司一般在完成托运手续后，开始联系工厂办理报检。2018年3月，中共中央印发了《深化党和国家机构改革方案》，将出入境检验检疫管理职能和队伍划入海关，启动“关检合一”改革，原我国出入境检验检疫机构的职责由海关执行，并在国际贸易单一窗口或“互联网+海关”申报中将原报关、报检共229个申报项目合并精简至105个。本书从外贸企业单证员的实际工作角度出发，对出口货物报检和报关环节分别展开论述。本项目结合实际业务中的出口报检业务操作流程及国际贸易单一窗口出境检验检疫申请页面的填报要求，向读者介绍出境货物检验检疫申请表的填制规范。

外贸企业一般委托报检企业代理报检，填写报检委托书，报检企业再根据客户委托登录国际贸易单一窗口（http：//www.singlewindow.cn）或“互联网+海关”进行货物报检申报。本书主要以国际贸易单一窗口为例进行介绍。

学习目标

知识目标

1. 了解我国的报检制度和相关规定
2. 熟悉我国出境货物报检与检验检疫工作的一般流程

3. 掌握出境货物检验检疫申请表的填制内容

技能目标

能够根据信用证和/或合同以及有关资料缮制出境货物检验检疫申请表

素养目标

1. 具有安全意识、法制意识和社会责任感
2. 践行一丝不苟、精益求精的工作作风

素养园地

广东某涂料有限公司为一家化工企业，于 2021 年 6 月 21 日委托广东省某报关有限公司向海关申报出口货物一批，在申报时该报关单经海关查验发现异常，情况如下：该报关单共 1 项，申报出口油漆用稀释剂 15 481 千克，该商品为危险化学品，未申报出口商品检验。该涂料有限公司对法定检验商品不予报检，逃避出口商品检验的行为，违反了《中华人民共和国进出口商品检验法》第十五条的规定。根据《中华人民共和国进出口商品检验法实施条例》第四十五条第一款的规定，决定对该涂料有限公司做出罚款 11 486 元的处罚。从本案例来看，进出口企业在实际工作中必须遵纪守法，强化法制意识，遵守国家的法律和行政法规。因为逃避出口商品检验，除了会给企业带来损失，还会带来严重的社会后果。近年来因瞒报、误报等问题引起的危险品火灾和爆炸等事故，除了让船公司遭受严重损失，还对环境造成污染，甚至可能被行政管理部门认定为刑事走私等犯罪活动。

任务　填制出境货物检验检疫申请表

知识支撑

一、我国出境货物报检概述

出境货物报检是报检人根据我国有关法律法规、对外贸易合同的规定，向海关申请检验、检疫、鉴定以获准出境合法凭证及某种公证证明所必须履行的法定程序和手续。

（一）出境货物报检的范围

（1）列入《进出口商品检验种类表》内的出境货物。

(2) 其他法律、行政法规规定需经海关检验检疫部门检验出证的货物。

(3) 对外贸易合同约定由海关检验检疫部门检验的货物。

(4) 有关国际条约规定须经海关检验检疫部门检验、检疫的货物。

(5) 装运出境易腐易变食品、冷冻品的船舱、集装箱等运载工具的适载检验。

(6) 出境危险货物包装容器的性能检验和使用鉴定。

(7) 装载动植物、动植物产品和其他检疫物的装载容器、包装物的检疫。

(8) 申请签发原产地证书及普惠制原产地证明书的出境货物。

(二) 出境货物检验检疫的流程

出境货物的检验检疫工作是先检验检疫，后通关放行，即出境货物的发货人或者其代理人向海关报检，海关检验检疫机构受理报检后实施检验检疫，流程一般如下：报检（电子申报）→受理报检→检验检疫→合格评定→转通关放行。

出境报检流程（动画）

(三) 出境货物报检必须具备的条件

出境货物报检必须具备以下4个条件：

(1) 外贸经营单位已对外成交，签订对外贸易销售合同，凭信用证结算的，已经收到国外开具的信用证，明确了装运条件和检验依据。

(2) 出口货物已备齐，除散装货、裸装货外，已成箱成件包装完毕，外包装符合出口要求。

(3) 除合同、信用证规定的中性包装外，已刷好出口唛头标记。

(4) 整批商品堆码整齐，便于检验人员查看包装和标记，进行抽样和现场检验。

知识链接

2018年关检合一后，我国海关在出入境检验检疫方面主要履行经济调节、市场监督、口岸把关、公共服务等职能。其主要工作业务内容包括以下几个方面：

1. 法定检验检疫

法定检验检疫是指海关依照国家法律、行政法规的规定对必须检验检疫的出入境货物、交通运输工具、人员及其他法定检验检疫物依照规定的程序实施检验、检疫、鉴定等检验检疫业务，又称强制性检验检疫。

2. 进出口商品检验

进出口商品检验，是指确定列入《出入境检验检疫机构实施检验检疫的进出境商品目录》的进出境商品是否符合国家技术规范的强制性要求的合格评定活动。

3. 动植物检疫

我国对入境、出境、过境的动植物、动植物产品和其他检疫物实施检疫；对装载动植物、动植物产品和其他检疫物的装载容器、包装物、铺垫材料实施检疫；对来自动植物疫区的运输工具实施检疫；对入境拆解的废旧船舶实施检疫；对有关法律、行政法规、国际条约规定或者贸易合同约定应当实施出入境动植物检疫的其他货物、物品实施检疫。

另外还有卫生检疫与处理，进口废物原料、旧机电产品装运前检验，进口商品认证管理，出口商品质量许可和卫生监督管理，出口危险货物运输包装检验，外商投资财产鉴定，货物装载和残损鉴定，进出口商品质量认证，涉外检验检疫、鉴定、认证机构审核认可，监督涉外检验检疫、鉴定、认证机构审核认可。

（四）报检的依据

（1）《中华人民共和国进出口商品检验法》及其实施条例。

（2）《中华人民共和国进出境动植物检疫法》及其实施条例。

（3）《中华人民共和国国境卫生检疫法》及其实施细则。

（4）《中华人民共和国食品安全法》及其实施条例。

（5）其他与出入境检验检疫相关的法规。

（五）出境货物的报检时间和地点

凡法定检验的出口商品未经检验检疫或检验检疫不合格的，不予出境。在出口货物托运环节中，未经检验合格不得装船出运的，因而在托运的同时，应向海关办理报检手续。出境货物最迟在出口报关或转运前7天报检，对于个别检验检疫周期较长的货物，应留有相应的检验检疫时间；需隔离检疫的出境动物在出境前60天预报，隔离前7天报检。

在检验检疫通关一体化下，我国实现了全国各海关间的互联互通，符合条件的出口货物，按照“企业自愿、便捷为先”的原则，“就近报检、属地施检、就近放行”，符合条件的出口企业可根据需要自愿选择任何一个海关办理报检、领取证单等手续。

（六）出境货物报检的手续要求

出境货物报检的手续要求如下：

（1）报检单位首次报检时须办理备案手续。代理报检的，应有委托书。

（2）在申请报检时，应申报出口货物报关单检务数据，向海关申请报检。每份报关单限填一批货物。

（3）报检应附资料包括合同、信用证、厂检单、包装性能合格单、发票、装箱单等。法定商品检验的出境货物，应由生产单位或货主检验（或验收）合格，并出具有效的厂检合格单或验收单。

（4）其他特殊情况还需具有相应的文件：如实施质量许可证管理的货物，应具有质量许可证副本；法定商品检验的出境货物，其运输包装属国家明确规定的15类，还需提供与实际包装容器相符合的包装性能检验结果单。

知识链接

海关总署关于检验检疫单证电子化的公告

（2018 年 90 号）

一、自然人、法人或者其他组织（以下简称“申请人”）向海关办理检验检疫手续，可按照以下要求提供单证电子化信息，无须在申报时提交纸质单证：

（一）国内外相关主管部门或机构出具的单证，实现联网核查或可互联网查询的，只需录入单证编号。尚未实现联网核查且不能互联网查询的，需上传单证扫描件。

（二）海关出具的资质证明及其他单证，只需录入相关资质证明或单证编号。

（三）法律、法规、规章规定应当向海关提交的其他证明、声明类材料，只需依法申明持有相关材料。

二、申请人应保证电子化单证信息的真实性和有效性，上传单证扫描件格式应符合海关要求，并按规定保存相关纸质单证。

三、海关监管过程中按照风险布控、签注作业等要求需要验核纸质单证的，申请人应当补充提交相关纸质单证。

二、代理报检委托书的填制

目前，外贸实践中出口报检主要分为代理报检和自理报检，如果是委托代理报检，单证员需填写报检委托书和报检联系单，随附合同、商业发票、装箱单，委托代理企业去办理。如果是自理报检则登录国际贸易单一窗口进行货物申报——无纸化报检。因代理报检委托书（见图 3-1）的填制内容比较简单，本书不展开叙述，主要介绍出境货物检验检疫申请表的填制内容。出境货物检验检疫申请表在国际贸易单一窗口填制的界面见图 3-2，打印出来的出境货物检验检疫申请表见图 3-3，填写栏目共 31 项，所列各栏必须填写正确、完整、清晰，无内容可填写的栏目用星号“***”表示，不得留空，除非另有说明。

出境货物检验检疫申请表的填制要求如下：

出境货物检验检疫申请单的填制（动画课件）

（1）申请单位：此栏指向海关申报检验、检疫、鉴定的业务单位，在自理申请的情况下，一般是生产厂家或出口商。在实务中，申请单位加盖公章即可。

（2）申请单位登记号：此栏指申请单位在海关登记时，由海关给予的编号。

（3）联系人：此栏填写单证员的姓名。

（4）电话：此栏填写单证员的联系电话。

（5）申请日期：此栏填写申请日期。按照规定，一般产品的最迟申请时间为货物装运前 7 天。

（6）发货人：此栏填写出口商或信用证的受益人名称，一般填写中文

代理报检委托书

本委托人(企业备案号/统一社会信用代码（组织机构代码 ）保证遵守国家有关检验检疫法律、法规的规定，保证所提供的委托报检事项真实、单货相符。否则，愿承担相关法律责任。具体委托情况如下：

本委托人将于________年______月间进口/出口如下货物：

品 名		HS 编码	
数（重）量		包装情况	
信用证/合同号		许可文件号	
进口货物 收货单位及地址		进口货物提/运单号	
其他特殊要求			

特委托________（企业备案号________），代表本委托人办理上述货物的下列出入境检验检疫事宜：

☐1. 办理报检手续。

☐2. 代缴纳检验检疫费。

☐3. 联系和配合检验检疫机构实施检验检疫。

☐4. 领取检验检疫证单。

☐5. 其他与报检有关的事宜：________________

联 系 人：________

联系电话：________

本委托书有效期至________年____月____日　　委托人（加盖公章）

年　月　日

受托人确认声明

本企业完全接受本委托书。保证履行以下职责：

1.对委托人提供的货物情况和单证的真实性、完整性进行核实。

2.根据检验检疫有关法律法规规定办理上述货物的检验检疫事宜。

3.及时将办结检验检疫手续的有关委托内容的单证、文件移交委托人或其指定的人员。

4.如实告知委托人检验检疫部门对货物的后续检验检疫及监管要求。

如在委托事项中发生违法或违规行为，愿承担相关法律和行政责任。

联 系 人：________

联系电话：________　　受托人(加盖公章)

年　月　日

图 3-1　报检委托书

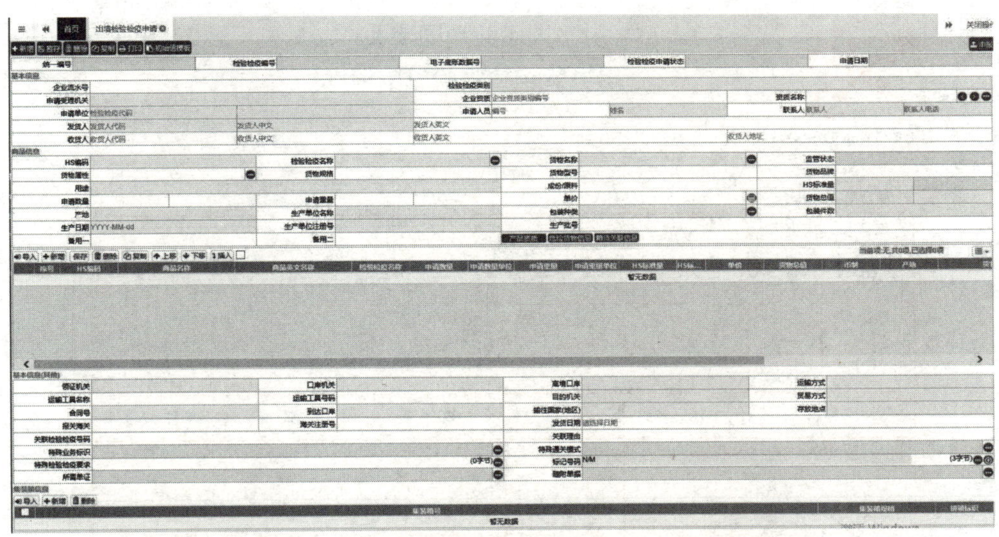

图 3-2　国际贸易单一窗口出境货物检验检疫申请界面

即可，外文处用“***”表示。如果信用证规定要海关出具检验证书，则要在外文处加填出口商或信用证中的受益人的英文名称。

(7) 收货人：指申请检验检疫的出口货物的收货人或信用证中的开证申请人名称，一般不用填写，中、外文处皆用“***”表示，如果信用证规定要海关出具检验证书，则要在外文处填写进口商或信用证开证申请人的英文名称，中文处用“***”表示。

(8) 货物名称：此栏填写出口货物的中、外文名称，注意不能填写货物的统称（如纺织品/TEXTILES），而必须填写具体货品（如男衬衣/MEN'S SHIRTS）。

(9) H. S. 编码：指申报的出口货物的商品编码（税则号），填写十位数。

(10) 产地：此栏填写申报的出口货物的生产加工的省（自治区、直辖市）以及地区（市）名称，如浙江余姚、江苏南通等。

(11) 数/重量：此栏填写申报商品的计量计价数量，如果以重量计量计价的，就填写净重。若填写的是毛重，或者“以毛作净”的，需要说明。此外，此栏的数/重量须和报关单上的法定计量单位统一，必要时要同时显示商品的数量和净重。

(12) 货物总值：此栏填写申报所附的商业发票上所列的产品总值。如果同一申请单报验多种货物，要分别列明，再注明总值。

(13) 包装种类及数量：此栏填写申报货物的包装种类及数量，如 1 400 捆、200 包、30 箱等，须与托运单、提单、保险单等其他单据中所显示的包装种类及数量一致。

(14) 运输工具名称号码：从理论上来说，此栏填写货物实际装载的运输工具名称（如船名），以及运输工具编号（如航次）。但因一般申请的最晚时间是装运前 7 天，尚不知船名或飞机的航班号码，因此，此栏可以填写船舶与飞机等运输工具类别。

(15) 贸易方式：此栏填写时应与出口货物报关单的贸易方式一致，一般情况下，以“一般贸易”为主，如果是两种以上的贸易方式同时报验，要分开申报。

中华人民共和国海关
出境货物检验检疫申请

申请单位（加盖公章） (1)　　　　　　　　*编号

申请单位登记号： (2)　　联系人 (3)　　电话 (4)　　申请日期 (5)

发货人 (6)	（中文）	
	（外文）	
收货人 (7)	（中文）	
	（外文）	

货物名称（中/外文）	H. S. 编码	产地	数/重量	货物总值	包装种类及数量
(8)	(9)	(10)	(11)	(12)	(13)

运输工具名称号码	(14)	贸易方式	(15)	货物存放地点	(16)
合同号	(17)	信用证号	(18)	用途	(19)
发货日期	(20)	输往国家（地区）	(21)	许可证/审批号	(22)
启运地	(23)	到达口岸	(24)	生产单位注册号	(25)
集装箱规格、数量及号码	(26)				

合同、信用证订立的检验检疫条款或特殊要求	标记及号码	随附单据（划"√"或补填）(29)	
(27)	(28)	□合同 □信用证 □发票 □换证凭单 □装箱单 □厂检单	□包装性能结果单 □许可/审批文件 □代理报关委托书 □合格保证 □其他单据 □

需要证书名称（划"√"或补填）(30)		*检验检疫费	
□品质证书 __正__副	□植物检疫证书 __正__副	总金额（人民币）	
□重量证书 __正__副	□熏蒸/消毒证书 __正__副		
□数量证书 __正__副	□出境货物换证凭单 __正__副	计费人	
□兽医卫生证书 __正__副	□电子底账 __正__副		
□健康证书 __正__副	□出境货物工作联系单 __正__副		
□卫生证书 __正__副	□	收费人	
□动物卫生证书 __正__副	□		

报检人郑重声明：	领取证书	
1. 本人被授权报检。 2. 上列填写内容正确属实，货物无伪造或冒用他人的厂名、标志、认证标志，并承担货物质量责任。	日期	
签名： (31)	签名	

注：有"*"号栏由海关填写

图 3－3　出境货物检验检疫申请表

（16）货物存放地点：此栏填写申报货物的存放地点。

（17）合同号：此栏填写申报货物所属的合同号码。

（18）信用证号：此栏填写申报货物的信用证号码，如非信用证方式结算，此栏填写“*** ”。

（19）用途：国际贸易单一窗口的22种用途中选其一。22种用途包括种用或繁殖，食用，奶用，观赏或演艺，伴侣，实验，药用，饲用，食品包装材料，食品加工设备，食品添加剂，介质土，食品容器，食品洗涤剂，食品消毒剂，仅工业用途，化妆品，化妆品原料，肥料，保健品，治疗、预防、诊断，科研，其他。

（20）发货日期：此栏填写申报货物的实际装运日期，即托运单上的装运日期。在实务中，此日期可以略早于合同或信用证规定的最晚装运日期。

（21）输往国家（地区）：此栏填写合同或信用证规定的进口国。

（22）许可证/审批号：此栏填写许可证/审批号。对于限制出口的商品，申报时必须填写许可证或审批单号码；对自由出口的商品，此栏填写“***”。

（23）启运地：此栏填写合同或信用证规定的装运港（地）。如果合同或信用证规定的是“CHINA”，此栏必须填写实际的起运港，如上海、宁波等，不能照抄CHINA。

（24）到达口岸：此栏填写合同或信用证规定的卸货港。如果采用国际多式联运，到达地点是一个内陆城市，则填写最终目的地。如果合同或信用证规定的是JAPAN，此栏必须填写实际到达口岸城市，如横滨、大阪等，而不能照抄JAPAN。

（25）生产单位注册号：此栏填写生产加工出口商品的厂家的18位统一社会信用代码号。

（26）集装箱规格、数量及号码：从理论上来说，此栏填写载货的集装箱的规格（如20英尺或40英尺)、数量（如一个还是两个集装箱)，以及集装箱号码（如APLU2341253)。由于申请时间最晚不能迟于货物装运前7天，而此时生产企业或出口商无法知道集装箱号码，所以此栏可以仅填写“集装箱”三字，如果已事先知道集装箱的规格数量，一起填入亦可，如“一个20英尺集装箱”。如果是拼箱出口，由工厂自送货物到码头仓库，此栏可填写“***”。

（27）合同、信用证订立的检验检疫条款或特殊要求：如果仅是法定检验商品，无纸化通关，要求出具电子底账，可以在此栏填写“***”，如果合同或信用证要求海关出具检验证书，可以在此栏填写“详见信用证副本”，并在报检时提供信用证副本。

（28）标记及号码：此栏填写包装箱外的唛头（运输标志），必须与发票上显示的唛头一致。如果唛头太多写不下，可以用附页。若发票没有唛头，此栏不能留空，须填写“N/M”。

（29）随附单据：一般情况下，申报提供的单据有发票（副本)、装箱单（副本)、合同（副本）和包装性能结果单（正本)，大企业可能还提供厂检单，企业可以在对应的框内打“√”。如果有申请单上没有印刷的但却需要提供的单据，可以在空的框内打“√”，并在后面加上提供的单据名称。如果合同或信用证要求海关出具检验证书，企业提供了信用证副本，就不再需要提供合同副本。一般货物的出口，还需在“合格保证”前的框内打“√”；代理申请的情况下，需要在“代理报关委托书”前的框内打“√”。

（30）需要证书名称：按照合同或信用证要求，在所需证书前的框内打“√”，并填写正本和副本的数量。如果仅仅是法检产品，又是无纸化通关的，可以在“电子底账”前面的框内打“√”，其他的可根据需要在“出境货物工作联系单”前面的框内打“√”，或者在“出境货物换证凭单”前面的框内打“√”。如果有申请单上没有印刷的但却需要出具的单据，则可以在空的框内打“√”，并在后面加上需要出具的单据的名称。

（31）报检人郑重声明及签名：报检人声明已经印在上面，报检员必须亲笔签名，此时报检单才真正缮制完毕。现在企业在国际贸易单一窗口进行申报，报检员不用再签名，以条形码进行报检即可。

工作任务实训

一、任务情境

上海百山祖进出口有限公司此次出口的有机食用菌粉和有机白桦茸干品属于法检商品，出口报关需要提供出境货物检验检疫工作联系单（电子底账）。单证员林晓婷与生产工厂丽水佳味菌菇有限公司的汪敏联系，由工厂在 2021 年 4 月 20 日操作完成自理报检工作，获得相应的出境货物检验检疫申请表。

发货人：上海百山祖进出口有限公司

SHANGHAI BIOSAN IMP. AND EXP. CO.，LTD.

收货人：LINSA ALIMENTOS S. A.

丽水佳味菌菇有限公司社会统一信用代码：91332581MA29GKPF27

许可证号/审批号：3325/19067

联系人：汪敏　　电话：15569192495

合同号：LA021 - BSZ0118　　信用证号：21BSLC43285

有机食用菌粉 ORGANIC MUSHROOM POWDER

税则号：2106909090

重量：920 千克　　包装件数：46 箱　总值：USD19 780.00

有机白桦茸干品 ORGANIC INONOTUS OBLIQUUS DRIED

税则号：2106909090

重量：1 500 千克　　包装件数：150 箱　总值：USD26 145.00

产地：浙江丽水　　集装箱规格、数量：一个 20 英尺集装箱

运输工具名称号码：船舶　　发货日期：2021 年 4 月 30 日

贸易方式：一般贸易

货物存放地点：工厂仓库

唛头：LINSA

LA21 - BSZ0118

BARCELONA

NO. 1 - 196

二、工作任务

单证员林晓婷的工作是根据第 21BSLC43285 号信用证以及上述相关资料制作单据，提供给工厂报检员汪雯，协助完成国际贸易单一窗口的货物申报中的报检工作。

三、任务实施

填写出境货物检验检疫申请表，如图 3-4 所示。

第 1 栏：在本任务中，由生产厂家自理报检，所以由“丽水佳味菌菇有限公司”盖章。

第 2 至第 5 栏：分别为“91332581MA29GKPF27”“汪雯”“15569192495”和“2021 年 4 月 20 日”。

第 6 栏：中文处填写“上海百山祖进出口有限公司”，英文处填写“SHANGHAI BIOSAN IMP. AND EXP. CO.，LTD.”。

第 7 栏：中文处用“***”表示，英文处填写“LINSA ALIMENTOS S. A.”。

第 8 栏：填写有机食用菌粉和有机白桦茸干品的中英文名称。

第 9 栏：填写两类商品的税则号“2106909090”。

第 10 栏：填写“浙江丽水”。

第 11 栏：分别填写“920 千克”和“1 500 千克”。

第 12 栏：分别填写“19 780.00 美元和 26 145.00 美元”。

第 13 栏：分别填写“46 箱”“150 箱”。

第 14 栏：填写“船舶”。

第 15 栏：填写“一般贸易”。

第 16 栏：填写“工厂仓库”。

第 17、18 栏：照实填写“LA21-BSZ0118”和“21BSLC43285”。

第 19 栏：填写“食用”。

第 20、21 栏：照实填写“2021 年 4 月 30 日”和“西班牙”。

第 22 栏：填写工厂的许可证号/审批号“3325/19067”。

第 23、24 栏：照实填写“上海”和“巴塞罗那”。

第 25 栏：三证合一后，填写企业统一信用代码，此处可以不填。

第 26 栏：填写“一个 20 英尺集装箱”。

第 27 栏：填写“***”。

第 28 栏：填写与国际货物托运单上相同的唛头。

第 29 栏：在合同、发票、装箱单和厂检单、合格保证等的“□”内打“√”。

第 30 栏：在电子底账前面的“□”内打“√”，填写“1”正“2”副。

丽水佳味菌菇有限公司的报检员在国际贸易单一窗口的货物申报界面根据出境货物检验检疫申请表的填制内容完成电子输入，发送给海关，通过之后生成出境货物检验检疫申请表的条形码为 220000001268259 的自理出境货物检验检疫工作联系单。

中华人民共和国海关
出境货物检验检疫申请

申请单位（加盖公章）　丽水佳味菌菇有限公司　　*编号

申请单位登记号：91332581MA29 GKPF27　联系人　汪雯　电话　15569192495　申请日期　2021 年 4 月 20 日

发货人	（中文）	上海百山祖进出口有限公司
	（外文）	SHANGHAI BIOSAN IMP. AND EXP. CO., LTD.
收货人	（中文）	***
	（外文）	LINSA ALIMENTOS S. A.

货物名称（中/外文）	H. S. 编码	产地	数/重量	货物总值	包装种类及数量
食用菌粉 ORGANIC MUSHROOM POWDER	2106909090	浙江丽水	920 千克	19 780.00 美元	46 箱
白桦茸干品 ORGANIC INONOTUS OBLIQUUS DRIED	2106909090	浙江丽水	1500 千克	26 145.00 美元	150 箱

运输工具名称号码	船舶	贸易方式	一般贸易	货物存放地点	工厂仓库
合同号	LA21-BSZ0118	信用证号	21BSLC43285	用途	食用
发货日期	2021 年 4 月 30 日	输往国家（地区）	西班牙	许可证/审批号	3325/19067
启运地	上海	到达口岸	巴塞罗那	生产单位注册号	***
集装箱规格、数量及号码	一个 20 英尺集装箱				

合同、信用证订立的检验检疫条款或特殊要求	标记及号码	随附单据（划“√”或补填）(29)	
***	LINSA LA21-BSZ0118 BARCELONA NO.1-196	☑合同 ☑信用证 ☑发票 ☐换证凭单 ☑装箱单 ☑厂检单	☑包装性能结果单 ☐许可/审批文件 ☑代理报关委托书 ☑合格保证 ☐ ☐

需要证书名称（划“√”或补填）(30)		*检验检疫费	
☐品质证书 __正__副 ☐重量证书 __正__副 ☐数量证书 __正__副 ☐兽医卫生证书 __正__副 ☐健康证书 __正__副 ☐卫生证书 __正__副 ☐动物卫生证书 __正__副	☐植物检疫证书 __正__副 ☐熏蒸/消毒证书 __正__副 ☐出境货物换证凭单 __正__副 ☑电子底账 __正__副 ☐出境货物工作联系单 __正__副 ☐ ☐	总金额（人民币）	
		计费人	
		收费人	

报检人郑重声明： 1. 本人被授权报检。 2. 上列填写内容正确属实，货物无伪造或冒用他人的厂名、标志、认证标志，并承担货物质量责任。 签名：	领取证书	
	日期	
	签名	

注：有“*”号栏由海关填写

图 3－4　出境货物检验检疫申请表（实例）

训练测试题目

宁波司娜阁家居用品有限公司有 730 个储物凳（法检商品）于 2021 年 6 月 28 日从宁波海运出口到美国的长滩，单证员黄晓丹准备好发票、装箱单、合同（副本）和纸箱合格证（包装性能合格单），2021 年 6 月 10 日在国际贸易单一窗口进行自理报检申报，要求出具出境货物检验检疫工作联系单（电子底账）。

请根据下面的资料完成出境货物检验检疫申请表供黄晓丹在电子申报时参考。

发货人：宁波司娜阁家居用品有限公司

收货人：JOY HOME HOUSEWARES CO.，LTD.

社会统一社会信用代码：913302327469563487

10 位海关代码：3302431872

电话：13658740158

包装：730 纸箱

许可证号/审批号：3300/32057

合同号：NSJY210504

产地：浙江宁波

货物存放地点：工厂仓库

唛头：J. H. H.
JHH210430
LONG BEACH
NO. 1－730

联系人：黄晓丹

商品编码：9401619000

总值：USD16 644.00

贸易方式：一般贸易

信用证号：306M216905

装运：40 英尺集装箱

用途：其他

出口货物报关

在我国，一般货物的出口必须通过海关的审单、查验、征税、放行四个环节，因此出口货物的发货人（出口商）或其代理人（货代或报关行）必须按照海关的规定办理相应的出口申报、装运手续，并配合查验、缴纳税费。

进出口货物报关是一项十分复杂且专业性很强的工作，需要由既熟悉国际贸易、法律、税务、商品学等各方面知识，又掌握海关法律法规和海关业务制度的专业人员办理。报关行为的发生标志着当事人与海关之间行政法律关系的产生，如果当事人在报关行为中出现差错、纰漏，将依法受到相关的行政处罚，情节严重的还要受到刑事处罚。

因此，在进出口业务实践中，为了提高通关效率，节省通关费用，避免无意识的违法违规行为发生，一些外贸公司通常不采用自理报关的方式，而是委托一些具备报关专业能力，又熟知国际贸易常识的报关企业（货代公司或报关行）办理有关货物的进出口报关手续，并向其支付相应的代理手续费。在实务中，外贸公司的单证员通常将报关所需的相应单据交给报关企业即可。

2018 年国务院行政改革，开启了关检合一模式，出口货物申报可在国际贸易单一窗口实行申报，报检环节已在项目 3 中论述，因此本项目的报关单填制介绍以外贸企业单证员采用代理报关电子委托的方式，完成一份报关单草单的填制供报关企业参考为例。

学习目标

知识目标

1. 了解报关的基本知识

2. 熟悉进出口货物的报关程序和随附单证
3. 掌握出口货物报关单的缮制

技能目标
1. 能够根据信用证和/或合同以及有关资料签订代理报关电子委托协议
2. 能够根据信用证和/或合同以及有关资料缮制出口货物报关单

素养目标
1. 具备诚实守信、遵纪守法的社会责任感
2. 具有良好的沟通能力、协同合作的职业素养
3. 践行精益求精、专注的工匠精神

素养园地

海关总署对各类出口货物制定了相对应的商品编码，编码不同，退税率也不同。如果企业在申报出口时错报，就有可能造成使用退税率错误，导致出口违规，进而引发涉税风险。

A 公司注册于宁波保税区，虽然主要经营各类货物的批发零售，但也从事进出口业务。2015 年 3 月至 2017 年 1 月，A 公司申报出口陶瓷纤维袋、陶纤布等 16 项货物，涉及报关单 16 票，申报的商品编码均为 6903900000，该商品编码对应的出口退税率为 9%。保税区海关在对 A 公司出口情况进行分析时发现疑点，经调查发现，A 公司出口的 16 项货物，其具体成分含量中三氧化二铝和二氧化硅含量之和在 97%之上，其对应的商品编码应为 6903200000，而该商品编码对应的出口退税率为 0%。保税区海关将案件线索移交宁波市国税局第三稽查局，该局通过调查发现了真相：原来，A 公司员工李某因业务不熟，在申报时马虎大意，填报了错误的商品编码，导致出口申报违规。第三稽查局按照规定，对多退给 A 公司的税款予以追回，同时对该 16 笔业务视同内销征收增值税。

作为出口企业的单证员，在工作中要养成严谨细致、精益求精的工作作风，在填制报关单时一定要如实申报、诚实守信，以免给企业和个人造成巨大损失。

任务 1　签订代理报关电子委托协议

知识支撑

一、自理报关与代理报关

《中华人民共和国海关法》第 9 条规定，“进出口货物，除另有规定的外，可以由进出

口货物收发货人自行办理报关纳税手续，也可以由进出口货物收发货人委托报关企业办理报关纳税手续。”这一规定从法律上明确了进出口货物的报关行为根据实施者不同，可以分为自理报关和代理报关两大类。

（1）自理报关：进出口货物收发货人自行办理报关业务。根据我国海关目前的规定，进出口货物收发货人必须依法向海关备案后方能办理报关业务。

（2）代理报关：报关企业代理货物的收发货人进行报关。报关企业必须向海关备案。代理报关可分为直接代理报关和间接代理报关。直接代理报关是指以委托人的名义报关纳税。在直接代理报关中，法律后果直接作用于被代理人即委托人。间接代理报关是指以报关企业自身名义报关纳税。在间接代理报关中，报关企业承担委托人责任。

二、报关单位

报关单位是指依法在海关备案的进出口货物收发货人和报关企业。进出口货物收发货人是指依法直接进口或者出口货物的中华人民共和国关境内的法人、其他组织和个人。报关企业是指按照规定经海关备案，接受进出口货物收发货人的委托，以进出口货物收发货人的名义或者自己的名义，向海关办理代理报关业务，从事报关服务的境内企业法人。

进出口货物报关是一项专业性很强的工作。有些进出口货物收发货人由于经济、时间、地点等方面的原因不能或者不愿自行办理报关手续，便在实践中产生了委托报关的需要。在我国的外贸实践中，进出口货物收发货人大多委托报关企业办理货物出入境的报关手续。

三、代理报关委托书

（一）代理报关委托书的含义

代理报关委托书（其正面内容如图 4－1 所示）是一种格式文书，是进出口货物收发货人委托报关企业办理报关等通关事宜，明确双方责任和义务的书面证明。实际业务中，已经取消纸质代理报关委托书的填制，统一由外贸企业和报关企业在国际贸易单一窗口（https：//www. singlewindow. cn/）办理电子委托手续，签订委托代理业务，业务界面如图 4－2 所示。电子委托协议填写内容与纸质报关委托书内容基本一致。

（二）代理报关委托书的缮制

代理报关委托书有 17 项内容，填写方式如下：

（1）委托书编号：单一窗口自动生成。

（2）委托事宜：在 A 至 H 项中选一项或若干项填入，如“我单位现 B 委托贵公司代

代理报关委托书

(1)编号：□□□□□□□□□□□□

(2)我单位现 (A 逐票、B 长期)委托贵公司代理 等通关事宜（A 填单申报、B 辅助查验、C 垫缴税款、D 办理海关证明联、E 审批手册、F 核销手册、G 申办减免税手续、H 其他）。详见《委托报关协议》。

我单位保证遵守《海关法》和国家有关法规，保证所提供的情况真实、完整、单货相符，无侵犯他人知识产权的行为。否则，愿承担相关法律责任。

本委托书有效期自签字之日起至 年 月 日止。

委托方(盖章)：

法定代理人或其授权签署《代理报关委托书》的人(签字)：

年 月 日

委托报关协议

为明确委托报关具体事项和各自责任，双方经平等协商签订协议如下：

委托方	(3)	被委托方	(12)	
主要货物名称	(4)	*报关单编码	(13)	
H.S.编码	(5)	收到单证日期	(14)	
货物总价	(6)	收到单证情况(15)	合同 □	发票 □
出(进)口日期	(7) 年 月 日		装箱单 □	提(运)单 □
提单号	(8)		加工贸易手册□	许可证件□
贸易方式	(9)		其他	
原产地/货源地	(10)	报关收费(16)	人民币：	
其他要求：		承诺说明：		
背面所列通用条款是本协议不可分割的一部分，对本协议的签署构成了对背面通用条款的同意。		背面所列通用条款是本协议不可分割的一部分，对本协议的签署构成了对背面通用条款的同意。		
委托方业务签章：(11) 经办人签章： 联系电话： 年 月 日		被委托方业务签章：(17) 经办报关员签章： 联系电话： 年 月 日		

中国报关协会监制

图 4－1 代理报关委托书

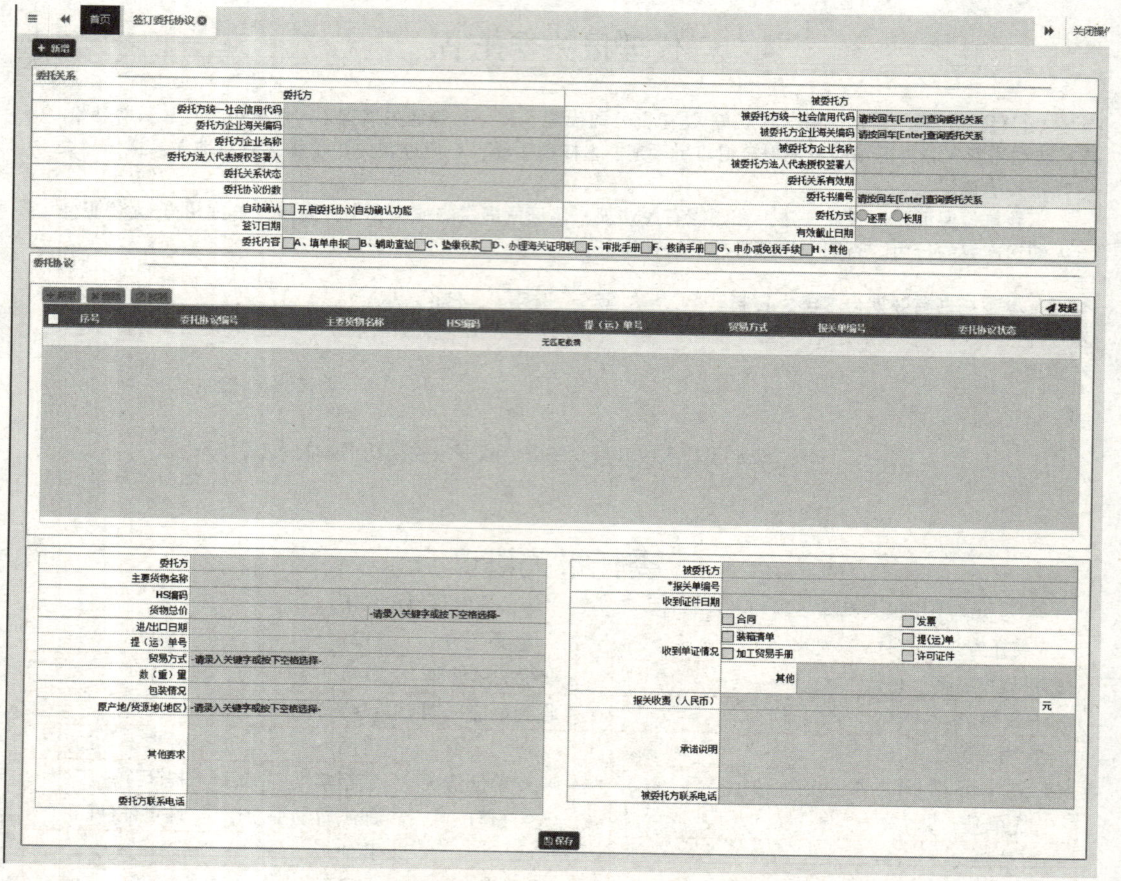

图 4－2　签订代理报关电子委托协议界面

理 A、B、C、D 等通关事宜”，意思是：“我单位现长期委托贵公司代理填单申报、辅助查验、垫缴税款、办理海关证明联等通关事宜”。委托事宜根据具体业务自行选择填写。

（3）委托方：填写出口商名称及在海关登记备案时的 10 位数海关代码。电子委托协议界面在自动登录界面会自动跳出委托方统一社会信用代码、委托企业海关编码、委托企业名称。

（4）主要货物名称：填写该批出口货物的名称。

（5）H. S. 编码：填写该批出口货物的税则号。

（6）货物总价：填写该批出口货物的总价。

（7）出（进）口日期：出口时填写出口日期；进口时填写进口日期。

（8）提单号：此栏出口商往往不填，等船公司办妥配舱获取提单号后，再由报关企业添加上去。

（9）贸易方式：填写“一般贸易”“进料加工”“来料加工”等。

（10）原产地/货源地：出口时填写货源地；进口时填写原产地。

（11）委托方业务签章：由出口商盖章（盖公章和法人章），并写上出口公司的具体联系人、联系电话以及填写“委托报关协议”的日期。目前在国际贸易单一窗口实行代理报关电子委托手续不用签章。

(12) 被委托方：填写报关企业的名称。

(13) 报关单编码：此栏出口商可以不填写，由报关企业在报关时自行添加。

(14) 收到单证日期：由报关企业填写收到出口商的报关单证的日期。

(15) 收到单证情况：由报关企业在收到的单证名称后的“□”内打“√”，如果出口商提供的单证名称没有在“委托报关协议”中列出，就在“其他”后面加填。

(16) 报关收费：一般情况下，一次报关费用为人民币 100 元（实际业务中一般留空不填）。

(17) 被委托方业务签章：报关企业盖章，还要写上报关企业的报关人员姓名，一般由具体经办报关人员签章，并填写“委托报关协议”的日期。目前在国际贸易单一窗口实行代理报关电子委托手续不用签章。

工作任务实训

一、任务情境

上海百山祖进出口有限公司的单证员林晓婷登录国际贸易单一窗口，办理电子委托业务。根据海关要求，在系统里提交 PDF 格式的发票、合同、装箱单，完成电子报关委托协议书的签订。

其他相关资料如下：

委托日期：2021 年 4 月 25 日　　经办人：林晓婷

委托方：上海百山祖进出口有限公司：92310400050108256J

被委托方：上海德威国际货运有限公司：91310115660737307U

货物总价：USD45 925.00

主要货物名称：有机食用菌粉/有机白桦茸干品

H. S. 编码：2106909090/2106909090

出口日期：2021 年 4 月 30 日　　贸易方式：一般贸易

货源地：浙江丽水　　单证情况：发票、装箱单、合同

联系电话：021－85327328

二、工作任务

单证员林晓婷登录国际贸易单一窗口，完成办理代理报关电子委托业务。

三、任务实施

根据上述有关资料，除了被委托方上海德威国际货运有限公司栏目，其他信息系统自

动跳出，货物的相关信息即完成的纸质报关委托书上的第 3 至第 10 栏，其他信息在网站界面一般留空不填。这些栏目的填写内容如下：

第 3 栏：填写“上海百山祖进出口有限公司”。

第 4 栏：填写“有机食用菌粉/有机白桦茸干品”。

第 5 栏：填写“2106909090/2106909090”。

第 6 栏：填写“USD45 925.00”。

第 7 栏：填写“2021 年 4 月 30 日”。

第 8 栏：一般留空。

第 9 栏：填写“一般贸易”。

第 10 栏：填写货物产地“浙江丽水”。

其他栏目根据实际业务操作可留空不填，电子委托业务界面完成货物基本信息即可提交（见图 4－3）。

任务 2　填制出口货物报关单草单

知识支撑

一、进出口货物的报关程序

进出口货物的报关程序是进出口货物收发货人、物品所有人、运输工具负责人或其代理人按照海关的规定，办理货物、物品、运输工具进出境及相关海关事务的手续和步骤。

根据时间的先后顺序和海关管理要求的不同，进出口货物的报关一般可分为前期报关程序、进出境报关程序和后续报关程序三部分。

前期报关程序一般要求进出口货物在实际出境之前先向海关办理，主要内容是出口货物的发货人向海关说明有关出口货物的情况，申请适用特定的报关程序。

进出境报关程序是指进出口货物在进出境环节向现场海关履行的手续。这一环节主要包括申报、陪同查验、缴纳税费、提取或装运货物等海关手续，需要在货物实际进出境时向海关办理。

后续报关程序主要是指进出口货物实际进出境以后，进、出口商或受委托的货代公司根据海关管理的要求，向海关办理旨在证明有关进出口货物合法进出口、在境内合规使用并已经完结有关海关监管义务的手续。如加工贸易核销、特定减免税进口货物解除海关监管等海关手续。

代理报关委托书

(1)编号：□□□□□□□□□□□□□

(2)我单位现　　(A逐票、B长期)委托贵公司代理　　　　等通关事宜（A填单申报、B辅助查验、C垫缴税款、D办理海关证明联、E审批手册、F核销手册、G申办减免税手续、H其他）。详见《委托报关协议》。

我单位保证遵守《海关法》和国家有关法规，保证所提供的情况真实、完整、单货相符。否则，愿承担相关法律责任。

本委托书有效期自签字之日起至　　　年　　月　　日止。

委托方(盖章)：

法定代理人或其授权签署《代理报关委托书》的人(签字)：

年　　月　　日

委托报关协议

为明确委托报关具体事项和各自责任，双方经平等协商签订协议如下：

委托方	上海百山祖进出口有限公司
主要货物名称	有机食用菌粉/有机白桦茸干品
H.S.编码	2106909090/2106909090
货物总价	USD45，925.00
进/出口日期	2021年 4月 30日
提单号	
贸易方式	一般贸易
原产地/货源地	浙江丽水
其他要求：	
背面所列通用条款是本协议不可分割的一部分，对本协议的签署构成了对背面通用条款的同意。	
委托方业务签章：(11) 经办人签章： 联系电话： 年　　月　　日	

被委托方	上海德威国际货运有限公司			
*报关单编码				
收到单证日期				
收到单证情况	合同	☑	发票	☑
	装箱单	☑	提（运单）	□
	加工贸易手册	□	许可证件	□
	其他			
报关收费	人民币：			
承诺说明：				
背面所列通用条款是本协议不可分割的一部分，对本协议的签署构成了对背面通用条款的同意。				
被委托方业务签章：(17) 经办报关员签章： 联系电话： 年　　月　　日				

中国报关协会监制

图 4－3　代理报关委托书（实例）

一般进出口货物只需适用进出境报关程序，保税加工货物、特定减免税进口货物，暂准（时）进出口货物需要适用前期报关程序、进出境报关程序和后续报关程序。具体见表 4-1。

表 4-1　报关程序的一般适用

货物类别	前期报关	进出境报关	后续报关
一般进出口货物	无	申报 ↓ 查验 ↓ 征税 ↓ 放行	无
保税加工货物	登记备案		核销、结关
特定减免税进口货物	资格认定		解除监管
暂准（时）进出口货物	备案、担保		销案、退保

二、出口货物的申报

（一）出口申报的含义

一般出口货物的报关

出口申报是指出口商或受委托的报关企业，依照《海关法》以及有关法律、行政法规和规章的要求，在规定的期限、地点，采用电子数据报关单和纸质报关单形式，向海关报告实际出口货物的情况，并接受海关审核的行为。

对出口货物的报关单位而言，如实申报是申报环节的基本要求。如实申报是指报关单位应当保证申报内容的真实性、准确性、完整性和规范性，并承担相应的法律责任。出口商只有履行了如实申报义务，才能够完成相应的通关义务，获取出口货物的放行。

（二）申报的时间

为了加强海关对出口货物的监管，切实保证出口货物的实际出口行为符合国家法律法规的规定，方便海关对出口货物的监控和查验，海关要求出口货物在实际运抵海关监管区后再进行申报。

根据《中华人民共和国海关法》的规定，除海关特准外，出口商或受委托的货代公司应当在货物运抵海关监管区后、装货的 24 小时以前，向海关申报。

（三）申报的方式

申报方式是指出口货物申报所使用的手段和方法。在我国，目前主要有电子数据报关单和纸质报关单两种申报方式。

电子数据报关单申报方式是指出口商或受委托的报关企业，通过计算机系统按照《中华人民共和国海关进出口货物报关单填制规范》的要求，向海关传送报关单电子数据的申报方式。纸质报关单申报方式是指出口商或受委托的报关企业，备齐随附单证，向海关当面递交纸质报关单的申报方式。

目前，全国海关的通关业务现场已全面施行通关作业无纸化申报。通关作业无纸化是指海关以企业分类管理和风险分析为基础，按照风险等级对进出口货物实施分类，运用信息化技术改变海关验核进出口企业递交纸质报关单及随附单证办理通关手续的做法，直接对企业通过国际贸易单一窗口录入申报的报关单及随附单证的电子数据进行无纸审核，验放处理的通关作业方式。

（四）申报的手续

出口货物的申报工作一般包括：准备单证、确认货物、正式报关等 3 个环节。

1. 准备单证

出口货物申报需要准备的单证可以分为报关单和随附单证两大类。随附单证包括基本单证和特殊单证。基本单证是指进出口货物的货运单据和商业单据，特殊单证主要是指进出口许可证件、加工贸易电子化手册和电子账册等单证。一般来说，出口货物申报需要准备的单证主要有以下 8 种：

（1）合同；

（2）发票；

（3）装箱清单；

（4）载货清单（舱单）；

（5）提（运）单；

（6）代理报关授权委托协议；

（7）进出口许可证件；

（8）海关总署规定的其他进出口单证。

国际贸易“单一窗口”无纸化申报目前区分进口、出口申报环节，可简化申报部分随附单证。简化后的国际贸易“单一窗口”无纸化申报报关单随附单证种类在出口申报环节无须提交合同、发票、装箱清单、载货清单（舱单）。需提交的随附单证有 4 种：提（运）单、代理报关授权委托协议、进出口许可证件、海关总署规定的其他进出口单证。

但要注意的是：海关审核时如有需要，相关随附单证仍需提交。例如，海关在审核时，需要核查货物知识产权状况的，企业应当提交货物知识产权合法使用证明材料。

2. 确认货物

为了做到依法申报、如实申报，出口商或受委托的货代公司应当认真检查货物，确认货物与申报的单证一致。

3. 正式报关

正式报关是指出口商或受委托的报关企业，以规定的方式向海关递交申报资料，确认出口货物，履行相应义务，并承担相应法律责任的行为。按照现行无纸化通关的规定，报关单位向海关申报，除特殊情况外，都应当以电子数据报关单的形式向海关申报。

三、出口货物的查验、征税和放行

出口货物完成申报后，有可能会面临海关“查验”。海关目前已推广实施“双随机”（随机选择布控、随机派员查验）机制，所以一旦出口货物被布控，货代企业或报关行要及时联系出口商，配合海关查验。出口商可以自己到场，也可以委托货代企业或报关行的工作人员到场。如果出口商、货代企业或报关行届时都不到场，海关可以行使“径行查验”的权力，自行开拆货物包装进行查验。海关决定径行查验时，应通知货物存放场所的管理人员或其他见证人到场，查验完毕后，双方要在查验记录上签字。

为鼓励出口，世界各国一般不征收出口税，或仅对少数商品征收出口税。征收出口关税的主要目的是限制、调控某些商品的过度、无序出口，特别是防止本国的一些重要自然资源和原材料的无序出口。

以前出口商或受委托的报关企业在依法办理申报、陪同查验、缴纳税费等手续，获得海关放行后，便可向海关领取盖有海关“放行章”的“装货单（集装箱托运单第 5 联）”或海关特制的放行条，到港区、机场等海关监管区提取出口货物，装上运输工具。目前实行无纸化通关后，我国海关对进出口货物实行电子放行，对已经办理无纸化通关协议的企业实行“无纸化放行”。

四、出口货物报关单的填制

（一）出口货物报关单的填制内容

1. 填报出口货物报关单的一般要求

2018 年版的出口货物报关单（样式见图 4－4）共 50 栏项目，除“海关批注及签章”由海关填写外，其余 49 个栏目均由发货人（出口商）或其代理人填报，一般要求如下：

（1）申报人必须如实申报，不得伪报、瞒报、虚报和迟报。

（2）填制内容必须真实，做到单证相符、单货相符，即所填报关单各栏目的内容与商业发票、装箱单等文件的内容相符，与实际出口货物相符。

（3）报关单填报要正确、完整，字迹清楚，不得用铅笔或红色复写纸填写，用电脑或打字机打印。

（4）不同批文、不同合同、同一批货物不同贸易方式、同一批货物不同运输方式、同一批相同运输方式但不同航次的货物，都要分单填报。

（5）不同项号、商品名称、规格型号、单价、数量及单位等，均要分行填报。

中华人民共和国海关出口货物报关单

预录入编号：(1)　　海关编号：(2)　　页码/页数：

境内发货人　(3)	出境关别　(6)	出口日期　(7)	申报日期　(8)	备案号　(9)
境外收货人　(4)	运输方式　(10)	运输工具名称及航次号 (11)	提运单号 (12)	
生产销售单位　(5)	监管方式　(13)	征免性质　(14)	许可证号 (15)	
合同协议号　(16)	贸易国（地区）(17)	运抵国（地区）(18)	指运港 (19)	离境口岸　(20)

包装种类　(21)	件数(22)	毛重（千克）(23)	净重（千克）(24)	成交方式(25)	运费 (26)	保费 (27)	杂费 (28)

随附单证及编号 (29)

标记唛码及备注 (30)

项号	商品编号	商品名称及规格型号	数量及单位	单价/总价/币制	原产国（地区）	最终目的国（地区）	境内货源地	征免
(31)	(32)	(33)	(34)	(35)(36)(37)	(38)	(39)	(40)	(41)

特殊关系确认：(42)　　价格影响确认：(43)　　支付特许权使用费确认：(44)　　自报自缴：(45)

报关人员 (46)　报关人员证号 (47)　电话 (48)　兹申明对以上内容承担如实申报、依法纳税之法律责任 申报单位 (49)　申报单位（签章）	海关批注及签章(50)

图 4－4　2018 年版的出口货物报关单

2. 出口货物报关单的填报

出口报关单的填制（动画课件）

（1）预录入编号：此栏填报预录入报关单的编号，预录入编号规则由接受申报的海关决定。出口商缮制报关单时，此栏可以留空。

（2）海关编号：此栏填报海关接受申报时给予报关单的编号，一份报关单对应一个海关编号。出口商缮制报关单时，此栏可以留空。

（3）境内发货人：此栏填报在海关注册的对外签订并执行出口合同的中国境内企业法人、其他组织或个人的名称及编码，编码填报 18 位法人和其他组织统一社会信用代码，没有统一社会信用代码的，填报其在海关的备案编码。

（4）境外收货人：此栏填报签订并执行出口贸易合同中的买方或合同指定的收货人。一般填报英文名称。

（5）生产销售单位：此栏填报出口货物在境内的生产或销售单位的名称，包括自行出口货物的单位、委托进出口企业出口货物的单位，免税品经营单位经营出口退税国产商品的，填报该免税品经营单位统一管理的免税店。

（6）出境关别：此栏根据货物实际出境的口岸海关，填报海关规定的“关区代码表”中相应口岸海关的名称及代码。例如，吴淞海关 2202。

（7）出口日期：此栏填报运载出口货物的运输工具办结出境手续的日期，通俗地说，就是海运提单日期或航空运单的日期。日期采用 8 位数字，顺序是年（4 位）、月（2 位）、日（2 位）。

（8）申报日期：此栏填报海关接受出口货物发货人或其代理人申报数据的日期。以电子数据报关单方式申报的，申报日期为海关计算机系统接受申报数据时的记录日期。此栏可以留空。

（9）备案号：此栏填报出口货物发货人、消费使用单位、生产销售单位在海关办理加工贸易合同备案或征、减、免税备案审批等手续时，海关核发的加工贸易手册、海关特殊监管区域和保税监管场所保税账册、征免税证明或其他备案审批文件的编号。

（10）运输方式：此栏填报载运货物出境所使用的运输工具的种类，包括水路运输、铁路运输、汽车运输、航空运输、邮递运输和其他运输（人扛、畜驮、电网、管道等）。

（11）运输工具名称及航次号：此栏指载运货物出境所使用的运输工具的名称或编号。“航次号”指载运货物进出境的运输工具的航次号。“运输工具名称”与“航次号”的填报内容应与运输部门向海关申报的舱单（载货清单）所列相应内容一致。一份报关单只允许填报一个运输工具名称，若是国际多式联运出境，按驶离我国关境最后一个口岸时的运输工具名称填报。

（12）提运单号：此栏填报出口货物运输单证中的提单或运单编号。一份报关单只允许填报一个提单或运单号，一票货物对应多个提单或者运单号，应分单填写。

（13）监管方式：此栏专指以国际贸易中进出口货物的交易方式为基础，结合海关对进出口货物的征税、统计及监管条件综合设定海关对进出口货物的管理方式，由 4 位数字构成。一份报关单只允许填报一种监管方式。

（14）征免性质：此栏应根据实际情况按海关规定的“征免性质代码表”选择填报相

应的征免性质简称及代码，持有海关核发的征免税证明的，应按征免税证明中批注的征免性质填报。一份报关单只允许填报一种征免性质。

（15）许可证号码：此栏填报以下许可证编号：出口许可证、两用物项和技术出口许可证、两用物项和技术出口许可证（定向）、纺织品临时出口许可证、出口许可证（加工贸易）、出口许可证（边境小额贸易），非许可证管理商品，此栏目为空。一份报关单只允许填报一个许可证号。

（16）合同协议号：此栏填报出口货物涉及的合同（包括协议或订单）编号，一份报关单只能填报一个合同号。如果出口货物涉及多个合同号，则应分开申报。

（17）贸易国（地区）：此栏填写售予国（地区），未发生商业性交易的填报货物所有权拥有者所属的国家（地区）。

（18）运抵国（地区）：此栏填报出口货物离开我国关境直接运抵或者在运输中转国（地区）未发生任何商业性交易的情况下最后运抵的国家（地区）。不经过第三国（地区）转运的直接运输的出口货物，以出口货物的指运港所在国（地区）为运抵国（地区）。经过第三国（地区）转运的出口货物，如在中转国（地区）发生商业性交易，则以中转国（地区）作为运抵国（地区）。无实际进出境的，填报“中国（142）”。

（19）指运港：此栏填报出口货物运往境外的最终目的港。最终目的港不可预知的，按尽可能预知的目的港填报。根据实际情况，按海关规定的“港口代码表”选择填报相应的港口名称及代码，在“港口代码表”中无港口名称及代码的，可选择填报相应的国家名称及代码。无实际进出境的货物，填报“中国境内”及代码。

（20）离境口岸：填报装运出境货物的跨境运输工具离境的第一个境内口岸的中文名称及代码；采取多式联运跨境运输的，填报多式联运货物最初离境的境内口岸中文名称及代码；过境货物填报货物离境的第一个境内口岸的中文名称及代码；从海关特殊监管区域或保税监管场所离境的，填报海关特殊监管区域或保税监管场所的中文名称及代码；其他无实际出境的货物，填报货物所在地的城市名称及代码。

（21）包装种类：此栏填报出口货物的所有包装材料，包括运输包装和其他包装，按海关规定的“包装种类代码表”选择填报相应的包装种类名称或代码。运输包装指提运单所列货物件数单位对应的包装，其他包装包括货物的各类包装，以及植物性铺垫材料等。其他包装的货物，按照包装种类和材质，分为纸箱（Cartons）、桶（Drums、Casks）、袋（Bags）、包（Bales）、捆（Bundles）、卷（Rolls）、托盘（Pallets）、散装（Bulk）等。

（22）件数：此栏填报出口货物运输包装的件数（按运输包装计）。应与提单、运单或舱单显示的件数一致。如果舱单件数为集装箱，则填写集装箱个数；如果舱单件数为托盘，则填报托盘数。裸装或散装货物的件数填“1”，相应的包装种类填写“裸装”或“散装”。

（23）毛重（千克）：此栏填报出口货物及其包装材料的重量之和，毛重的计量单位为千克，毛重应大于等于 1，不足 1 千克的填报为“1”。

（24）净重（千克）：此栏填报出口货物的毛重减去外包装材料后的重量，即货物本身的实际重量，计量单位为千克，净重应大于等于 1，不足 1 千克的填报“1”。

（25）成交方式：此栏根据货物的实际成交价格条款，按海关规定的《成交方式代码表》选择填报相应的成交方式名称或代码。无实际出境的报关单填报 FOB 或其代码。

（26）运费：此栏填报出口货物运至我国境内输出地点装载后的运输费用，FOB 成交方式不需要填报。运费可按运费单价、总价或运费率三种方式之一填报，注明运费标记（“1”表示运费率，“2”表示每吨货物的运费单价，“3”表示运费总价），并按海关规定的《货币代码表》选择填报相应的币种代码。

（27）保费：此栏填报出口货物在国际运输过程中，由被保险人付给保险公司对货物出口所保险别的费用，FOB 和 CFR 成交方式不需要填报。保费可按保险总价或保费率两种方式之一填报，注明保险费标记（“1”表示保险费率，“3”表示保险费总价），并按海关规定的《货币代码表》选择填报相应的币种代码。

（28）杂费：此栏填报成交价格以外的，按照《中华人民共和国进出口关税条例》相关规定应计入完税价格或应从完税价格中扣除的费用，如手续费、佣金、折扣等。

（29）随附单证及编号：此栏根据海关规定的《监管证件代码表》选择填报除上述第 15 栏规定的许可证以外的其他出口许可证或监管证件代码及编号。

实行通关无纸化申报后，报关人员须向海关上传发票、箱单、合同、提运单等报关单证。无纸化随附单据上传后，单一窗口下的出口货物报关单会在此栏显示所上传单据名称，并显示为“随附单证 1：……（电子底账数据号等），随附单证 2：……（代理报关委托协议、PDF 格式的发票等）”。

（30）标记唛码及备注：本栏是指除按报关单固定栏目申报进出口货物有关情况外，需要补充或特别说明的事项，包括关联备案号、关联报关单号，以及其他需要补充或特别说明的事项。此栏填报出口货物外包装上的运输标识，但标识上有图形的除外。另外，此栏还填报运载出口货物的集装箱的标箱数及号码。比如：2；TCKU4198198，表明是一个 40 尺集装箱。又如：3；DRYU4212021＋HANU2043030，表示是一个 40 尺集装箱和一个 20 尺集装箱。

另外，一个提运单号多集装箱的，需要品名和集装箱匹配信息：比如品名 1、3、4、8 在 A 集装箱内，品名 2、5、6、7 在 B 集装箱内，只有 1 个集装箱的多品名，或者只有 1 个品名多集装箱的不需要提供。

（31）项号：此栏分两行填报。第一行填报报关单中的商品顺序编号；第二行填报“备案序号”，专用于加工贸易及保税、减免税等已备案、审批的货物，填报该项货物在《加工贸易手册》或《征免税证明》等备案、审批单证中的顺序编号。

（32）商品编号：此栏填报由 10 位数字组成的商品编号。前 8 位为《中华人民共和国进出口税则》和《中华人民共和国海关统计商品目录》确定的编码；9、10 位为监管附加编号。

（33）商品名称及规格型号：此栏分两行填报。第一行填报进出口货物规范的中文商品名称，第二行填报规格型号。出口商品名称一般填写中文，规格型号（申报要素）根据海关规定填报如：品牌［0. 无品牌、1. 境内自主品牌、2. 境内收购品牌、3. 境外品牌（贴牌生产）、4. 境外品牌（其他）］、出口享惠情况［0. 出口货物在最终目的国（地区）不享受优惠关税、1. 出口货物在最终目的国（地区）享受优惠关税、2. 不能确定在最终目的国（地区）享受优惠关税］、商品名称、用途、型号、电压、其他等。原则上，报关单、提单以及舱单上的品名须一致。

（34）数量及单位：此栏专指出口商品的实际数量及计量单位，分三行填写。第一行按法定第一单位填报数量及单位，第二行按法定第二单位填报数量及单位，无法定第二单位的填写“***”，第三行按合同实际成交的计量单位填报数量及单位。

（35）单价：此栏填报同一项号下出口货物实际成交的商品单位价格。无实际成交价格的，本栏目填报单位货值。

（36）总价：此栏填报同一项号下出口货物实际成交的商品总价格。无实际成交价格的，本栏目填报货值。

（37）币制：此栏按海关规定的《货币代码表》选择相应的货币名称及代码填报，如《货币代码表》中无实际成交币种，需将实际成交货币按申报日外汇折算率折算成《货币代码表》列明的货币填报。

（38）原产国（地区）：此栏依据《中华人民共和国进出口货物原产地条例》《中华人民共和国海关关于执行〈非优惠原产地规则中实质性改变标准〉的规定》，以及海关总署关于各项优惠贸易协定原产地管理规章规定的原产地确定标准填报。同一批进出口货物的原产地不同的，分别填报原产国（地区）。进出口货物原产国（地区）无法确定的，填报“国别不详”。

（39）最终目的国（地区）：此栏填最终目的国（地区）填报已知的进出口货物的最终实际消费、使用或进一步加工制造国家（地区）。不经过第三国（地区）转运的直接运输货物，以运抵国（地区）为最终目的国（地区）；经过第三国（地区）转运的货物，以最后运往国（地区）为最终目的国（地区）。同一批进出口货物的最终目的国（地区）不同的，分别填报最终目的国（地区）。进出口货物不能确定最终目的国（地区）时，以尽可能预知的最后运往国（地区）为最终目的国（地区）。

按海关规定的《国别（地区）代码表》选择填报相应的国家（地区）名称及代码。

（40）境内货源地：本栏目填报出口货物在国内的产地或原始发货地。出口货物产地难以确定的，填报最早发运该出口货物的单位所在地。按海关规定的《国内地区代码表》选择填报相应的国内地区名称及代码，并根据《中华人民共和国行政区划代码表》选择填报境内目的地对应的县级行政区名称及代码。无下属区县级行政区的，可选择填报地市级行政区。

（41）征免：此栏按照海关核发的《征免税证明》或有关政策规定，对报关单所列每项商品选择海关规定的《征减免税方式代码表》中相应的征减免税方式填报（见表4-2）。

加工贸易货物报关单根据《加工贸易手册》中备案的征免规定填报；《加工贸易手册》中备案的征免规定为“保金”或“保函”的，填报“全免”。

表4-2 征免方式表

备案号	监管方式	征免性质	征免
***	一般贸易	一般征税	照章征税
B57704150022	来料加工	来料加工	全免
C57205711700	进料加工	进料加工	全免

（42）特殊关系确认：此栏出口货物免予填报，加工贸易及保税监管货物（内销保税

货物除外）免予填报。

（43）价格影响确认：此栏出口货物免予填报，加工贸易及保税监管货物（内销保税货物除外）免予填报。

（44）支付特许使用费确认：此栏出口货物免予填报，加工贸易及保税监管货物（内销保税货物除外）免予填报。

（45）自报自缴：进出口企业、单位采用“自主申报、自行缴税”（自报自缴）模式向海关申报时，填报“是”；反之则填报“否”。

（46）报关人员：此栏填报海关备案的姓名。

（47）报关人员证号：此栏填报报关人员在海关备案的编码。

（48）电话：此栏填报报关企业的电话号码。

（49）申报单位：自理报关的，填报进出口企业的名称及编码；委托代理报关的，填报报关企业名称及编码。编码填报 18 位法人和其他组织统一社会信用代码，并加盖申报单位印章。

（50）海关批注及签章：此栏供海关作业时签注，申报人不填。

中华人民共和国海关进出口货物报关单填制规范

（二）出口货物报关单填制过程中的注意事项

在上述报关单的缮制过程中，有几项内容出口商不需填写，但必须提供相关信息，即出口商在填写时可以留空不填，由接受委托的报关企业补充填写。

（1）出口口岸：根据海关的要求，此栏目填写隶属海关（口岸海关）的名称及代码。但是出口商有时候并不知道货物将从哪个口岸出口，或者不知道口岸海关的代码，所以出口商可以在此栏写装运港的名称，由接受委托的报关企业在报关时填入正确的口岸海关名称及代码。

（2）出口日期：出口商一定要如实填写，因为这是出口商要求承运人装运出口货物的日期，涉及承运人与出口商各自的责任、权利与义务。

（3）运输工具名称：此栏目海关要求填写载货船舶的船名与航次，如果是空运，可以仅填航班号。一般出口商在货物实际出运前 10 天左右填写报关单，此时还未知船名与航次，因此可以留空，由接受委托的报关企业在货物配载妥当后加填上去。当然，如果出口商在货物实际出运前 10 天左右已知晓船名与航次了，则可按要求填写相应的船名与航次。

（4）提运单号：一般情况下，在货物出运前 10 天左右，出口商还未知提运单号，因此此栏可以留空，由接受委托的报关企业在报关前加填上去。

（5）集装箱号：出口商可以将此栏留空，理由同上。

（6）录入员与录入单位：在出口商填写报关单时，尚不知道录入员姓名与录入单位的名称，因此可以留空，或者写“999”，表示 EDI（Electronic Data Interchange，电子数据交换）录入。

（7）报关人员：出口商可以留空此栏，理由同上，但接受委托的报关企业向海关报关时，此栏不得留空。

（8）申报单位：如果出口商在此盖的是自己单位的“报关专用章”，我们便称之为“原始报关单”；如果是代理报关的报关企业盖的“报关专用章”，我们称之为“预录入报关单”。

关于报关单的填写，我国海关每年都会有新的政策调整，须与海关的规定相一致。

本项目中的报关单填制主要是从外贸企业单证员的角度出发，采用代理报关的方式进行出口货物报关，填制的报关单俗称报关单草单，所以在报关单的填制上不一定严格与海关总署的《报关单填制规范要求》相符。

工作任务实训

一、任务情境

上海百山祖进出口有限公司（法人和其他组织统一社会信用代码：92221100070108356J）的单证员林晓婷填写出口货物报关单草单，填完将草单连同商业发票、箱单、合同及食用菌粉和白桦茸干品的申报要素发送给上海德威国际货运有限公司（以下简称“德威公司”），委托德威公司在洋山港区代理出口报关。

其他相关资料如下：

生产厂家：丽水佳味菌菇有限公司

（法人和其他组织统一社会信用代码：91331100050107156G）

出境报检电子底账号：3360002200008423000

运费：980 美元

保险费：49 美元

有机食用菌粉（H. S. 编码：2106909090）的第一计量单位：千克，无第二计量单位，总毛重：1 012 千克，总净重：920 千克，共 46 CTNS。

有机白桦茸干品（H. S. 编码：2106909090）的第一计量单位：件，第二计量单位：千克，总毛重：1 800 千克，总净重；1 500 千克，共 150 CTNS。

申报要素，如表 4-3 所示。

表 4-3 申报要素

品名	有机食用菌粉	有机白桦茸干品
外观	粉末状	棕褐色不规则块状（干品）
来源	多孔菌科白桦茸、猴头菇、灵芝和平菇的子实体	多孔菌科白桦茸的子实体
成分含量	100%有机食用菌粉	100%有机白桦茸干品
品牌	无	无
GTIN	无	无
CAS	无	无
型号	无	无
用途	食用，粉末状，稍有气味，熔点 120 摄氏度，可溶于水，基本不溶于甲醇、氯仿等	保健食品原料

续表

制作保存方法	密封，常温保存	密封，常温保存
加工工艺	粉碎，杀菌	是否为废塑料（必须申报为“是废塑料”或“非废塑料”）；否
出口享惠情况	出口货物不能确定在最终目的国（地区）享受优惠关税	
包装规格	20 千克/纸箱	20 千克/箱

唛头：
LINSA
LA21 - BSZ0118
BARCELONA
NO. 1-196

二、工作任务

单证员林晓婷的工作是根据第 21BSLC43285 号信用证和相关资料，缮制出口货物报关单。这份报关单仅供接受报关委托的报关企业上海德威国际货运有限公司报关参考使用。

三、任务实施

根据惯例，出口货物报关单上的内容，除了品名等少数栏目外，都使用中文填写。此票业务的报关单草单填写如下：

第 1 栏：留空不填。

第 2 栏：留空不填。

第 3 栏：填写“上海百山祖进出口有限公司”以及统一社会信用代码“92221100070108356J”。

第 4 栏：根据项目一中的合同填写买方的英文名称“LINSA ALIMENTOS S. A.”

第 5 栏：填写“丽水佳味菌菇有限公司”以及统一社会信用代码“91331100050107156G”。

第 6 栏：可留空不填，由报关人员预录入时填写出境关别及代码。

第 7 栏：填写“20210430”。

第 8 栏：留空不填，报关人员预录入时填写。

第 9 栏：无备案号，不填。

第 10 栏：填写“水路运输”。

第 11 栏：留空不填，由报关人员预录入时填写。

第 12 栏：留空不填，由报关人员预录入时填写。

第 13 栏：填写“一般贸易”。

第 14 栏：填写“一般征税”。

第 15 栏：无许可证号，留空不填。

第 16 栏：根据项目一的合同号填写“LA21 - BSZ0118”。

第 17 栏：根据项目一的合同，填写“巴西”。

第 18 栏：根据项目一的合同，填写“巴西”。

第 19 栏：根据项目一合同中的目的港填写“巴塞罗那”。

第 20 栏：留空不填，由报关人员预录入时填写。

第 21 栏：根据单位“CTN”，填写“纸箱”。

第 22 栏：根据两类货物的包装总数填写“196”。

第 23 栏：填写“2 812.00”。

第 24 栏：填写“2 420.00”。

第 25 栏：根据项目一中的合同填写“CIF”。

第 26 栏：填写“502/980/3”。

第 27 栏：填写“502/49/3”。

第 28 栏：留空不填。

第 29 栏：填写出境货物报检后的电子底账号“336000220000842300”。

第 30 栏：填写唛头“LINSA/LA21 - BSZ0118/BARCELONA/NO. 1-196”

第 31 栏：因为有两项货物出口，所以从 31 栏至 41 栏都要填写两大行。引栏第一大行填写“1”，第二大行填写“2”。

第 32 栏：两项货物的商品编号虽然一样，填写按两大行写。第一大行和第二大行都填写“2106909090”。

第 33 栏：报关单草单中单证员填写两大类商品名称即可，即第一大行填写“有机食用菌粉”，第二大行填写“有机白桦茸干品”。而报关人员在国际贸易单一窗口预录入时要根据单证员提供的申报要素规范（表 4 - 3）填写，即第一大行分两小行填写“有机食用菌粉 0 | 2 | 100%有机食用菌粉 | 20 千克/纸箱 | 无品牌 | ”；第二大行分两小行填写“有机白桦茸干品 0 | 2 | 100%有机白桦茸干品 | 20 千克/箱 | 无品牌 | ”。

第 34 栏：第一大行第 1 小行填写“920 千克”，第 2 小行留空，第 3 小行填写“920 千克”。第二大行第 1 小行填写“1 500 千克”，第 2 小行留空，第 3 小行填写“1 500 千克”。

第 35、36、37 栏：第一大行第 1 小行填写“21.5”，第 2 小行填写“19 780.00”，第 3 小行填写“美元”；第二大行第 1 小行填写“17.43”，第 2 小行填写“26 145.00”，第 3 小行填写“美元”。

第 38 栏：两大行皆填写“中国”

第 39 栏：两大行皆填写“巴西”。

第 40 栏：两大行皆填写“浙江丽水”

第 41 栏：两大行皆填写“照章征税”。

剩下的“特殊关系确认、价格影响确认、支付特许权使用费确认、自报自缴”四个栏目皆填写“否”。报关人员及申报单位相关信息留空不填，由报关人员填写。

单证员林晓婷填好报关单草单（见图 4 - 5）后，发给货代公司，供报关人员预录入参考。

中华人民共和国海关出口货物报关单

预录入编号：(1)　　　　海关编号：(2)　　　　页码/页数：

境内发货人92221100070108356J 上海百山祖进出口有限公司	出境关别 洋山港区 2248	出口日期 20210430	申报日期	备案号
境外收货人 LINSA ALIMENTOS S.A.	运输方式 水路运输	运输工具名称及航次号	提运单号	
生产销售单位91331100050107156G 丽水佳味菌菇有限公司	监管方式 一般贸易	征免性质 一般征税	许可证号	
合同协议号 LA21-BSZ0118	贸易国（地区） 巴西	运抵国（地区） 巴西	指运港 巴塞罗那	离境口岸

包装种类	件数	毛重（千克）	净重（千克）	成交方式	运费	保费	杂费
纸箱	196	2 812.00	2 420.00	CIF	502/980/3	502/49/3	

随附单证及编号
随附单证1：电子底账336000220000842300

标记唛码及备注　LINSA
LA21-BSZ0118
BARCELONA
NO. 1-196
集装箱标箱数及号码：

项号	商品编号	商品名称及规格型号	数量及单位	单价/总价/币制	原产国（地区）	最终目的国（地区）	境内货源地	征免
1	2106909090	有机食用菌粉	920千克 920千克	21.50 19 780.00 美元	中国	巴西	浙江丽水	照章征税
2	2106909090	有机白桦茸干品	1 500千克 1 500千克	17.43 26 145.00 美元	中国	巴西	浙江丽水	照章征税

特殊关系确认：否　价格影响确认：否　支付特许权使用费确认：否　自报自缴：否

报关人员　报关人员证号 31105255　电话	兹申明对以上内容承担如实申报、依法纳税之法律责任	海关批注及签章
申报单位　(91330203744973390P) 上海德威国际货运有限公司	申报单位（签章）	

图 4-5　出口货物报关单草单（实例）

训练测试题目

宁波司娜阁家居用品有限公司有 730 个储物凳于 2021 年 6 月 28 日从宁波北仑海关海运出口到美国的长滩，请根据项目 1 中的图 1-2 合同及下面相关资料填制一份出口报关单草单，供报关人员预录人参考。

发货人及生产工厂：宁波司娜阁家居用品有限公司（91330523307511470F）

收货人：JOY HOME HOUSEWARES CO.，LTD.

联系人：黄晓丹

电话：13658740158 商品编码：9401619000

包装：730 纸箱 总值：16 644.00 美元

毛重：6 205.00 千克 净重：5 110.00 千克 贸易方式：一般贸易

合同号：NSJY210504 信用证号：306M206905

产地：浙江宁波

出境报检电子底账号：338340220008319000

运费：1 580 美元 保险费 37 美元 第一计量单位：个 第二计量单位：千克

申报要素：0｜2｜坐具｜多层板，面料｜布/木制｜装软垫｜无品牌

唛头：

J. H. H.

JHH210430

LONG BEACH

NO. 1-730

项目5 出口货物保险

国际货物在长时间、长距离的运输过程中，要进行装卸、搬运和存储等多个环节，存在自然灾害或意外事故等多种风险，可能会导致货物发生损坏或灭失。买卖双方为了保护自己的利益，必须办理货物运输保险，将风险转嫁给保险公司。因此，买卖双方在合同中会订立相应的保险条款，并根据不同的贸易术语及合同条款来办理相应的保险手续。如果是CIF条件成交，出口商办理投保手续，可以与办理报检、报关手续同时进行，但是必须在装运前办妥。

学习目标

知识目标

1. 掌握出口货物投保单的内容
2. 掌握出口货物保险单的内容

技能目标

1. 能够根据信用证和/或合同以及有关资料填制投保单
2. 能够根据信用证和/或合同以及有关资料审核保险单

素养目标

1. 具备及时沟通、协同合作的匠人精神
2. 践行爱岗敬业、精益求精的职业精神

素养园地

中国A公司与西非B公司订立了买卖布匹的合同，由A公司以CIF价格条件向B公司销售一批布匹，双方约定以信用证方式付款。合同订立后，B公司依约开立信用证，该信用证规定，A公司的交货数量是“大约50 000码”，并要求A公司提供保险单投保W·P·A（水渍险）及WAR RISK（战争险）。由于习惯上A公司出口此类商品时常投保ALL RISKS（一切险）及战争险，在没有仔细审核来证的情况下，A公司投保了一切险和战争险。A公司将货物装运后，便向银行交单请求付款。银行审查单据后，认为单证不符，保险单中的险别与信用证规定不符：A公司投保了一切险和战争险，而信用证要求的是水渍险和战争险，拒绝付款。本案例中，虽一切险的承保范围大于水渍险，对B公司有利，但银行审单时只管单据的表面是否与信用证相符，而不管当事人的权利义务，银行有权因A公司提交的保险单的险别与信用证规定不符而拒绝付款。在信用证结算方式下，单证员必须严格遵守信用证的要求，树立严谨踏实的工作作风。

任务1　填制出口货物投保单

知识支撑

一、投保单的内容

投保申请单（以下简称“投保单”）一般是保险公司根据不同险种事先设计内容格式，由投保人根据贸易、运输、货物的实际情况进行填写。投保单是保险公司进行风险衡量、保费计算、合同订立（出保单）的依据。

二、投保单的缮制

投保单的填制
（动画课件）

投保单没有固定格式，由各保险公司自行设计，一般包括14项内容。可参考中国太平洋财产保险股份有限公司的投保单（见图5-1）。

（1）被保险人名称（Insured）：在大多数情况下，此栏填写出口商的英文名称，不需要填写地址。如果信用证或合同要求填写进口商的名称时，保险公司可按要求填制。

中国太平洋财产保险股份有限公司
CHINA PACIFIC PROPERTY INSURANCE CO.,LTD.

货物运输险投保单
Application for Transportation

被保险人（中文） Insured（英文） （1）			
发票号（合同号） Invoice No.（Contract No.）	包装/件数 Quantity	货 物 名 称 Description Of Goods	发票金额 Amount Invoice: 金额：（5）
（2）	（3）	（4）	加 成 Adding: （6） 保 额 Amount Insured: （7）
运 输 工 具 名 称：（8） Per Conveyance		开航日期：（9） Slg. On Or Abt:	赔款偿付地点： Claim Payable At: （12）
运 输 路 程 Voyage	自 （10） From	经 Via 到 To	
投保险别： Conditions：（11）			投保人盖章：（13） Signature: 日期： 年 月 日 Date：（14）

图 5-1 投保单（空白）

（2）发票号（合同号）[Invoice No.（Contract No.）]：此栏填写对应的商业发票或销售合同的号码。

（3）包装/件数（Quantity）：此栏填写出口货物的包装件数，而不是发票上的计量计价数量。

（4）货物名称（Description Of Goods）：此栏填写出口货物的名称。根据《UCP600》的要求，货物名称可以用大品名或统称，只要不和信用证或合同上的名称矛盾即可。

（5）发票金额（Amount Invoice）：此栏一般填写 CIF 条件下的金额，与合同和信用证一致。

（6）加成（Adding）：此栏按照信用证或合同的要求填写加成，一般情况下为 110%。

（7）保额（Amount Insured）：即保险金额，此栏按照信用证或合同的要求填写加成后的金额，注意不要忘记填写币制（与信用证或合同金额相同的币制），一般情况下没有小数，而是采用“进一法”取整。

（8）运输工具名称（Per Conveyance）：此栏可以留空，因为提前投保时还未知船名、航次、飞机航班号、火车车次等内容，待收到保险单、货物出运后，由出口商再加填上去。如果投保时已经知道船名、航次、飞机航班号、火车车次，则可以填写上去。例如海运出口，船名是“ZHENGHUA”，航次是“007”，就填写“S. S. ZHENGHUA V. 007”。

（9）开航日期（Slg. On Or Abt）：此栏有两种填写方法：

第一种：直接填写装运日期；第二种：可以填写“AS PER B/L”，中文意思是“根据提单”，这是因为投保是在货物装运之前，尚未知货物装运日期。在实务中，多采用第二种填写方法。

需要注意的是，如果货物不是采用船舶运输出口的，则要填写实际的飞机、火车或卡车的启运日期。

（10）运输路程（Voyage）：此栏有三项内容：启运港（地）（From）、中转港（地）（Via）和目的港（地）（To）。如果货物是直达的，中转港（地）（Via）就留空不填，只填写启运港（地）（From）和目的港（地）（To）。如果货物是经过中转的，则三项内容都要填写。

需要注意的是，这（8）、（9）、（10）这三项内容必须与提单上显示的一致。

（11）投保险别（Conditions）：此栏按照信用证或合同的要求填写。

（12）赔款偿付地点（Claim Payable At）：一般情况下，此栏填写货物的目的港（地）。如果信用证或合同有特别的要求，比如要求填写进口国，保险公司亦可根据要求填写。

有时候，信用证或者合同会要求在此处显示：万一货物出险，保险公司赔偿的货款的币制，如信用证或合同规定：IN THE SAME CURRENCY OF THE DRAFTS，出口商则须在此栏内明示，保险公司则可按照规定填写。

（13）申请人（投保人）（Signature）：此栏由出口商盖章。

（14）投保日期（Date）：此栏日期应该早于提单日期，但在发票日期之后。在实务中，也有和发票日期同一天，或者和提单日期同一天的。保险公司一般把投保日期作为保险单的出单日期。

另投保单上有时也要求填写标记及号码（Marks & Numbers）、特别要求（Additional Conditions）、申请保单正本份数［Issued in ____ Original（s）Only］等栏目。这三栏的填写要求如下：

标记及号码（Marks & Numbers）栏：有两种填写方法：第一种是直接填写唛码标记，与发票、提单等其他单证上填写的唛头一致；第二种是填写“AS PER INV. NO. ×××”，中文意思是“根据发票号码×××”。在实务中，多采用第二种填写方法。

申请保单正本份数［Issued in ____ Original（s）Only］：按照目前保险公司的实务惯例，此栏中文处填“两”，英文处对应填英文数字“TWO”。

现在许多保险公司和出口企业有时不使用投保单，而改用发票投保。即在商业发票上抄写保险条款，传真给保险公司，保险公司根据发票内容出具保险单。

工作任务实训

一、任务情境

在完成托运确认船期后，上海百山祖进出口有限公司的单证员林晓婷着手填写货物运输险投保单，向中国太平洋财产保险股份有限公司提出投保要求。有关资料如下：

发票号码：21SBB0421　　包装件数：196 CTNS
发票金额：USD45 925.00　　启运港：上海
投保日期：2021 年 4 月 24 日　　船名与航次：ZHENHUA V. 135W
信用证对保险单的要求见资料 5－1。

资料 5－1

SWIFT Message Type　　: 700 Issue of Documentary Credit
FM.：BANCO SANTANDER，S. A. BARCELONA
TO：BANK OF CHINA，SHANGHAI BRANCH
*27：SEQUENCE OF TOTAL：1/1
*40A：FORM OF DOC. CREDIT：IRREVOCABLE
*20：DOC. CREDIT NUMBER：21BSLC43285
31C：DATE OF ISSUE：210210
40E：APPLICABLE RULES：UCP LATEST VERSION
*31D：DATE AND PLACE OF EXPIRY：DATE 210515 PLACE CHINA
*50：APPLICANT：LINSA ALIMENTOS S. A.
VIVICCI 195 BAJOS
08011 BARCELONA
SPAIN
*59：BENEFICIARY：SHANGHAI BIOSAN IMP. AND EXP. CO.，LTD.
860 ZUCHONGZHI ROAD,
ZHANGJIANG，SHANGHAI
CHINA
*32B：AMOUNT：CURRENCY USD AMOUNT 45 925.00
…………
43P：PARTIAL SHIPMENTS：NOT ALLOWED
43T：TRANSSHIPMENT：NOT ALLOWED
44E：PORT OF LOADING / AIRPORT
OF DEPARTURE：SHANGHAI
44F：PORT OF DISCHARGE / AIRPORT
OF DESTINATION：BARCELONA
44C：LATEST DATE OF SHIPMENT：210430

45A：DESCRIPTION OF GOODS AND / OR SERVICES：
MUSHROOM POWDER AND
INONOTUS OBLIQUUS DRIED
CIF BARCELONA
ALL DETAILS AS PER S/C NO. LA21-BSZ0118
46A：DOCUMENTS REQUIRED
…………
+INSURANCE POLICY IN DUPLICATE BLANK ENDORSED FOR 110 PCT OF INVOICE VALUE COVERING ALL RISKS AS PER CIC OF PICC DATED 01/01/2010，CLAIM PAYABLE IN SPAIN IN THE SAME CURRENCY OF THE DRAFTS.
…………

二、工作任务

单证员林晓婷根据上述“任务情境”、信用证条款及相关资料缮制海运货物投保单。

三、任务实施

第 1 栏：填写中文名称“上海百山祖进出口有限公司”，英文名称“SHANGHAI BIOSAN IMP. AND EXP. CO.，LTD.”。

第 2 栏：填写商业发票号码“21SBB0421”。

第 3 栏：根据信用证，填写“196 CTNS”。

第 4 栏：填写“MUSHROOM POWDER AND INONOTUS OBLIQUUS DRIED”。

第 5 栏：填写信用证中的金额“USD45 925.00”。

第 6 栏：填写信用证中保险条款要求的“110%”。

第 7 栏：因为 USD45 925×110%=USD50 517.5，按照惯例要往上进一位，所以填写“USD50 518.00”。

第 8 栏：填写“S. S. ZHENHUA V. 135W ”。

第 9 栏：填写“AS PER B/L”。

第 10 栏：在“From”后面填写“SHANGHAI CHINA”，在“To”后面填写“BARCELONA SPAIN”。

第 11 栏：填写“COVERING ALL RISKS AS PER CIC OF PICC DATED 01/01/2010 ”。

第 12 栏：填写“SPAIN IN USD”。

第 13 栏：申请人（投保人）(Applicant)：上海百山祖进出口有限公司盖章。

第 14 栏：填写投保日期“2021 年 4 月 24 日”。

填写好的投保单（实例）见图 5-2。

中国太平洋财产保险股份有限公司
CHINA PACIFIC PROPERTY INSURANCE CO.,LTD.
货物运输险投保单
Application for Transportation

被保险人 Insured （中文） 上海百山祖进出口有限公司
（英文） Shanghai Biosan Imp. And Exp. Co., Ltd.

发票号（合同号） INVOICE NO.（CONTRACT NO.）	包装/件数 Quantity	货物名称 Description Of Goods	发票金额 Amount Invoice: 金额：CIF USD45 925.00
21SBB0421	196CTNS	MUSHROOM POWDER AND INONOTUS OBLIQUUS DRIED	加成 Adding: 110%
			保额 Amount Insured: USD50 518.00

运输工具名称：S.S.ZHENHUA V.135W	开航日期：年 月 日 Slg. On Or Abt ：	赔款偿付地点：Claim Payable At: SPAIN IN USD
运输路程 Voyage：自 From SHANGHAI CHINA 经 Via 到 To BARCELONA SPAIN		

投保险别：Conditions: COVERING ALL RISKS AS PER CIC Of PICC DATED 01/01/2010	投保人盖章：Signature: 上海百山祖进出口有限公司 盖章 日期：2021 年 4 月 24 日 Date：

图 5-2 投保单（实例）

任务 2 填制（审核）出口货物保险单

★ 知识支撑

一、保险单据

保险单据是被保险人（CIF/CIP 项下是卖方，FOB/FCA 和 CFR/CPT 项下是买方）

与保险人（保险公司）之间订立保险合同的证明文件，它反映了保险人与被保险人之间的权利和义务关系，也是保险公司的承保证明。当发生保险责任范围内的损失时，它又是索赔和理赔的主要依据。在国际贸易中，CIF 或者 CIP 贸易术语项下，保险单卖方通过背书与物权凭证提单一起转让给买方，使得买方能够在货物出险后向保险公司索赔，最终获得利益上的赔偿。

目前在我国进出口实务中应用的保险单据主要有保险单（Insurance Policy）、保险凭证（Insurance Certificate）和预约保险单（Open Policy）。本书主要介绍实践中最常用的单据——保险单的填制。

二、保险单的缮制

保险单的填制
（动画课件）

保险公司根据自身印就的保险单固定格式和投保要求制作保险单。下面以中国太平洋财产保险股份有限公司的货物运输保险单（见图 5-3）为例说明保险单的内容和缮制方法。

（1）保险单号（Policy No.）：此栏由保险公司填写。

（2）被保险人（Insured）：此栏一般填写出口商的名称，即信用证中的受益人或者合同中的卖方，并且不必填写地址。当卖方作为被保险人时，卖方须在保单上做空白背书，以利于保单转让。

在实务中，有信用证或合同要求将买方作为被保险人的情况，则此栏须填写买方的名称，但地址一般不需要填写。当买方作为被保险人时，出口商不必在保单上背书。

（3）标记（Marks & Nos.）：此栏填写投保货物的运输标志，必须和发票、提单等其他单证的唛头一致，也可以填写“AS PER INV. NO. 123”，中文意思是“同发票号码 123”。

（4）包装及数量（Quantity）：此栏填写投保货物的包装件数，与提单上显示的内容相同，而不是商业发票上的计量计价数量。

（5）保险货物项目（Description of Goods）：此栏按照发票品名填写，如果品名繁多，可使用统称，和提单上品名一致即可，但不能与发票上的品名有矛盾。在实务中，出口企业常填写统称，因为保险索赔时一定要出具发票与提单，填写统称可以使两种单据互相参照，不会出现“单单不符”的错误。

（6）保险金额（Amount Insured）：此栏应按照信用证或合同规定的金额及加成率填写，如果信用证或合同对此未做规定，根据惯例按发票金额加一成（即 110%发票金额）填写。填写此栏时需要注意以下几点：

1）如果加成超过 30%（含 30%），必须得到保险公司的事先允许。

2）如果所计算出的保险金额有小数，必须采用进一法而不是四舍五入法。例如，计算出来的保险金额为“USD1 008.93”，填写整数“USD1 009.00”；计算出的保险金额为“USD1 008.03”，也要填写整数“USD1 009.00”。

3）不能忘记填写币制。一般情况下，保险币制即信用证或合同上的币制。例如，不能写成“1 009.00”，一定要写成“USD1 009.00”。

（7）总保险金额（Total Amount Insured）：此栏用大写的形式填写上栏中的保险金

太平洋保险
CPIC

中国太平洋财产保险股份有限公司
China Pacific Property Insurance CO., Ltd.
全国客户服务电话：95500

货物运输保险单　　保险单号：（1）

CARGO TRANSPORTATION INSURANCE POLICY

中国太平洋财产保险股份有限公司（以下称承保人）根据被保险人的要求，在被保险人向承保人缴付约定的保险费后，按照本保险单险别和背面所载条款与下列特款承保下述货物运输险，特立本保险单。
The Policy of Insurance witnesses that China Pacific Property Insurance Company Limited (hereafter called "The Underwriter) at the request of the insured named hereunder and in consideration of the agreed premium paid to the Underwriter by the insured , undertakes t o insure the undermentioned goods in transportation subject to the conditions of the Policy as per the Clauses printed overleaf and other special clauses attached herein.

被保险人（Insured）：（2）

标记： Marks & Nos. （3）	包装及数量： Quantity （4）	保险货物项目： Description of Goods （5）	保险金额： Amount Insured （6）

总保险金额：
Total Amount Insured （7）

费率：（8）
Rate
保费：（9）
Premiun
免费额/率（10）
Deductible/Franchise

开航日期：（11）
Slg. on or abt.
装载运输工具：（12）
Per conveyance

运输路线：自
Route From（13）
经
By（14）
至
To（15）

承保险别：（16）
Conditions

（17）

所保货物，如遇出险，本公司凭正本保险单及其他有关证件给付赔款；如发生本保险单项下负责赔偿的损失或事故，应立即通知下述代理人查勘。
Claims，ifany, Payable on surrender of the original of the Policy together with other relevant documents. In the event of accident whereby loss or damage may Result in a claim under this Policy, immediate notice applying for survey must be given to Agent as mentioned hereunder。

中国太平洋财产保险股份有限公司
CHINA PACIFIC PROPERTY INSURANCE CO.,LTD.
上海分公司
SHANGHAI BRANCH
授权签发（19）
AUTHORIZED SIGNATURE
地址：上海市吴淞路400号
Address：400 Wu Song Rd. Shanghai CHina

赔款偿付地点：（18）
Claim Payable At

电话：021-66779900
Tel
传真：021-66085555
Fax

核保 Underwrite		制单 Operator		经办 Handler		签单日期（20） Issuing Date	

总公司地址(Address of Head Office):中国上海市银城中路 190 号 190 central Yincheng Road, Shanghai, China 邮政编码（postcode）：200120 网址：WWW.cpic .cm.cn

图 5－3　货物运输保险单（空白）

额，以“SAY”开头，以“ONLY”结束，同时保险币制也应以全称形式填入。例如，USD1 100.00 可以写成“SAY U.S. DOLLARS ONE THOUSAND ONE HUNDRED ONLY”，而不能写成“U.S.D. ONE THOUSAND ONE HUNDRED”。

(8) 费率（Rate）：此栏不用填写，因为保险公司已印就“AS ARRANGED”字样，除非信用证另有规定。

(9) 保费（Premium）：此栏不用填写，因为保险公司已印就“AS ARRANGED”字样，除非信用证另有规定。例如，某份信用证规定：“INSURANCE POLICY FOR FULL INVOICE VALUE PLUS 10PCT MARKED PREMIUM PAID”，那么此栏就要把已印就的“AS ARRANGED”删去，填写上“PAID”，并加盖保险公司的校正章。

(10) 免费额/率（Deductible/Franchise）：此栏不用填写，因为保险公司已印就“AS ARRANGED”字样，除非信用证另有规定。

(11) 开航日期（Slg. on or abt.）：海运时，此栏一般不填实际的装运日期，而只是填写“AS PER B/L”。如果是空运或者陆运，就要填写实际的货物装运日期，该日期必须与航空货运单或铁路运单上显示的装运日期一致。

(12) 装载运输工具（Per Conveyance）：海运时，此栏填写船名与航次；空运或陆运时，此栏填写飞机航班号和火车车次。当运输由两种或两种以上方式完成，或者海运转船运输时，应把各程运输的船名、航次、飞机航班或火车车次填写上去。

例如，提单上首程运输是飞机“MU525”，第二程是船舶“PIL PINE V.328”，此栏应填写“AIR MU525/S.S. PIL PINE V.328”。

另外，如果提单上的第一程船名与航次是“EAST WIND V.36”，第二程船名与航次是“RED STAR V.48”，此栏应填写“EAST WIND V.36/RED STAR V.48”。

注意：在实务中，出口商大多提前投保，尚不知船名与航次，保险公司便将此栏留空，并加上校正章，由出口商在货物装运后，自行加上船名与航次。

(13) 自（启运港/启运地）（From）：此栏填写承保货物的启运港或启运地，如“CHENGDU”“SHANGHAI”等。

(14) 经（中转港/中转地）（By）：此栏填写承保货物的中转港或中转地，如果货物是通过海运直达的，或者是采用国际多式联运的，此栏留空。

(15) 至（目的港/目的地）（To）：此栏填写承保货物的目的港或目的地，如“HAMBURG”“NEW YORK”等。

(16) 承保险别（Conditions）：此栏应根据信用证或合同中的保险险别填制，并注明所依据的保险条款名称及版本生效时间。承保险别可分为两大类：基本险和附加险。中国人民保险公司制定的海洋运输货物保险条款的基本险别有：平安险（F.P.A.）、水渍险（W.P.A.）和一切险（ALL RISKS)。英国伦敦保险业协会所制定的《协会货物条款》基本险有 ICC（A)、ICC（B）和 ICC（C)。

承保险别一定要明示采用何种条款，如 C.I.C. 指中国保险条款，I.C.C. 指英国伦敦保险业协会的保险条款。如果信用证或合同没有明示，则承保中国保险条款 C.I.C.。

另外，此栏还需标明条款生效的时间（版本）。如最新版本的 C.I.C. 的生效时间是 2010 年 1 月 1 日，I.C.C. 的最新版本生效时间是 2009 年 1 月 1 日。

（17）目的港（地）货损检验及理赔代理人：此栏由保险人填制。上述样本保单印有“所保货物，如遇出险，本公司凭正本保险单及其他有关证件给付赔款；如发生本保险单项下负责赔偿的损失或事故，应立即通知下述代理人查勘。”的字样。一般情况下，保险公司会选择在目的港（地）或目的港（地）附近的代理作为货损检验和理赔代理人，并详细注明其名称、地址。此代理人不能由开证行或进口商指定，如果信用证中对理赔代理人有指定，受益人必须事先更改信用证。如果保险单上注明保险责任终止地是在内地而非港口，则保险公司会选择填写位于内地的代理人的名称、地址。当保险公司在当地没有代理机构时，会选择当地权威的检验机构作为货损检验和理赔代理人。

（18）赔款偿付地点（Claim Payable At）：此栏应按照信用证或合同的要求填写，如无明示，则填写目的港（地）。如果信用证明示“IN THE SAME CURRENCY OF THE DRAFTS”，而该证的币制是“美元”，就要在此栏的目的港（地）后面加上“IN USD”。如货物目的港是纽约，而信用证要求“CLAIMS PAYABLE IN U. S. A.”，就不能在此栏填写“NEW YORK”，而只能填写“U. S. A.”。

（19）授权签发：此栏即保险公司的签署与盖章。根据《UCP600》的规定，如果保险单没有签署，即为单证不符，银行可以拒付。

（20）出单日期（Issuing Date）：此栏填写保险单的签发日期，在实务中为出口商投保的日期。保险单的签发日期应不早于商业发票的日期，也不能晚于提单日期。

在实务中，保险单的正本份数一般为两份，索赔时进口商必须提交全套正本保险单，否则保险公司可以拒绝理赔。

工作任务实训

一、任务情境

保险业务操作流程

在实务中，保险单一般由保险公司制单员根据投保人提供的投保单或商业发票进行缮制，然后再由投保人进行审核。但也有个别保险公司由投保人代其填制保险单的相关栏目内容，再由保险公司的制单员填制剩余栏目，并盖章后生效。因此，对单证员来说，审核保险单的前提是自己能够正确填制保险单，同时又要对保险单各个栏目的填写要求和内容十分熟悉。

除沿用任务1的资料外，其他相关资料补充如下：

保险单号码：TYIE20213101000036741　出单日期：2021年4月27日

投保单见图5-2。

二、工作任务

中国太平洋财产保险股份有限公司上海市分公司的制单员胡雯根据上海百山祖进出口有限公司单证员林晓婷所填写的投保单（见图5-2）缮制保险单后，林晓婷对保险单内容进行审核，审核后的保险单见图5-4。

太平洋保险

CPIC

中国太平洋财产保险股份有限公司
China Pacific Property Insurance CO., Ltd.
全国客户服务电话：95500

货物运输保险单　　保险单号：TYIE202131010000036741

CARGO TRANSPORTATION INSURANCE POLICY

中国太平洋财产保险股份有限公司（以下称承保人）根据被保险人的要求，在被保险人向承保人缴付约定的保险费后，按照本保险单险别和背面所载条款与下列特款承保下述货物运输险，特立本保险单。
The Policy of Insurance witnesses that China Pacific Property Insurance Company Limited (hereafter called "The Underwriter) at the request of the insured named hereunder and in consideration of the agreed premium paid to the Underwriter by the insured , undertakes t o insure the undermentioned goods in transportation subject to the conditions of the Policy as per the Clauses printed overleaf and other special clauses attached herein.

被保险人（Insured）：SHANGHAI BIOSAN IMP. AND EXP. CO., LTD.

标记： Marks & Nos.	包装及数量： Quantity	保险货物项目： Description of goods	保险金额： Amount Insured
AS PER INV. NO 21SBB0421	196CTNS	MUSHROOM POWDER AND INONOTUS OBLIQUUS DRIED	USD50 518.00

总保险金额：
Total Amount Insured　　SAY U.S.DOLLARS FITTY THOUSAND FIVE HUNDRED AND EIGHTEEN ONLY.

费率： Rate	AS ARRANGED	保费： Premiun	AS ARRANGED	免费额/率 Deductible/Franchise	AS ARRANGED
开航日期： Slg. on or abt.	AS PER B/L	装载运输工具： Per conveyance S.S.			S.S. ZHENHUA V.135W
运输路线：自 Route From	SHANGHAI，CHINA	经 By		至 To	BARCELONA, SPAIN
承保险别： Conditions	COVERING ALL RISKS AS PER CIC OF PICC DATED 01/01/2010				

所保货物，如遇出险，本公司凭正本保险单及其他有关证件给付赔款；如发生本保险单项下负责赔偿的损失或事故，应立即通知下述代理人查勘。
Claims , if any, Payable on surrender of the original of the Policy together with other relevant documents. In the event of accident whereby loss or damage may Result in a claim under this Policy, immediate notice applying for survey must be given to Agent as mentioned hereunder。

B30542CTRA DEL CARCHU, KM11,435820JUMILLA(MURCIA)
Phone：+34 500412369 /50041236075004123654After hours: +34
500418886FAX：+34500412368Email:nsc@nsc.com.vn

中国太平洋财产保险股份有限公司
CHINA PACIFIC PROPERTY INSURANCE CO.,LTD.

上海分公司
SHANGHAI BRANCH

授权签发
AUTHORIZED SIGNATURE

地址：上海市吴淞路400号
Address：400 Wu Song Rd. Shanghai CHina

赔款偿付地点
Claim payable at　SPAIN　IN USD

电话：　　传真：
Tel　021-66779900　Fax　021-66085555

核保 Underwrite	王娜莲	制单 Operator	胡雯	经办 Handler	徐玮	签单日期 Issuing	2021-04-27

总公司地址(Address of Head Office):中国上海市银城中路190号　190 central Yincheng Road, Shanghai, China　邮政编码（postcode）：200120　网址：WWW.cpic .cm.cn

图5-4　货物运输保险单（实例）

第 1 栏：填写“TYIE202131010000036741”（一般保险公司已印就）。

第 2 栏：填写“SHANGHAI BIOSAN IMP. AND EXP. CO.，LTD.”。

第 3 栏：填写“AS PER INV. NO. 21SBB0421”。

第 4 栏：填写“196CTNS”。

第 5 栏：填写“MUSHROOM POWDER AND INONOTUS OBLIQUUS DRIED”。

第 6 栏：填写“USD50 518.00”。

第 7 栏：填写“SAY U. S. DOLLARS FIFTY THOUSAND FIVE HUNDRED AND EIGHTEEN ONLY.”。

第 8 栏：此栏不用填写，已印就“AS ARRANGED”字样。

第 9 栏：此栏不用填写，已印就“AS ARRANGED”字样。

第 10 栏：此栏不用填写，已印就“AS ARRANGED”字样。

第 11 栏：填写“AS PER B/L”。

第 12 栏：填写“S. S. ZHENHUA V. 135W”。

第 13 栏：填写“SHANGHAI，CHINA”。

第 14 栏：留空不填。

第 15 栏：填写“BARCELONA，SPAIN”。

第 16 栏：填写“COVERING ALL RISKS AS PER CIC OF PICC DATED 01/01/2010”。

第 17 栏：保险公司出单时自行打印。

第 18 栏：填写“SPAIN IN USD”。

第 19 栏：中国太平洋财产保险股份有限公司上海分公司盖章，授权签署人签章。

第 20 栏：保险公司核保、制单、经办人署名，出单日期填写投保日期。

? 训练测试题目

请根据下列已填写的投保单（见图 5－5）和其他相关资料缮制保险单。

其他相关资料如下：

保险单号码：PYIE202133020000002375

出单日期：2021 年 6 月 24 日

保单签署：洪光华　　船名航次：APL CORAL V. 603E

PICC 中国人民财产保险股份有限公司
PICC PROPERTY AND CASUALTY COMPANY LIMITED

投保单号：TYIE202133020000023412

货物运输保险投保单 APPLICATION FORM FOR CARGO TRANSPORTATION INSURANCE

投保人(Appliannt)：NINGBO SNUG HOME SUPPLIES CO., LTD.

投保人组织机构代码/身份证号（Applicant's Organization Code/ID No.）

被保险人（Insured)：NINGBO SNUG HOME SUPPLIES CO., LTD.

组织机构代码/身份证号（Insured's Organization Code/ID No）

发票号（Invoice No.）NSHS21-612　　提单号（B/L No.）:AS PER B/L

合同号（Contract No.） NSJY210504　　信用证号（L/C No.）306M216905

发票金额（Amount Invoice）USD 16 644.00　　价格条件（Price term)： CIF　　投保加成（Plus）：110 %

兹有下述货物向中国人民财产保险股份有限公司上海市　　投保：

Insurance is required on the following commodities

标记（MARKS&NOS.）	包装及数量（PACKING &	保险货物项目（GOODS）	保险金额（AMOUNT）
AS PER INVOICE NO. NSHS21-612	730CTNS	STORAGE BENCH	USD 18 309.00

总保险金额（Total Amount Insured)： SAY U.S.DOLLARS EIGHTEEN THOUSAND THREE HUNDRED AND NINE ONLY

保险费率（Premium Rate）:AS ARRANGED 保险费（Preium）：AS ARRANGED 启运日期(Date of Commencement)： AS PER B/L

装载运输工具名称（Per Conveyance)： S.S.APL CORAL V. 603E

自（From)：NINGBO CHINA　　经（Via）：　　至（To）:LONG BEACH U.S.A.

赔款偿付地点（Claim Payable at） AT LONG BEACH IN USD

投保险别：(如果投标的为旧物品，或装载于舱面或有重复保险，必须在此栏中特别声明。)

Please Indicate the Conditions & Special Coverages (Please issue a statement If the goods are secondhand or loading on deck or double insurance）

COVERING ALL RISKS AS PER CIC OF PICC INCLUDING W/W CLAUSE.

请如实告知下列情况，1-5项 如"是"请在[]中打"√"(Please advise and mark"√"wherever is applicable)：

1.货物：裸装[ ] 袋装[√] 散装[ ] 冷藏[ ] 液体[ ] 活动物[ ] 二手设备[ ] 危险品[ ]

Goods：Nude Cargo Bag/Jumbo In Bulk Reefer Liquid Live Animal Secondhand Machine Dangerous Goods

2.集装箱种类：普通[√] 开顶[ ] 框架[ ] 平板[ ] 冷藏[ ]

Container Ordinary Open Frame Flat Refrigerator

3.集装箱装箱及交接方式：整箱[√] 拼箱[ ]

Container Loading & Exchanging FCL LCL

4.运输方式：海轮[√] 飞机[ ] 驳船[ ] 火车[ ] 汽车[ ] 邮包[ ]

By Transit：Ship Plane Barge Train Truck Parcel Post

5.船舶营运方式 班轮运输[√]

Operating Style Liner Tramp Ship

6.船舶资料：船籍[ ] 船级[ ] 船龄[ ] 建造年[ ] 载重吨 [ ] 总吨[ ]

Particular of Ship Rejistry Classification Age Year of Build DWT GT

驳船资料：船籍[ ] 船级[ ] 船龄[ ] 建造年[ ] 载重吨 [ ] 总吨[ ]

Particular of Barge Rejistry Classification Age Year of Build DWT GT

7.争议处理方式; 仲裁[提交 仲裁] 诉讼[√]

Dispute Arbitration[Submit to For Arbitration] Legal Actions

投保人声明：本人已收到并阅读了本保险合同约定的保险条款；保险人已将条款内容（包括责任免除内容）向本人作了明确说明，本人已充分理解：上述所填的内容均属实，同意以此投保单作为订立保险合同的依据。

The applicant hereby declares:The applicant has received and read the terms and clauses agreed by the insurance contract.The insurer has completely explained the terms and clauses(including exclusions)to the applicant ,and the applicant has thoroughly understood all the terms and clauses.All the above conte contents filled are true and correct,and the applicant agrees to establish the application form as the basis of the insurance contract.

投保人（签名盖章）Applicant's Signature　　电话/传真：(TEL/FAX)

宁波司娜阁家居用品有限公司　　地址：(ADD)

E-mail：

上海市黄浦区中山南路700号　　投保日期：(DATE) 6月24日

图5-5 投保单

项目6 出口制单结汇

在 CIF 条件成交的情况下，出口商完成了装运和保险后，即完成了卖方的大部分义务与责任，剩下的工作就是缮制结算单证。结算单证是指在国际贸易结算中，为解决货币收付问题所使用的各种单据、证书和凭证，是进出口贸易中必不可少的重要单证。

在信用证结算方式下，出口商必须按照信用证的要求，正确缮制商业发票、装箱单、产地证明书、装船通知等单据，务必做到“单证一致、单单一致”，并在信用证规定的时间内提交银行，才能保证货款的收汇。

学习目标

知识目标

1. 熟悉主要结汇单证（商业发票、装箱单、一般原产地证明书、海运提单、装船通知、汇票）的含义和作用

2. 熟悉主要结汇单证（商业发票、装箱单、一般原产地证明书、海运提单、装船通知、汇票）的填制内容

技能目标

能够根据信用证、合同以及有关资料正确缮制商业发票、装箱单、一般原产地证明书、海运提单、装船通知、汇票

素养目标

1. 养成爱岗敬业、吃苦耐劳、踏实勤奋的职业精神

2. 践行实践能力、专注能力、精益求精的工匠精神
3. 具备良好的沟通能力和协同合作能力

素养园地

开证行南洋商业银行开具了一份不可撤销跟单信用证，金额为 156 750 美元，开证申请人为泰盘公司，受益人为杉杉集团，当时信用证约定遵守《UCP600》规则。同年 5 月 4 日，宁波中行收到南洋商业银行电传的信用证后，通知杉杉集团，杉杉集团开始发运该信用证项下货物：一批男士短袖衬衫，同时将相应单据包括提单、商业发票、货物运输保险单等单据递交给宁波中行，随后宁波中行将这些单据交南洋商业银行请求付款。南洋商业银行在收到这些单据后通知宁波中行发现单证两处不符点：（1）提单表面无承运人名字。（2）单据所示货物名称为“raygn”，而信用证上名称中此单词应为“rayon”，存在一个字母的差异。此后南洋商业银行因不符点退回了信用证项下所有单据。

从案例可知：在以信用证作为国际贸易支付方式情况下，受益人制单的严谨性至关重要，任何细小的疏漏哪怕只是一个字母之差都可能导致开证行以存在不符点为由拒付，给企业造成巨大损失。因此单证员在制单时必须完全按照信用证的规定做到单证一致，并养成精益求精的工作作风。

任务 1　填制商业发票

知识支撑

一、商业发票的作用

商业发票（Commercial Invoice）由出口商出具和签发，载明货物的品质、规格型号、数量、包装和价格等要素。在不需要汇票的情况下，商业发票是索取货款的重要凭证，因此它在进出口贸易结算中是最重要的单据之一。作为买卖双方交接货物和结算货款的主要单证，商业发票也是买卖双方办理报关、纳税和依法退税的依据之一。

（一）商业发票是出口商履约的证明文件

商业发票是出口商制作的为说明履约情况而提供的单据，它向买方表明了货物的全部内容。进口商可通过发票核对价格和所购货物的其他要素，了解出口商的履约情况。

（二）商业发票可作为买方付款的凭证

在信用证不要求提供汇票的情况下，开证行根据发票金额付款，商业发票代替汇票作为支付货款的凭证。

（三）商业发票可作为进出口商报关纳税的依据

在货物出口前或进口前，出（进）口商需要将商业发票递交海关作为申报的单证之一，海关根据商业发票上所载明的价值来征收关税。

（四）商业发票可作为进出口商记账的原始凭证

商业发票是销售货物的凭证，出口商可以通过发票了解销售收入，核算盈亏；进口商可以根据发票逐笔记账，按时结算货款。

二、商业发票的主要内容和缮制

商业发票详解（动画课件）

商业发票（见图 6-1）是出口商签发的单据，无统一的格式，但基本内容相同，包括买卖双方的名称地址、出口商品的描述、唛头、规格、数量、单价、总值等。

（1）出口商的名称和地址：出口商的名称、地址应与合同中的卖方或信用证中的受益人的名称、地址相同。制单时，应在发票的正上方中央标明出口商的名称和地址，但名称与地址不能在同一行内，必须分行填写。在实务中，大中型出口企业都事先在空白发票的正上方中央印刷上自己的英文名称与地址。

（2）发票名称：用英文粗体大写标出“Commercial Invoice”或“Invoice”字样。如果信用证指定“Detailed Invoice”或“Trade Invoice”等发票名称时，应严格按照信用证的要求。

根据惯例，发票名称一般不能有“宣誓发票（Sworn Invoice）”“形式发票（Proforma Invoice）”“临时发票（Provisional Invoice）”“联合发票（Combined Invoice）”等字样。

（3）收货人（To）：此栏俗称抬头。信用证结算方式项下需按照信用证的规定填制，一般填写开证申请人；托收或汇付结算方式项下，通常填写买方（进口商）。

（4）发票编号（Invoice No.）：此栏填写发票编号，一般由出口商根据本公司的实际情况自行编写，易认、便于管理即可。

（5）发票日期（Invoice Date）：此栏填写发票日期。发票是所有出口单据中最早签发的，其他单证如装箱单、保险单、提单等，都要参照发票内容签发。在实务中，出口商备好 80%的出口货物时，便可开始缮制发票，并用来报检、托运、投保等，所以，发票日期一般早于装运日期 10～15 天。

（6）合同编号（S/C No.）：此栏填写合同编号，注意和信用证中的合同编号（若显示）保持一致。信用证未明确表示一定要显示合同编号，则此栏可以留空不填。

（7）合同日期（S/C Date）：此栏填写合同日期，注意和信用证中的合同日期（若显

×××进出口有限公司

××× IMPORT AND EXPORT CO., LTD.(1)

NO. 234 ×× ROAD, ×× CITY, CHINA

商业发票

COMMERCIAL INVOICE(2)

To:

(3)

Invoice No.: (4)

Invoice Date: (5)

S/C No.: (6)

S/C Date: (7)

Credit No.: (8)

Issued by: (8)

Marks & Nos.	Description of Goods	Quantity	U. Price	Amount
(9)	(10)	(11)	(12)	(13)

Total Amount In Words

(14)

Statement or Other Certificate

(15)

Signature

(16)

图6-1 商业发票（空白）

示）保持一致。信用证未明确表示一定要显示合同日期，则此栏可以留空不填。

（8）信用证信息（Credit No. and Issued by）：此栏填写信用证号码和开证银行名称，托收或汇付结算方式项下，此栏可留空不填。

（9）标记唛码（Marks & Nos.）：此栏俗称"唛头"，应按照信用证或合同的规定缮制，如果合同规定"As per seller's option"（由卖方选择），卖方可以自行编制一个。按照国际标准化组织的推荐，唛头由四行组成：进口商简称、参考号、目的港、件号。若为裸装货物或散装货物，可注明“NAKED”或“IN BULK”，也可以填写“N/M”（No Mark）。

（10）货物描述（Description of Goods）：此栏填写出口货物的品名、规格等内容。信用证结算方式项下，应严格按照信用证的规定缮制，任何省略或增加货物描述的词或句，都会造成单证不符；托收或汇付结算方式项下，应与合同完全一致。

（11）数量（Quantity）：此栏填写出口货物的计价数量，两种或两种以上规格的，应分行列明。例如：

	BAMBOO	STICKS
SIZE：	8mm×360mm	46 000PCS
	9mm×360mm	59 000PCS
	10mm×360mm	75 000PCS

（12）单价（U. Price）：此栏填写出口货物的单价，完整的单价应包括计价货币、单位价格、计量单位和贸易术语四部分内容。两种或两种以上规格的，应分行列明，并与相应的数量对齐。例如：

	BAMBOO	STICKS	CIF BUSAN
SIZE：	8mm×360mm	46 000PCS	USD0.092/PC
	9mm×360mm	59 000PCS	USD0.085/PC
	10mm×360mm	75 000PCS	USD0.112/PC

（13）总值（Amount）：此栏填写出口货物的总值。两种或两种以上规格的，应分行列明，并与相应的单价对齐。除非信用证另有规定，否则发票总额不能超过信用证金额。如果单价乘以数量后大于信用证总金额少许，可采用“减除（Deletion）”的方法将多余的金额除去，使得发票金额与信用证金额一致。如果单价乘以数量后大于信用证总金额许多，则要事先修改信用证。

	BAMBOO	STICKS	CIF BUSAN	
SIZE：	8mm×360mm	46 000PCS	USD0.092/PC	USD4 232.00
	9mm×360mm	59 000PCS	USD0.085/PC	USD5 015.00
	10mm×360mm	75 000PCS	USD0.112/PC	USD8 400.00
		18 0000PCS		USD17 647.00

（14）总值大写（Total Amount In Words）：此栏填写总值大写，即用英文大写表示发票的总金额，并在前面加“SAY”，结束时加“ONLY”以防加塞伪造内容，如“SAY U. S. DOLLARS SEVENTEEN THOUSAND SIX HUNDRED AND FORTY SEVEN ONLY”。

（15）声明文句及其他内容（Statement or Other Certificate）：此栏填写信用证或合同要求添加的内容，如进口商的订单号、分别列明的运费、保险费和 FOB 金额等。如果没有特别的要求，此栏可以留空不填。

（16）出票人签章（Signature）：《UCP600》规定，发票可以不签署，但一定要由受益人出具。在实务中，此栏加盖出口商条形章和法人代表的签署章。如果信用证规定手签（Manually Signed），则在出口商条形章盖上后，不能盖法人代表的签署章，而一定要法人代表手签。如果发票中出现了证明文句，即使信用证没有要求签署发票，发票也一定要签署。

工作任务实训

一、任务情境

2021 年 2 月 10 日，LINSA ALIMENTOS 股份公司根据合同开立以上海百山祖进出口有限公司为受益人的第 21BSLC43285 号信用证（见资料 6－1，为了教学，此处为完全正确的信用证）。2021 年 4 月 21 日林晓婷在安排好订舱、报检、投保等工作后，开始填制商业发票。

资料 6－1

SWIFT Message Type　　：700 Issue of Documentary Credit
FM.：BANCO SANTANDER，S. A. BARCELONA
TO：BANK OF CHINA，SHANGHAI BRANCH
*27：SEQUENCE OF TOTAL：1/1
*40A：FORM OF DOC. CREDIT：IRREVOCABLE
*20：DOC. CREDIT NUMBER：21BSLC43285
31C：DATE OF ISSUE：210210
40E：APPLICABLE RULES：UCP LATEST VERSION
*31D：DATE AND PLACE OF EXPIRY：DATE 210515 PLACE CHINA
*50：APPLICANT：LINSA ALIMENTOS S. A.
VIVICCI 195 BAJOS
08011 BARCELONA
SPAIN
*59：BENEFICIARY：SHANGHAI BIOSAN IMP. AND EXP. CO.，LTD.
860 ZUCHONGZHI ROAD，
ZHANGJIANG，SHANGHAI
CHINA
*32B：AMOUNT：CURRENCY USD AMOUNT 45 925.00
41D：AVAILABLE WITH/BY：ANY BANK IN CHINA
BY NEGOTIATION
42C：DRAFTS AT…：AT SIGHT
FOR FULL INVOICE VALUE
42A：DRAWEE：BANCO SANTANDER，S. A.
28 660 BOADILLA DEL
BARCELONA
43P：PARTIAL SHIPMENTS：NOT ALLOWED
43T：TRANSSHIPMENT：NOT ALLOWED
44E：PORT OF LOADING / AIRPORT OF DEPARTURE：SHANGHAI

OF DEPARTURE：SHANGHAI

44F：PORT OF DISCHARGE / AIRPORT

OF DESTINATION：BARCELONA

44C：LATEST DATE OF SHIPMENT：210430

45A：DESCRIPTION OF GOODS AND / OR SERVICES：

MUSHROOM POWDER AND

INONOTUS OBLIQUUS DRIED

CIF BARCELONA

ALL DETAILS AS PER S/C NO. LA21 - BSZ0118

46A：DOCUMENTS REQUIRED

+SIGNED COMMERCIAL INVOICE IN TRIPLICATE SHOWING S/C NO. AND L/C NO.

+FULL SET OF CLEAN ON BOARD OCEAN BILLS OF LADING MADE OUT TO ORDER，BLANK ENDORSED，MARKED FREIGHT PREPAID，NOTIFY APPLICANT AND SHOWING THAT THE GOODS HAVE BEEN SHIPPED IN CONTAINER LOAD.

+INSURANCE POLICY IN DUPLICATE BLANK ENDORSED FOR 110 PCT OF INVOICE VALUE COVERING ALL RISKS AS PER CIC OF PICC DATED 01/01/2010，CLAIM PAYABLE IN SPAIN IN THE SAME CURRENCY OF THE DRAFTS.

+ SIGNED PACKING LIST IN TRIPLICATE

+ SIGNED CERTIFICATE OF ORIGIN IN DUPLICATE

+SHIPPING ADVICE TO APPLICANT SHOWING ALL SHIPPING DETAILS ONE DAY BEFORE THE ACTUAL SHIPMENT DATE.

47：ADDITIONAL CONDITIONS：

1. DRAFT DRAWN UNDER THIS CREDIT MUST BE ENDORSED AND CONTAIN THE CLAUSE：DRAWN UNDER BANCO SANTANDER，S. A. BARCELONA，LETTER OF CREDIT NO. 21BSLC43285 DATED 2021 - 02 - 10

2. A DISCREPANCY FEE OF USD150.00（OR EQUIVALENT）SHOULD BE DEDUCTED FROM THE AMOUNT CLAIMED OR WILL BE DEDUCTED FROM THE PROCEEDS OF ANY DRAWING，IF DOCUMENTS ARE PRESENTED WITH ANY DISCREPANCY，INSTRUCTIONS TO THE CONTRARY，THIS CHARGE SHALL BE FOR ACCOUNT OF BENEFICIARY. IN ADDITION，THE PAYMENTS OF THE RELATIVE CABLE EXPENSE，IF ANY，SHALL ALSO BE FOR ACCOUNT OF BENEFICIARY.

3. THIRD PARTY OF DOCUMENTS NOT ACCEPTABLE.

48：PERIOD FOR PRESENTATION：DOCUMENTS MUST BE PRESENTED WITHIN 15 DAYS AFTER THE DATE OF SHIPMENT BUT WITHIN THE VALIDITY OF THE CREDIT

*49：CONFIRMATION：WITHOUT

71B：CHARGES：ALL BANKING CHARGES OUTSIDE SPAIN ARE FOR ACCOUNT OF BENEFICIARY

78：INSTRUCTIONS TO THE PAYING/ACCEPT/NEGOTIATE BANK：ALL DOCUMENTS MUST BE FORWARDED DIRECTLY TO OUR DOCUMENTARY CREDITS DEPT.

RATHER THAN JUST TO THE BANK（ADD：BANCO SANTANDER，S. A.，28 660 BOADILLA DEL，BARCELONA，SPAIN）IN ONE LOT BY COURIER SERVICE.

其他相关资料如下：

发票号码：21SBB0421　　发票日期：2021 年 4 月 21 日

有机食用菌粉 ORGANIC MUSHROOM POWDER

毛重：22.00 千克/箱　　数量：920.00 千克，装 46 箱

有机白桦茸干品 ORGANIC INONOTUS OBLIQUUS DRIED

毛重：12.00 千克/箱　　数量：1 500.00 千克，装 150 箱

唛头：

LINSA
LA21-BSZ0118
BARCELONA
NO. 1-196

二、工作任务

林晓婷安排完订舱、报检、投保等工作后，开始着手商业发票的填制。她先阅读信用证，明确信用证对商业发票的要求，然后完成商业发票的填制。

三、任务实施

第 1 栏：根据信用证 59（受益人），填写“百山祖”的名称与地址，名称写一行，地址另起一行。

第 2 栏：根据信用证要求，用英文粗体标出“COMMERCIAL INVOICE”。

第 3 栏：根据信用证 50（开证申请人）的要求填写“LINSA ALIMENTOS S. A.”的名称与地址。

第 4 栏：根据相关资料，填写“21SBB0421”。

第 5 栏：根据相关资料，填写“APR. 21，2021”。

第 6 栏：根据相关资料，填写“LA21-BSZ0118”。

第 7 栏：根据相关资料，填写“JAN. 18，2021”。

第 8 栏：根据信用证 20、42 与 78，在 Credit No. 后面填写“21BSLC43285”，在 Issued by 后面填写“BANCO SANTANDER，S. A. BARCELONA”。

第 9 栏：根据相关资料，填写唛头。

第 10 栏：根据信用证要求，填写“MUSHROOM POWDER AND INONOTUS OBLIQUUS DRIED”，并在下面分别写上“ORGANIC MUSHROOM POWDER”和“ORGANIC INONOTUS OBLIQUUS DRIED”。

第 11 栏：根据相关资料，在 ORGANIC MUSHROOM POWDER 同一横线上，写上“920.00KGS”；在 ORGANIC INONOTUS OBLIQUUS DRIED 同一横线上，写上

"1 500. 00KGS"，并且在下面合计处写上"2 420. 00KGS"。

第 12 栏：先在与货名"MUSHROOM POWDER AND INONOTUS OBLIQUUS DRIED"同一横线上填写贸易术语"CIF BARCELONA"，然后在 920. 00KGS 同一横线上写上"USD21. 50"，在"1 500. 00KGS"同一横线上写上"USD17. 43"。

第 13 栏：在"USD21. 50"同一横线上写上"USD19 780. 00"，在"USD17. 43"同一横线上写上"USD26 145. 00"，并且在下面合计处写上"USD45 925. 00"。

第 14 栏：填写"SAY U. S. DOLLARS FORTY FIVE THOUSAND NINE HUNDRED AND TWENTY FIVE ONLY"。

第 15 栏：根据信用证要求，填写"ALL DETAILS AS PER S/C NO. LA-21BSZ0118"以及"L/C NO. 21BSLC43285"。按照惯例，再加上总包装件数 196 箱和总毛重 2 812.00 千克。（总件数和总毛重非必填内容）

第 16 栏：盖"百山祖"的条形章和法人代表顾宏璋的签署章。

缮制完毕的商业发票（实例）见图 6－2。

上海百山祖进出口有限公司

SHANGHAI BIOSAN IMP. AND EXP. CO., LTD.

860 ZUCHONGZHI ROAD, ZHANGJIANG, SHANGHAI, CHINA

商业发票

COMMERCIAL INVOICE

To:

LINSA ALIMENTOS S. A.
VIVICCI 195 BAJOS
08011 BARCELONA
SPAIN

Invoice No.: 21SBB0421
Invoice Date: APR. 21, 2021
S/C No.: LA21-BSZ0118
S/C Date: JAN. 18, 2021

Credit No. 21BSLC43285

Issued by: BANCO SANTANDER, S. A. BARCELONA

Marks andNumbers	Description of goods	Quantity	Unit Price	Amount
	MUSHROOM POWDER AND INONOTUS OBLIQUUS DRIED		CIF BARCELONA	
LINSA LA21-BSZ0118 BARCELONA NO. 1-196	ORGANIC MUSHROOM POWDER	920.00KGS	USD21.50	USD19 780.00
	ORGANIC INONOTUS OBLIQUUS DRIED	1 500.00KGS	USD17.43	USD26 145.00
	TOTAL:	2 420.00KGS		USD45 925.00

SAY U. S. DOLLARS FORTY FIVE THOUSAND NINE HUNDRED AND TWENTY FIVE ONLY.
ALL DETAILS AS PER S/C NO. LA21-BSZ0118.
L/C NO. 21BSLC43285.
TOTAL PACKED IN196 CARTONS.
GROSS WEIGHT: 2 812.00 KGS.

上海百山祖进出口有限公司
SHANGHAI BIOSAN I/E CO., LTD.
顾宏璋（章）

图 6-2　商业发票（实例）

任务 2　填制装箱单

知识支撑

一、装箱单的主要作用

装箱单是发票的补充单据，它列明了信用证（或合同）中买卖双方约定的有关包装事宜的细节，通常可以将其有关内容加列在商业发票上，但是在信用证有明确要求时，就必须严格按信用证约定制作。装箱单常见的表述方式有：

WEIGHT LIST（NOTE）重量单

MEASUREMENT LIST 尺码单

PACKING LIST AND WEIGHT LIST 装箱单/重量单

PACKING NOTE AND WEIGHT NOTE 装箱单/重量单

PACKING LIST AND WEIGHT LIST AND MEASUREMENT LIST 装箱单/重量单/尺码单

PACKING NOTE AND WEIGHT NOTE AND MEASUREMENT LIST 装箱单/重量单/尺码单

WEIGHT AND MEASUREMENT LIST 重量单/尺码单

WEIGHT AND MEASUREMENT NOTE 重量单/尺码单

PACKING AND MEASUREMENT LIST 装箱单/尺码单

PACKING AND MEASUREMENT NOTE 装箱单/尺码单

在出口结汇中，除散装和裸装货物外，一般都要求提供装箱单。

装箱单的作用在于补充商业发票内容的不足，详细记载包装种类、包装件数、货物数量、重量、花色搭配等内容，便于货物到达目的港后，进口商和进口国海关检查和核对货物。

二、装箱单的主要内容和缮制

装箱单填制
（动画课件）

同商业发票一样，装箱单的格式也不尽相同，但基本栏目内容相似，如图 6-3 所示。

（1）出口商的名称和地址：与商业发票相同，此栏填写出口商（受益人、卖方）的名称与地址，注意名称填写一行，地址另起一行。

（2）装箱单名称：此栏根据信用证或合同的要求，用英文粗体在正中填写“PACKING LIST”（装箱单）或者“WEIGHT LIST”（重量单）或者“PACKING ASSORTED LIST”（装箱搭配单）等。

（3）抬头（To）：此栏内容同发票，填写进口商（开证申请人、买方）的名称与地址。如果信用证有要求，也可以仅填写“TO WHOM IT MAY CONCERN”。

（4）号码（No.）：此栏填写发票编号。

（5）日期（Date）：此栏填写发票日期。

（6）合同编号（S/C No.）：此栏填写合同编号，注意和信用证中的合同编号（若显示）保持一致。

（7）装运港（Shipment From）：此栏填写出口货物的装运港，注意和信用证或合同中的卸货港保持一致。如果信用证或合同中是“CHINA”，则此栏不能机械地搬抄，而要填写实际出口的装运港，如“NINGBO”或“SHANGHAI”。

（8）卸货港（To）：此栏填写出口货物的卸货港，注意和信用证或合同中的卸货港保持一致。如果信用证或合同中是“JAPAN”，则此栏不能机械地搬抄，而要填写实际出口的卸货港，如“TOKYO”或“KOBE”。

（9）箱号或件号（C/No.）：在轻工、工艺品出口时，货物往往不止一项，因此就必须有此栏，用于显示不同商品的具体装箱情况，以便进口商提货时识别。如果是单一货号的货物出口，或者是一种商品一个唛头出口时，此栏填写唛头的最后一行中的数字，即 1-up。比如某烛台共计 100 箱，填写为：1-100。又如某竹签共计 180 箱，分三种规格：8mm 的 46 箱，箱号 1-46；9mm 的 59 箱，箱号 47-105；10mm 的 75 箱，箱号 106-180。填写方式如下：

1-46

47-105

106-180

×××进出口有限公司

××× IMPORT AND EXPORT CO., LTD.(1)

NO. 234 ×× ROAD, ×× CITY, CHINA

装箱单

PACKING LIST (2)

To:

(3)

No.: (4)

Date: (5)

S/C No.: (6)

Shipment From: (7) **To:** (8) **By Vessel**

C/No.	No. & kind of pkgs	Description of Goods, Packing, Quantity, etc.	G. Weight	N. Weight	Measurement
(9)	(10)	(11)	(12)	(13)	(14)

Total Package in Words

(15)

Marks or Other Statement

(16)

Signature

(17)

图6-3 装箱单（空白）

（10）包装件数与种类（No & kind of pkgs）：此栏填写货物的包装种类及包装件数。

如上所述的竹签的填写方式如下：

1-46　46Ctns
47-105　59Ctns
106-180　75Ctns

（11）货物描述、包装、数量等（Description of Goods，Packing，Quantity，etc.）：此栏填写商品的具体型号或货号以及它们的包装情况。如果上述竹签，8mm 的有 46 000 根，9mm 的有 59 000 根，10mm 的 75 000 根，都是 1 000 根一箱，则填写方式如下：

	BAMBOO	STICKS	@1 000
1-46	46Ctns	8mm×360mm	46 000Pcs
47-105	59Ctns	9mm×260mm	59 000Pcs
106-180	75Ctns	10mm×360mm	75 000Pcs

（12）毛重（Gross Weight，G. W.）：此栏填写出口货物的总毛重，有时也列明单件毛重与总毛重。按照惯例，装箱单上的重量保留两位小数点。例如上述竹签，8mm 的单件毛重是 14.5 千克，9mm 的单件毛重是 13 千克，10mm 的单件毛重是 21 千克，填写方式如下：

	BAMBOO	STICKS	@1 000	@14.5
1-46	46Ctns	8mm×360mm	46 000Pcs	667.00Kgs
				@13
47-105	59Ctns	9mm×260mm	59 000Pcs	767.00Kgs
				@21
106-180	75Ctns	10mm×360mm	75 000Pcs	1 575.00Kgs

（13）净重（Net Weight，N. W.）：此栏填写出口货物的总净重，有时也列明单件净重与总净重。例如上述竹签，8mm 的单件净重是 13.5 千克，9mm 的单件净重是 12 千克，10mm 的单件净重是 19.5 千克，填写方式如下：

	BAMBOO	STICKS	@1 000	@14.5	@13
1-46	46Ctns	8mm×360mm	46 000Pcs	667.00Kgs	598.00Kgs
				@13	@12
47-105	59Ctns	9mm×260mm	59 000Pcs	767.00Kgs	708.00Kgs
				@21	@19.5
106-180	75Ctns	10mm×360mm	75 000Pcs	1 575.00Kgs	1 462.50Kgs

（14）体积（Measurement）：此栏填写出口货物的总体积，有时也列明单件包装箱的尺码与总体积。按照惯例，装箱单上的体积保留三位小数点。例如上述竹签，8mm 和 10mm 的单件包装纸箱的尺码是 48×38×20 厘米，9mm 的单件纸箱的尺码是 46×28×20 厘米，填写方式如下：

	BAMBOO	STICKS	@1 000	@14.5	@13	@（48×38×20）cms
1-46	46Ctns	8mm×360mm	46 000Pcs	667.00kgs	598.00Kgs	1.678 08Cbm

				@13	@12	@（46×28×20）cms
47-105	59Ctns	9mm×260mm	59 000Pcs	767.00Kgs	708.00Kgs	1.519 84Cbm
				@21	@19.5	@（48×38×20）cms
106-180	75Ctns	10mm×360mm	75 000Pcs	1 575.00Kgs	1 462.50Kgs	2.736Cbm
TOTAL：	180CTNS		180 000PCS	3 009.00KGS	2 791.50KGS	5.934CBM

这里的 CMS 是厘米，CBM 是立方米。

（15）大写总包装件数（Total Package in Words）：按照惯例，装箱单全部填写完毕后，在下方写上总包装件数的英文大写，并在开头用“SAY”，结束用“ONLY”，以防加塞伪造内容。如上例，填写方式为：“SAY ONE HUNDRED AND EIGHTY CARTONS ONLY”。

（16）唛头或其他声明（Marks or Other Statement）：装箱单的唛头可以按照信用证、合同或相关资料填写，也可以写“AS PER INV. NO. 123”，即同发票号码 123，甚至不显示唛头，银行也是可以接受的，不作为不符点。另外，如果合同或信用证要求显示订单号、信用证号等，也填写在此栏。

（17）签署（Signature）：根据《UCP600》的规定，如果信用证没有规定要求装箱单签署，银行接受不经过签署的装箱单。但是在实务中，装箱单一般都由受益人签署，即加盖出口公司的条形章和法人代表签署章。

工作任务实训

一、任务情境

沿用任务 1 中的“任务情境”，该信用证中有关装箱单缮制的内容有：

46A：DOCUMENTS REQUIRED

……

\+ SIGNED PACKING LIST IN TRIPLICATE

……

其他相关资料（没有明示之处可参见任务 1 及相关信用证）：

有机食用菌粉包装：20 千克/箱　　纸箱尺码：58×38×50 厘米

毛重：22.00 千克/箱　　净重：20.00 千克/箱

有机白桦茸干品包装：10 千克/箱　　纸箱尺码：58×38×30 厘米

毛重：12.00 千克/箱　　净重：10.00 千克/箱

二、工作任务

单证员林晓婷缮制好商业发票后，着手填制装箱单。她先阅读信用证，明确信用证对装箱单的要求，然后完成装箱单的内容填制。

三、任务实施

第 1 栏：同商业发票的第 1 栏。

第 2 栏：根据信用证的要求，用英文粗体在正中央填写“PACKING LIST”(装箱单)。

第 3 栏：根据信用证的要求，填写“LINSA ALIMENTOS S. A.”的名称与地址。

第 4 栏：填写发票号码。

第 5 栏：填写发票日期。

第 6 栏：填写合同编号。

第 7 栏：根据信用证的要求，填写“SHANGHAI”。

第 8 栏：根据信用证的要求，填写“BARCELONA”。

第 9 栏：因为有两个不同的产品，所以应填写“1-46”和“47-196”，分上下两行填写。注意不要顶在首行写，而要在第二行或第三行开始写，因为首行要填写品名。

第 10 栏：在“1-46”对应的横线上，填写“46CTNS”，在“47-196”对应的横线上，填写“150CTNS”；注意“1-46”和“47-196”中间留空；最后在下方填写合计总件数“196CTNS”。

第 11 栏：根据信用证与相关资料，先在中间上方填写品名“MUSHROOM POWDER AND INONOTUS OBLIQUUS DRIED”（一行写不下可以分两行写），然后分两步：第一步，在“46 CTNS”对应的横线上填写“ORGANIC MUSHROOM POWDER”（一行写不下可以分两行写）；第二步，在“150 CTNS”对应的横线上填写“ORGANIC INONOTUS OBLIQUUS DRIED”（一行写不下可以分两行写）。

第 12 栏：根据相关资料，先在“ORGANIC MUSHROOM POWDER”对应的横线上填写“@22.00/1 012.00 KGS”；写不下可以分两行写；再在“ORGANIC INONOTUS OBLIQUUS DRIED”对应的横线上填写“@12.00/1 800.00KGS”；写不下也可以分两行写；最后在下方填写合计总毛重“2 812.00KGS”。

第 13 栏：根据相关资料，先在“@20.00/1 012.00KGS”对应的横线上填写“@20/920.00KGS”，写不下可以分两行写，再在“@12/1 800.00KGS”对应的横线上填写“@10/1 500.00KGS”，写不下也可以分两行写；最后在下方填写合计总净重“2 420.00KGS”。

第 14 栏：根据相关资料，先在“@20.00/920.00KGS”对应的横线上填写“@（58×38×50）CMS/5.069CBM”，写不下可以分两行写；再在“@10/1500.00 KGS”对应的横线上填写“@（58×38×30）CMS/9.918 CBM”，写不下也可以分两行写；最后在下方合计总体积“14.987CBM”。

第 15 栏：填写货物的总包装件数“SAY ONE HUNDRED AND NINETY SIX CARTONS ONLY”

第 16 栏：填写唛头（也可以填写“AS PER INV. NO. 21SBB0421”）。

第 17 栏：盖“上海百山祖进出口有限公司”的条形章和法人代表顾宏璋的签署章。

缮制完毕的装箱单（实例）见图 6-4。

上海百山祖进出口有限公司

SHANGHAI BIOSAN IMP. AND EXP. CO., LTD.

860 Zuchongzhi Road, Zhangjiang, Shanghai, China

装箱单

PACKING LIST

To:
LINSA ALIMENTOS S. A.
VIVICCI 195 BAJOS
08011 BARCELONA
SPAIN

No.: 21SBB0421
Date: APR. 21, 2021
S/C No.: LA21-BSZ0118

Shipment from: SHANGHAI **To:** BARCELONA **By vessel**

C/No.	No. & kind of pkgs	Description of goods, Packing, Quantity, etc.	G. Weight	N. Weight	Measurement
		MUSHROOM POWDER AND INONOTUS OBLIQUUS DRIED			
1-46	46CTNS	ORGANIC MUSHROOM POWDER	@22.00/ 1 012.00KGS	@20.00/ 920.00KGS	@(58×38×50)CMS 5.069CBM
47-196	150CTNS	ORGANIC INONOTUS OBLIQUUS DRIED	@12.00/ 1 800.00KGS	@10.00/ 1 500.00KGS	@(58×38×30)CMS 9.918CBM
TOTAL:	196CTNS	2420.0kgs	2 812.00KGS	2 420.00KGS	14.987CBM

SAY ONE HUNDRED AND NINETY SIX CARTONS ONLY.

Shipping marks:
LINSA
LA21-BSZ0118
BARCELONA
NO. 1-196

上海百山祖进出口有限公司
SHANGHAI BIOSAN I/E CO., LTD.

顾宏璋（章）

图 6-4 装箱单（实例）

任务 3 填制一般原产地证明书

★ 知识支撑

原产地证明书（Certificate of Origin）简称产地证，是出口商应进口商要求而提供的，由政府有关当局、公证机构、出口商或制造商出具的，证明货物原产地或制造地的一种证明文件。原产地证明书是商品进入国际贸易领域的“经济国籍”或“护照”，是贸易关系人交接货物、结算货款、索赔理赔、进口国通关征税的有效凭证，也是进口国对不同出口国实行不同贸易政策的凭证。

原产地证明书按用途可分为优惠原产地证明书和非优惠原产地证明书两大类；按种类可分为普惠制原产地证明书、一般原产地证明书、区域性经济集团互惠原产地证书、专用原产地证明书等。在我国常见的产地证明书有一般原产地证明书、普惠制原产地证明书和区域性经济集团互惠原产地证书等。这里只介绍一般原产地证明书的填制，后两类原产地证明书的内容在项目 9、项目 10 中介绍。

一、一般原产地证明书介绍

我国一般原产地证明书的全称是“中华人民共和国原产地证明书”，英文为“CERTIFICATE OF ORIGIN OF THE PEOPLES REPUBLIC OF CHINA”。目前我国的出证机构有：中国国际贸易促进委员会（以下简称“贸促会”）及其地方分会和中国海关总署及其各地直属海关。两者签发的产地证除了出证机构不同外，填制的内容完全一致。

（一）贸促会注册

打开 http：//www. co. ccpit. org/，到“关于原产地证”→“相关表格下载”里下载《申请原产地证书企业注册登记表》，按照注册须知填写并提交相应文件到申办部门。

注册完毕便可获得贸促会提供的 9 位注册号码。

（二）网上注册

打开 http：//www. co. ccpit. org/，点击“进入新版原产地证申报系统”进入注册登录界面，按照步骤进行注册操作，注册成功后请按提示激活，贸促会工作人员会在一个工作日内对注册申请做审核，申请人在一个工作日后使用注册时填写的账号与密码登录。

(三) 网上申请产地证

打开 http://www.co.ccpit.org/，由“点击进入新版原产地证申报系统”进入原产地证登录界面，输入账号和密码登录。

登录之后按照界面提示进行原产地证信息录入、保存操作。

填写完原产地证详细信息并保存之后，点击“发送”按钮，提交到贸促会，等待审核。

(四) 取证

提交产地证后，要及时查看产地证的状态，当状态变为“已发证”，标志着贸促会审核通过，即可到当地贸促会取证。

二、贸促会签署的一般原产地证明书的内容和缮制说明

一般原产地证书填制（动画课件）

贸促会出具的一般原产地证书除了出证机构计算机指定的证书号码（Certificate No.）和序列号（Serial No.）之外，在线填制的一般原产地证明书（见图 6－5）还有 12 项内容，需用英文填写。

现就各栏目内容逐项予以说明：

(1) 出口商（Exporter）：此栏填写出口商的名称、详细地址及国家（地区），一般可按外贸合同的卖方或信用证的受益人填写。此栏不得留空。

(2) 收货人（Consignee）：此栏填写最终进口国的进口商的名称、详细地址及国家（地区），通常是外贸合同中的买方或信用证上的开证申请人，不能填写中间商。但由于贸易的需要，信用证有时会要求不在此栏明示进口商，在这种情况，此栏可加注“TO WHOM IT MAY CONCERN”或“TO ORDER”，但不得留空。

(3) 运输方式和路线（Means of Transport and Route）：此栏填写装运港、卸货港及运输方式。如经转运，应注明转运地。例如通过海运，由上海经神户转运至洛杉矶，填写为“FROM SHANGHAI TO LOS ANGELES VIA KOBE BY VESSEL”，也可以填写为“SEA FREIGHT，FROM SHANGHAI TO LOS ANGELES VIA KOBE”。

(4) 目的港（地）所在国家或地区（Country / Region of Destination）：此栏填写目的港（地）所在国家（或地区）的名称，不能填写中间商所在国家（或地区）。注意：英国不能填写为“ENGLAND”或“BRITAIN”，要写成“U.K.”；荷兰不能填写为“HOLLAND”，要写成“THE NETHERLANDS”；美国不能填写为“AMERICA”，要写成“U.S.A.”。

1. Exporter:	Serial No. Certificate No. CERTIFICATE OF ORIGIN OF THEPEOPLE'S REPUBLIC OF CHINA
2. Consignee:	
3. Means of Transport and Route	5. For Certifying Authority Use Only
4. Country / Region of Destination	

6. Marks & Nos.	7. Number and Kind of Packages; Description of Goods	8. H. S. Code	9. Quantity	10. Numbers and Date of Invoice

11. Declaration by the Exporter	12. Certification
The undersigned hereby declares that the above details and statements correct, that all the goods were produced in China and that they comply with the Rules of Origin of the people's Republic of China	It is hereby that the declaration by the exporter is correct.
Place and date, signature and stamp of authorized signatory	Place and date, signature and stamp of certifying authority

图 6－5　一般原产地证明书（空白）

(5) 供签证机构使用 (For Certifying Authority Use Only)：此栏一般情况下可以留空不填，仅在签证机构在签署后发证书、补发证书或加注其他声明时使用。例如：信用证或合同要求商会出具产地证，贸促会签署人员则在此栏盖章“CHINA COUNCIL FOR THE PROMOTION OF INTERNATIONAL TRADE IS CHINA CHAMBER OF INTERNATIONAL COMMERCE”，意思是：中国国际贸易促进委员会即是中国国际商会。

(6) 唛头及包装件数 (Marks & Nos.)：此栏按照信用证中规定的内容进行缮制，且与发票和提单的同一项内容一致，不可简单地填写“按照发票 (AS PER INVOICE No. 123)”，或者“按照提单 (AS PER B/L No. 567)”。货物包装无唛头时，可填写“N/M (NO MARK，无唛)”，但必须与发票上显示的一样。此栏不得留空。

(7) 包装数量及种类、商品名称 (Number and Kind of Packages，Description of Goods)：此栏填写具体名称，例如：睡袋 (Sleeping bags)、杯子 (Cups)，不能用概括性词语如服装 (Garments) 表述。包装数量应在英文大写数字后加注阿拉伯数字的表述。例如：100 箱彩电，填写为“ONE HUNDRED (100) CARTONS OF COLOUR TV SETS”。如果货物系散装，在商品名称后加注“散装”(IN BULK)，例如，10 000 吨散装生铁填写为“TEN THOUSAND (10 000) M/T PIG IRON IN BULK”。有时信用证要求在所有单证上加注合同号、信用证号等，可加在此栏。本栏的末行要打上表示结束的星号“***”，以防加塞伪造内容。

(8) H.S. 税则号 (H.S. Code)：H.S. 是“商品名称及编码协调制度”的英文缩写。此栏填写出口商品的税则号前四位，若同一证书包含几种商品，则应将相应的税目号全部填写。此栏不得留空。

(9) 数量 (Quantity)：此栏填写发票中的计价数量，如××件、套、个、台、双等。如果货物是以重量计量计价的，填写净重，如果是以毛作净的商品，则要先注明 G.W. (毛重)，再写上数量。

(10) 发票号码及日期 (Number and Date of Invoice)：此栏填写申请出口货物的对应的发票号码与发票日期。为避免对月份、日期的误解，月份一律用英文缩写表述，例如 2021 年 7 月 10 日，用英文表述为“10 JUL.，2021”或“JUL. 10，2021”。此栏不得留空。

(11) 出口商声明 (Declaration by the Exporter)：此栏内容已事先印就：“下列签署人声明，以上各项及其陈述是正确的，全部货物均在中国生产，完全符合中华人民共和国原产地规则。”由申领单位已在签证机构注册的人员手签，并加盖有中英文的出口公司印章 (条形章)，填上申领地点和日期。该栏日期不得早于发票日期 (第 10 栏)。手签人签字与条形章在证书上的位置不能重合。

(12) 签证机构证明 (Certification)：此栏内容已事先印就：“兹证明出口商声明是正确的。”由签证机构的授权签署人手签并盖章，并填写签证地点和日期。签发日期不得早于发票日期 (第 10 栏) 和申请日期 (第 11 栏)，一般情况下也不能晚于装运日期 (提单日期)。

三、中国国际贸易单一窗口一般原产地证书填制界面

在中国国际贸易单一窗口的原产地证书录入界面分为基本信息（见图 6－6）和货物信息（见图 6－7），因在单一窗口填报界面只要选择一个数据项，系统会显示填制的提示信息，因此不展开详细介绍。企业单证员将网上填好的证书申报信息提交海关审核，海关在受理签证申请之日起 2 个工作日内完成签证申请的审核。对海关审核通过的证书，企业可选择以自助打印的方式制证，也可选择关区任一原产地签证机构签发证书。选择当地海关打印证书，企业单证员需要按照证书上的“出口商声明栏”签字并加盖企业中英文印章，前往海关签证机构办事窗口提交证书，由签证机构的签字人员在证书上签字盖章。

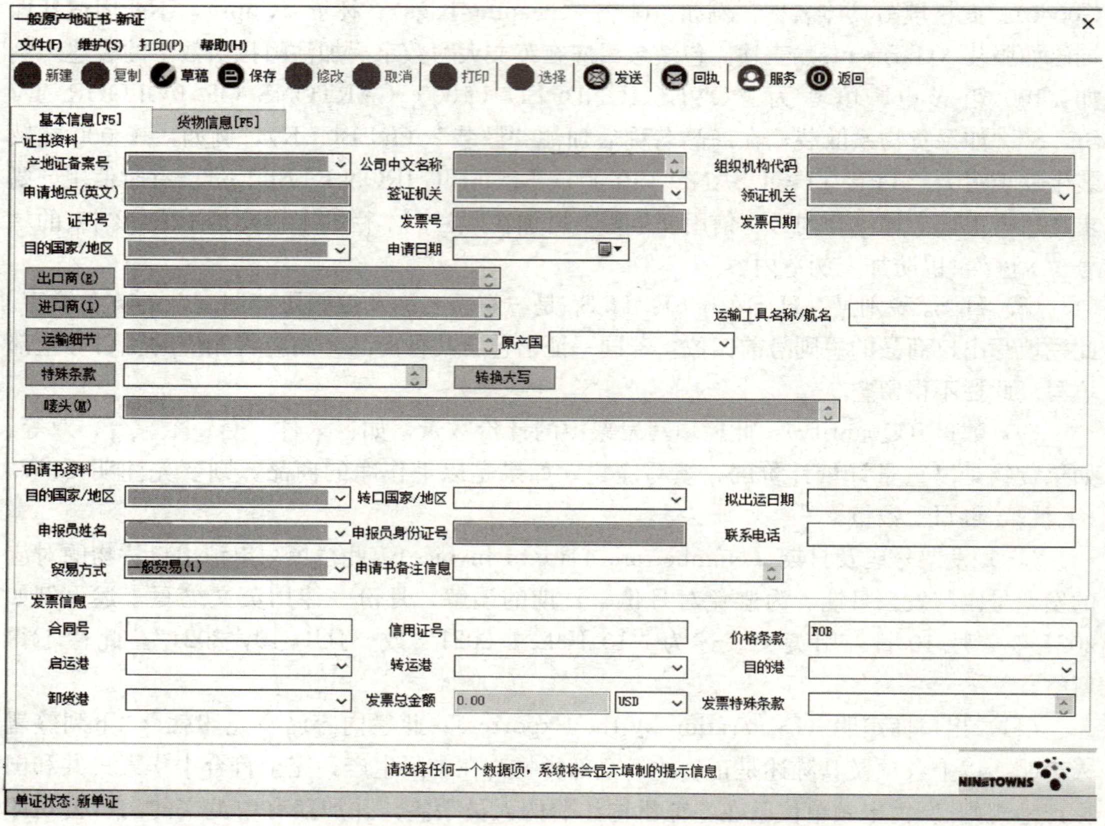

一般原产地证书-新证

文件(F) 维护(S) 打印(P) 帮助(H)

新建 复制 草稿 保存 修改 取消 打印 选择 发送 回执 服务 返回

基本信息[F5] 货物信息[F5]

证书资料

产地证备案号 公司中文名称 组织机构代码
申请地点(英文) 签证机关 领证机关
证书号 发票号 发票日期
目的国家/地区 申请日期
出口商(E)
进口商(I) 运输工具名称/航名
运输细节 原产国
特殊条款 转换大写
唛头(M)

申请书资料

目的国家/地区 转口国家/地区 拟出运日期
申报员姓名 申报员身份证号 联系电话
贸易方式 一般贸易(1) 申请书备注信息

发票信息

合同号 信用证号 价格条款 FOB
启运港 转运港 目的港
卸货港 发票总金额 0.00 USD 发票特殊条款

请选择任何一个数据项，系统将会显示填制的提示信息

NINETOWNS

单证状态：新单证

图 6－6　单一窗口一般原产地证书填制基本信息界面

一般原产地证书-新证

文件(F) 维护(S) 打印(P) 帮助(H)

新建 复制 草稿 保存 修改 取消 打印 选择 发送 回执 服务 返回

基本信息[F5] 货物信息[F5]

货物信息

□ 非货物项 包装数量总计：0 数量总计：0 自动生成货物描述(A) 协定税率查询

货名英文(G) 货名中文(C)

货物描述（点击按钮：自动生成货物描述） 包装数量 非原产成分 %

数量 HS税则码

辅助数量 第二辅助数量 原产地标准 原产地标准辅助项

发票单价 发票金额 单位：USD FOB值 单位：USD

生产企业组织机构代码 生产企业名称 联系人 联系电话

报检单号

第 1 项，共 1 项 第一条 上一条 下一条 末一条 添加(N) 插入(I) 插入复制 复制(C) 删除(D)

更改/重发申请书

□ 更改证 □ 重发证 原发证书号

更改/重发原因

更改栏目 原有情况 更改情况

请输入货物英文名称(注意：如果是多货物申报时，可选择货值最大的货物录入)。 NINGTOWNS

单证状态：新单证

图 6-7　单一窗口一般原产地证书填制货物信息界面

工作任务实训

一、任务情境

沿用任务 1 中的“任务情境”，该信用证中有关产地证缮制的内容有：

46A：DOCUMENTS REQUIRED

……

＋ SIGNED CERTIFICATE OF ORIGIN IN DUPLICATE

……

其他相关资料（没有明示之处可参见任务 1 及相关信用证）：

有机食用菌粉包装：46 箱　　H. S. 税则号：2106909090

数量：920.00 千克

有机白桦茸干品包装：150 箱　　H. S. 税则号：2106909090

数量：1 500.00 千克

产地证申领日期和产地证签发日期相同，2021 年 4 月 24 日。

二、工作任务

单证员林晓婷缮制好装箱单后，着手填制一般原产地证明书，阅读信用证，明确信用证对产地证的要求，登录国际贸易单一窗口完成一般产地证的填制申报。

三、任务实施

产地证号由出证机构（上海海关）的计算机自动给出：C21MA27U03420067，包括：一般原产地证（C）、证书年份（21）、出口商在出证机构的登记号（MA27U0342）以及出口商办理的产地证的流水号（0067）。

第 1 栏：按照信用证 59（受益人）的内容填写“百山祖”的英文名称与地址。

第 2 栏：按照信用证 50（开证申请人）的内容填写进口商“LINSA ALIMENTOS S. A.”的名称与地址。

第 3 栏：根据相关资料，填写“FROM SHANGHAI TO BARCELONA BY SEA”。

第 4 栏：根据信用证的要求，填写“SPAIN”。

第 5 栏：留空不填。

第 6 栏：根据相关资料，填写唛头。

第 7 栏：因为两种商品的税则号相同，我们可以合在一起描述，也可以分开描述。下面讲解分开描述的流程。

先填写“FORTY SIX（46）CARTONS OF ORGANIC MUSHROOM POWDER”，然后另起一行，填写“ONE HUNDRED AND FIFTY（150）CARTONS OF ORGANIC INONOTUS OBLIQUUS DRIED”。

最后在中间加上结束符号“ ****** ”，防止加塞伪造。

第 8 栏：根据相关资料，在“ORGANIC MUSHROOM POWDER”的同一横线上填写“2106”，在“ORGANIC INONOTUS OBLIQUUS DRIED”的同一横线上也填写“2106”。

第 9 栏：根据相关资料，在“ORGANIC MUSHROOM POWDER”的同一横线上填写“920. 00KGS”，在“ORGANIC INONOTUS OBLIQUUS DRIED”的同一横线上填写“1 500. 00KGS”。

第 10 栏：填写发票号码“21SBB0421”和日期“APR. 21，2021”。

第 11 栏：由单证员林晓婷盖上“百山祖”的条形章，签上自己的名字，然后填写“SHANGHAI CHINA APR. 24，2021”（从相关资料中得知，申领日期是 2021 年 4 月 24 日）。

第 12 栏：单证员林晓婷在下方填写“SHANGHAI CHINA APR. 24，2021”后，上海海关授权签署人方媛盖章，签上自己的名字，产地证即生效。

缮制完毕的一般原产地证明书（实例）见图 6 - 8。

1. Exporter: SHANGHAI BIOSAN IMP. AND EXP. CO., LTD. 860 ZUCHONGZHI ROAD, ZHANGJIANG, SHANGHAI CHINA	Certificate No. C21MA27U03420067 **CERTIFICATE OF ORIGIN OF THE PEOPLE'S REPUBLIC OF CHINA**
2. Consignee: LINSA ALIMENTOS S. A. VIVICCI 195 BAJOS 08011 BARCELONA SPAIN	
3. Means of Transport and Route FROM SHANGHA TO BARCELONA BY SEA	5. For Certifying Authority Use Only
4. Country / Region of Destination SPAIN	

6. Marks & Nos.	7. Number and kind of packages; Description of goods	8. H. S. Code	9. Quantity	10. Numbers and Date of Invoice
LINSA LA21- BSZ0118 BARCELONA NO. 1-196	FORTY SIX (46) CARTONS OF ORGANIC MUSHUROOM POWDER ONE HUNDRED AND FIFTY (150) CARTONS OF ORGANIC INONOTUS OBLIQUUS DRIED **************************	2106 2106	920.00KGS 1 500.00KGS	21SBB0421 APR. 21, 2021

11. Declaration by the exporter	12. Certification
The undersigned hereby declares that the above details and statements correct, that all the goods were produced in China and that they comply with the Rules of Origin of the people's Republic of China 上海百山祖进出口有限公司 SHANGHAI BIOSAN I/E CO., LTD. 林晓婷（手签） SHANGHAI CHINA APR. 24, 2021 Place and date, signature and stamp of authorized signatory	It is hereby certified that the declaration by the exporter is correct. 中华人民共和国上海海关 Ⅲ Ⅱ Ⅻ Ⅷ Ⅲ Ⅰ Ⅱ Ⅲ 00000082171173 方媛（手签） SHANGHAI CHINA APR. 24, 2021 Place and date, signature and stamp of certifying authority

图6-8 一般原产地证明书（实例）

任务 4 填制（确认）海运提单

知识支撑

一、海运提单的内容和填制说明

海运提单填制（动画课件）

海运提单的内容可分为固定部分和可变部分。固定部分包括海运提单背面的运输契约以及提单正面承运人或其代理人印刷好的文字说明，这部分一般不做更改。可变部分主要包括船名与航次、装运港、目的港、托运人、收货人、被通知人、货名、唛头、包装、件数、重量、体积、运费支付说明、正本份数、签发地点和日期、承运人（船长）或其代理人签字等。这些内容根据运输的货物、时间、托运人及收货人的不同而变化。

海运提单由各个船公司自行印制，格式不一，但内容大致相同，约有 23 项内容，下面以中远集装箱运输有限公司（以下简称“中远公司”）的提单（见图 6－9）为例来介绍海运提单正面需要填制的内容。

（1）提单号码（B/L No.）：由承运人按一定的顺序编制。

（2）托运人（Shipper）：又称发货人，是委托运输的人，在贸易活动中一般是合同的卖方。按照《UCP600》的规定，银行接受任何人作为托运人的提单，除非信用证另有规定。提单托运人栏目一般填写信用证中的受益人名称，可以不添加地址。在采用 FOB 术语出口时，也常见第三方作为提单的托运人，称为第三方提单（Third Party B/L）。

（3）收货人（Consignee）：提单的收货人，俗称“抬头”。实务中常见的提单抬头有记名抬头提单（Straight B/L）和指示抬头提单（Order B/L）两种类型。

1）记名抬头提单，也称记名提单，是指在提单收货人栏目里直接写上收货人的具体名称与地址的提单。

在合同或信用证中，记名提单的文句一般如下：“FULL SET CLEAN ON BOARD OCEAN BILL OF LADING CONSIGNED TO ABC COMPANY，NO. 123 XYZ STREET，LOS ANGELES，CA.，U. S. A.”。受益人（出口商）只要将合同或信用证中的相关内容照抄在此栏内即可。

2）指示抬头提单，也称指示提单，是进出口业务中对出口商有利的一种提单，分为空白指示和记名指示。

COSCO SHIPPING 中远海运集装箱运输有限公司
COSCO SHIPPING LINES CO., LTD.

ORIGINAL

TLX: 33057 COSCO SHIPPING
FAX: +86(21) 65458984
PORT TO PORT OR COMBINED TRANSPORT BILL OF LADING

(2) Shipper Insert Name Address and Phone/Fax		Booking No.	(1) Bill of Lading No.
		Export References	
(3) Consignee Insert Name Address and Phone/Fax		Forwarding Agent and References	
		Point and Country of Origin	
(4) Notify Party Insert Name Address and Phone/Fax		Also Notify Party-routing & Instructions	
(5) Combined Transport* Pre-Carriage by	(6) Combined Transport* Place of Receipt		
(7) Ocean Vessel Voy.No.	(8) Port of Loading	Service Contract No.	Commodity Code
(9) Port of Discharge	(10) Combined Transport* Place of Delivery	(11) Type of Movement	

(12) Marks & Nos. Container / Seal No.	(13) No. of Container or Packages	(14) Description of Goods (If Dangerous Goods. See Clause 20)	(15) Gross Weight	(16) Measurement

Declared Cargo Value US$ | Description of Contents for Shipper's Use Only (Not part of This B/L Contract)

(17) Total Number of Containers and/or Packages (in words)

(18) Freight & Charges	Revenue Tons	Rate	Per	Amount	Prepaid	Collect	Freight & Charges Payable at / by

Received in external apparent good order and condition except as otherwise noted. The total number of the packages or units stuffed in the container, the description of the goods and the weights shown in this Bill of Lading are furnished by the merchants, an^which the carrier has no reasonable means of checking and is not a part of this Bills of Lading contract.
The carrier has issued (19) original Bills of Lading, all of this tenor and date, one of the original Bills of Lading must be surrendered and endorsed or signed against the delivery of the shipment and whereupon any other original Bills of Lading shall be void. The merchants agree to ; be bound by the terms and conditions of this Bill of Lading as if each had personally signed this Bill of Lading.
* Applicable Only When Document Used as a Combined Transport Bill of Lading.LINES.COSCOSHIPPING.COM.
Demurrage and Detention shall be charged according to the tariff published on the Home page of LINES.COSCOSHIPPING.COM. If any ambiguity or query, please search by "Demurrage & Detention Tariff Enquiry". Other services and more detailed information, pls visit LINES.COSCOSHIPPING.COM.

(21) Date Laden on Board

(22) Signed by

9805 Date of Issue (20) Place of Issue (20) Signed for the Carrier COSCO SHIPPING LINES CO., LTD.

图 6-9 中远公司海运提单（空白）

空白指示是指在提单收货人栏目里填写“TO ORDER”，在提交银行前必须由托运人（受益人或卖方）背书，否则进口商无法提货。

空白指示提单在合同或信用证中的文句一般如下：“FULL SET CLEAN ON BOARD OCEAN BILL OF LADING MADE OUT TO ORDER AND BLANK ENDORSED...”。托运人（受益人或卖方）在此栏中填写“TO ORDER”，然后做空白背书。

记名指示提单是指在提单收货人栏目里填写“TO ORDER OF ×××”的提单，常见的有凭托运人指示（TO ORDER OF SHIPPER）提单、凭某银行指示（TO ORDER OF

××× BANK）提单和凭某公司指示（TO ORDER OF ××× COMPANY）提单。

如果是“凭某银行指示”或“凭某公司指示”，托运人（受益人或卖方）不必背书。例如，“FULL SET CLEAN ON BOARD OCEAN BILL OF LADING MADE OUT TO ORDER OF UNION BANK OF CALIFORNIA...”，托运人（受益人或卖方）在此栏内填写“TO ORDER OF UNION BANK OF CALIFORNIA”即可。如果是“凭托运人指示（TO ORDER OF SHIPPER)”，提单须经托运人（受益人或卖方）背书后才能提交银行。例如，“FULL SET CLEAN ON BOARD OCEAN BILL OF LADING MADE OUT TO ORDER OF SHIPPER BLANK ENDORSED…”，托运人（受益人或卖方）要在此栏中填写“TO ORDER OF SHIPPER”，然后做空白背书。

（4）被通知人（Notify Party）：记名提单因为在收货人栏内已将收货人名称地址填写完整，因此此栏可以不填，或填写“SAME AS ABOVE”即可。指示提单用“凭提示”或“凭某人指示”来泛指收货人，隐藏了真实的收货人，所以必须在此栏填上某个公司的名称和地址，以便货物到目的港时，让承运人通知其来办理报关提货手续。否则船方无法与收货人联系，收货人也不能及时报关提货，甚至会因超过海关规定的申报时间致使货物被没收。

在信用证结算方式下，此栏按信用证的规定填写。在指示提单的情况下，如果信用证没有明示被通知人的名称地址，此栏可以留空，但须在提单副本中填写信用证开证申请人。如果信用证要求两个或两个以上的公司作为被通知人，应该把这两个或两个以上的公司名称及地址完整地填写在此栏中，填写不下的话，可以用“***”号连接到提单空白处继续填写。

（5）多式联运下的前段运输（Combined Transport* Pre-Carriage by）：如果是港至港海运，此栏空白。如果是国际多式联运，而且启运地是内陆，用陆、空等方式运至出口国海港处的，填写首程运输的运输方式。比如 CIP 术语，从太原经天津出口到西雅图，太原到天津用铁路运输，此栏填“TRAIN”。

注意：采用贸易术语 FOB、CIF 和 CFR 从上海出口，安排集装箱去浙江或江苏工厂装货，不能在此栏填“集装箱卡车”。

（6）多式联运下的收货地点（Combined Transport* Place of Receipt）：如果是港至港海运，此栏空白。如果是国际多式联运，而且启运地是内陆，用陆、空等方式运至出口国海港处的，填写内陆收货地点，比如 CIP 术语，从太原经天津出口到西雅图，此栏填“TAIYUAN”。

注意：采用贸易术语 FOB、CIF 和 CFR 从上海出口，安排集装箱去浙江或江苏工厂装货，不能在此栏填“浙江”或“江苏”。

（7）船名及航次（Ocean Vessel Voy. No.）：此栏填写出口货物实际装运的船名和航次。在采用国际多式联运时，若出口港预配了船舶，则可以在此栏的船名前加注“INTENDED”，表明是预配船只。

（8）装运港（Port of Loading）：此栏填写出口货物的实际启运港名称，如果信用证或合同规定了装运港是 CHINA，或者有选择港 SHANGHAI/NINGBO 等，在填写时不能机械地搬抄，而要填写货物实际出口的装运港，而且只能填写一个港口。

(9) 卸货港 (Port of Discharge)：此栏填写货物实际进口的目的港名称，如果信用证或合同规定了卸货港是 JAPAN，或者有选择港 OSAKA/KOBE 等，在填写时不能机械地搬抄，而要填写货物实际进口的卸货港，而且只能填写一个港口。

如果货物转运，可在卸货港之后加注"WITH TRANSSHIPMENT AT..." (简写 W/TAT)。例如，从宁波港到汉堡，在香港转运，就填"HAMBURG W/T AT HONG KONG"。

因为此栏空间不大，所以内容繁多的时候会填写不下，这时，可以用星号"***"将所要填写的内容连接到提单的空白处填写。

(10) 交货地点 (Combined Transport* Place of Delivery)：港至港海运时，此栏可以留空。国际多式联运时，此栏填写货物到达的最终目的地（内陆地）名称。比如采用国际多式联运方式出口货物到瑞士洛桑（LAUSANNE），要利用荷兰港口鹿特丹卸货（ROTTERDAM），则在卸货港栏目填写"ROTTERDAM"，在此栏填写"LAUSANNE"。

(11) 交接方式 (Type of Movement)：此栏填写集装箱交接方式。一般情况下，整箱填写"FCL/FCL 、CY/CY"（整箱装运、集装箱堆场到集装箱堆场），拼箱填写"LCL/LCL 、CFS/CFS"（拼箱装运、集装箱货运站到集装箱货运站）。

(12) 唛头、集装箱号和封号 (Marks & Nos. Container / Seal No.)：此栏唛头填写实际的唛头，但必须与发票上所显示的唛头一致。如无唛头，则可以填写"N/M"。

集装箱号和封号：注明集装箱规格与数量。例如：集装箱是 20 英尺还是 40 英尺；所有的集装箱号码与封号。例如：箱号是 PILU2032156，封号是 51126-0。

(13) 件数和包装种类 (No. of Container or Packages)：此栏按照实际包装情况填写。填写时要注意以下七点：

1) 此栏的件数是指出口货物的运输包装数量，如 12 000 件衬衫装入 200 纸箱，就要填写"200 CARTONS"而不是填写"12 000 PIECES"。包装种类是指运输包装的种类，如箱、包、捆等，如某出口商有 1 400 捆的不锈钢铲头出口，就填写"1 400 BUNDLES"，大写为"SAY ONE THOUSAND FOUR HUNDRED BUNDLES ONLY"。应注意数量和单位的大、小写一致。

2) 如果是裸装货物，此栏应加上件数和量词，如一辆客车、一台机器等。

3) 如果是散装货物，如煤炭、矿石、原油等，此栏写"IN BULK"，而不用填数量。

4) 如果是两种或多种包装，此栏应分别填写："5CARTONS""5BALES""6CASES"等，件数栏内要逐项列明。同时下面应注明合计数量，用 PACKAGE 表示包装种类，上述包装数量合计为"16PACKAGES"。

5) 如果是集装箱运输，可以只填写集装箱数量，如"2×40 FEET CONTAINERS"。如果要注明集装箱箱内小件数量，数量前应加"SAID TO CONTAIN..."。

6) 如果是托盘装运，此栏应填托盘数量，同时用括号加注货物的包装件数，如"3 PALLETS (45 CARTONS)"。

7) 此栏不能加注关于包装状况的形容词，例如"新袋（NEW BAG）""旧箱（OLD CARTONS)"等词语。

(14) 货物名称 (Description of Goods)：此栏填写出口货物的名称，可以只填写出口货物总名称或大名称，而不必如发票上描述的详细，但不能与发票上的描述有矛盾。

（15）毛重（Gross Weight）：此栏填写货物的总毛重，应与装箱单等其他单据一致。如果是裸装货物，没有毛重，只有净重，则在此栏下加注“Net Weight”。如果上述第 13 栏内已注明了不同的包装种类，此栏也要填写对应的毛重，并在下方合计出总毛重。

（16）尺码（Measurement）：此栏填写货物总尺码，即总体积，应与装箱单等其他单据一致。如果上述第 13 栏内已注明了不同的包装种类，此栏也要填写对应的体积，并在下方合计出总体积。

出口的提单上大多用立方米表示体积；进口的提单用立方米表示体积的也较多，但也有用立方英尺表示体积的。

（17）大写总件数［Total Number of Containers and / or Packages（in Words）］：此栏填写货物包装总件数的大写，必须与提单的小写总件数一致，也必须与其他单据上显示的包装总件数一致。如上述 13 栏第 4 点，大写为“SAY SIXTEEN PACKAGES ONLY”。

集装箱整箱运输时，货物是在生产厂家装封的，因此承运人往往会在此栏边上注明：“Description of Contents for Shipper's Use Only（Not Part of This B/L Contract）”，意思是此栏的内容由托运人提供，承运人对此不负责任。这属于承运人的免责条款。

（18）运费和费用（Freight & Charges）：运费是由货主为安全运送和交付货物向承运人支付的酬劳，也是运输合同成立的对价条件。因此，有关运费由谁支付、何时支付，都应在提单上注明。一般有以下几种表示方法：

1）在以 CIF/CIP 或 CFR/CPT 价格术语成交时，支付运费的是卖方，因此应根据信用证的规定，选择“FREIGHT PREPAID（运费预付）”或“FREIGHT PAID（运费已付）”。

2）在以 FOB/CFR 价格术语成交时，运费由买方支付，此时应填写“FREIGHT-COLLECT”（运费待付）或“FREIGHT PAYABLE AT DESTINATION”（运费到付）。

银行接受以戳记或其他方式清楚表明运费预付、已付、待付、到付的词语。

（19）正本提单份数（No. of Original B/L）：此栏填写海运提单的正本份数。传统的海运提单的正本份数为三份，但在使用电子提单的情况下，提单正本的份数也可以是一份。根据《UCP600》的规定，银行接受任何份数的正本提单，如果信用证要求提交全套（FULL SET）提单，那么提单上注明的正本份数必须和受益人（出口商）提交给银行的正本份数一致。

（20）提单签发日期及地点（Date of Issue、Place of Issue）：海运提单的签发地点，一般为承运人实际装运货物的地点，即货物装运港或接受海关监管的地点。如果提单签发地点不在装运港或接受海关监管的地点，这种提单被称为异地提单。银行也接受异地提单。

已装船提单的签发日期就是全部货物装运完毕的日期，即装运日期，也就是俗称的提单日期。信用证项下的提单日期不能晚于信用证规定的最晚装运日。如果是收妥待运提单，提单签发日期不能视为货物的装运日期，也不能视为提单日期。该日期可以比装船日期早，也可以比装船日期晚。

如果一批货物分几个装运港装于同一艘船上运往同一目的港，签发几个不同日期的提单时，则以较迟的日期为装运日期。

(21) 装船批注 (Date Laden on Board)：集装箱运输时的提单皆为收妥待运提单，但是 CIF、CFR 或 FOB 术语下又必须出具已装船提单，这时就要在收妥待运提单上加注"ON BOARD"字样（已印就在提单左下方）和装船日期，并经船公司或其代理人签署，构成合法的已装船提单，以符合单证一致的要求。加注上去的装船日期，就是收妥待运提单的提单日期，或称装运日期。

如果在上述第 7 栏内填写的船名前有"预期 (Intended)"字样，承运人还应在此栏的"On Board"后注明装货的实际船名，即使是相同的船名，也要明示。如果是国际多式联运并从内陆启运的，无论上述第 7 栏内填写的船名前是否有"预期 (Intended)"字样，承运人都必须在此栏的"On Board"后注明装货的实际船名，即使实际船名就是第 7 栏内填写的船名。

(22) 提单的签署 (Signed by)：《UCP600》第 20 条对提单的签字方式做了以下规定：提单，无论名称如何，必须表明承运人名称，并由下列人员签署：承运人或其具名代理人、船长或其具名代理人。承运人、船长或代理人的任何签字必须标明其承运人、船长或代理人的身份。

根据《UCP600》的规定，承运人或船长的任何签字或证实，必须表明承运人或船长的身份。代理人代表承运人或船长签字或证实时，也必须表明所代表的委托人的名称和身份，即注明代理人是代表承运人还是船长签字或证实的。因此：

1) 作为承运人签署时，除了加盖船公司的印章和法人章外，还要在此栏下端加注"AS CARRIER"。

2) 作为承运人的代理人签署时，除了加盖货代公司的印章和法人章外，还要在此栏下端加注"AS AGENTS FOR THE CARRIER: ABC CONTAINER SHIPPING COMPANY"。

3) 作为船长签署时，除了签上自己的名字（如 MR. BROWN）外，还要在此栏下端加注"AS SHIP MASTER"。

4) 作为船长的代理人签字时，除了加盖货代公司的印章和法人章外，还要在此栏下端加注"AS AGENT FOR THE SHIP MASTER MR. BROWN"。

二、海运提单的背书

如果海运提单的收货人栏目是指示抬头，则提单可以经过背书转让。

(一) 背书的种类

(1) 当收货人栏目填写凭指示 (TO ORDER) 时，由托运人背书。

(2) 当收货人栏目填写记名指示 (TO ORDER OF ×××) 时，由记名的一方背书。

例如，当收货人栏目填写凭托运人指示（TO ORDER OF SHIPPER）时，由托运人背书；当收货人栏目填写凭某银行指示（TO THE ORDER OF ××× BANK）时，由某银行背书。

（二）背书的方式

（1）空白背书：提单背面加盖托运人公司的条形章和法人代表的签署章。

（2）记名背书：提单背面加盖托运人公司的条形章和法人代表的签署章后，再书写被背书人（海运提单转让对象）的名称。

（3）记名指示背书：提单背面加盖托运人公司的条形章和法人代表的签署章后，再书写：TO ORDER OF＋被背书人（海运提单转让对象）的名称。

工作任务实训

一、任务情境

沿用任务 1 中的“任务情境”，该信用证中有关提单缮制的内容有：

DOCUMENTS REQUIRED 46A：

＋ FULL SET OF CLEAN ON BOARD OCEAN BILLS OF LADING MADE OUT TO ORDER，BLANK ENDORSED，MARKED FREIGHT PREPAID，NOTIFY APPLICANT AND SHOWING THAT THE GOODS HAVE BEEN SHIPPED IN CONTAINER LOAD.

……

其他相关资料如下（没有明示之处可参见任务 1、2 及相关信用证）：

提单号码：COSU2104085590　　提单日期：2021 年 4 月 30 日

船名航次：ZHENHUA V. 135W　　1＊20’FCL，CY/CY

提单签署：COSCO SHANGHAI BRANCH　　法人代表：何海涛

箱封号：COSU2877049/2354071

确认提单是否正确的前提是单证员必须会正确填制提单，掌握提单各个栏目中的填写要求和内容。

二、工作任务

黄萍是中远上海分公司（COSCO SHANGHAI BRANCH）的制单员，她根据项目 2 中的托运单和任务情境中的资料缮制提单，然后传真给“百山祖”林晓婷确认。林晓婷确认后，中远上海分公司作为承运人的代理签发提单。

三、工作实施

第 1 栏：填写海运提单号“COSU2104085590”。

第 2 栏：根据托运单填写“百山祖”的英文名称。此栏目一般要填写托运人的英文地址和联系方式等。

第 3 栏：根据托运单填写“TO ORDER”。

第 4 栏：根据托运单填写“LINSA ALIMENTOS S. A.”的名称与地址。

第 5、第 6 栏：留空不填。

第 7 栏：根据相关资料，填写“ZHENHUA V. 135W”。

第 8 栏：根据托运单填写“SHANGHAI，CHINA”。

第 9 栏：根据托运单填写“BARCELONA，SPAIN”。

第 10 栏：留空不填。

第 11 栏：根据托运单填写“FCL/FCL　CY/CY”。

第 12 栏：根据相关资料，填写唛头：“LINSA/LA21 - BSZ0118/BARCELONA/NO. 1-196，CN.：COSU2877049，SN.：2354071”。

第 13 栏：根据托运单填写“196CTNS”。

第 14 栏：根据托运单填写“MUSHROOM POWDER AND INONOTUS OBLIQUUS DRIED”。

第 15 栏：根据托运单填写“2 812.00KGS”。

第 16 栏：根据托运单填写“14.987CBM”。

第 17 栏：填写“SAY ONE HUNDRED AND NINETY SIX CARTONS ONLY”。

第 18 栏：根据托运单填写“FREIGHT PREPAID”。

第 19 栏：填写“3”。

第 20 栏：填写“30 APR.，2021，SHANGHAI”。

第 21 栏：填写“30 APR.，2021”。

第 22 栏：盖“COSCO SHIPPING LINES（SHANGHAI）CO.，LTD”的章和何海涛的签署章，因为是代理人签署，还要加注“AS AGENT FOR THE CARRIER：COSCO SHIPPING LINES（SHANGHAI）CO.，LTD”。

第 20—22 栏一般是装船后开始签发提单再盖章的，给单证员确认的主要是第 2 栏至第 19 栏的信息。

最后，因为信用证要求在提单上显示“集装箱运输”，所以在提单空白处还要加上“THE GOODS HAVE BEEN SHIPMENT IN CONTAINER LOAD”。

林晓婷确认后的海运提单（实例）见图 6 - 10。

中远海运集装箱运输有限公司 ORIGINAL

COSCO SHIPPING LINES CO., LTD.

TLX: 33057 COSCO SHIPPING

FAX: +86(21) 65458984

PORT TO PORT OR COMBINED TRANSPORT BILL OF LADING

Shipper Insert Name Address and Phone/Fax SHANGHAI BIOSAN IMP. AND EXP. CO., LTD. 860 Zuchongzhi Road, Zhangjiang, Shanghai, China		Booking No.	Bill of Lading No. COSU2104085590
		Export References	
Consignee Insert Name Address and Phone/Fax TO ORDER		Forwarding Agent and References FMC/CHB NO.	
		Point and Country of Origin	
Notify Party Insert Name Address and Phone/Fax LINSA ALIMENTOS S. A. VIVICCI 195 BAJOS 08011 BARCELONA SPAIN		Also Notify Party-routing & Instructions	
Combined Transport* Pre-Carriage by	Combined Transport* Place of Receipt		
Ocean Vessel Voy. No. ZHENHUA V. 135W	Port of Loading SHANGHAI,CHINA	Service Contract No.	Commodity Code
Port of Discharge BARCELONA ,SPAIN	Combined Transport* Place of Delivery	Type of Movement FCL/FCL CY/CY	

Marks & Nos. Container / Seal No.	No. of Container or Packages	Description of Goods (If Dangerous Goods. See Clause 20)	Gross Weight	Measurement
LINSA LA21-BSZ0118 BARCELONA NO. 1-196 CN.: COSU2877049 SN.: 2354071	196CTNS	MUSHROOM POWDER AND INONOTUS OBLIQUUS DRIED THE GOODS HAVE BEEN SHIPMENT IN CONTAINER LOAD.	2 812.00KGS	14.987CBM

Declared Cargo Value US$	Description of Contents for Shipper's Use Only (Not part of This B/L Contract)

Total Number of Containers and/or Packages (in words) SAY ONE HUNDRED AND NINETY SIX CARTONS ONLY.

Freight & Charges	Revenue Tons	Rate	Per	Amount	Prepaid	Collect	Freight & Charges Payable at / by
FREIGHT PREPAID							

Received in external apparent good order and condition except as otherwise noted. The total number of the packages or units stuffed in the container, the description of the goods and the weights shown in this Bill of Lading are furnished by the merchants, an^which the carrier has no reasonable means of checking and is not a part of this Bills of Lading contract.

The carrier has issued 3 original Bills of Lading, all of this tenor and date, one of the original Bills of Lading must be surrendered and endorsed or signed against the delivery of the shipment and whereupon any other original Bills of Lading shall be void. The merchants agree to ; be bound by the terms and conditions of this Bill of Lading as if each had personally signed this Bill of Lading.

* Applicable Only When Document Used as a Combined Transport Bill of Lading.LINES.COSCOSHIPPING.COM.

Demurrage and Detention shall be charged according to the tariff published on the Home page of LINES.COSCOSHIPPING.COM. If any ambiguity or query, please search by "Demurrage & Detention Tariff Enquiry". Other services and more detailed information, pls visit LINES.COSCOSHIPPING.COM.

Date Laden on Board30 APR., 2021

Signed by

COSCO SHIPPING LINES（SHANGHAI）CO., LTD
何海涛(章)
AS AGENT FOR THE CARRIER: COSCO SHIPPING LINES（SHANGHAI）CO., LTD

9805 Date of Issue 30 APR., 2021 Place of Issue SHANGHAI, Signed for the Carrier,COSCO SHIPPING LINES CO., LTD.

图 6－10 海运提单（实例）

任务 5　填制随附单证——装船通知

知识支撑

一、装船通知的含义和作用

装船通知（Shipping Advice）又称装运通知，是出口商根据合同或信用证的规定，在出口货物装船后，以电传、传真或电邮方式将与装船有关的情况告知收货人或指定的人的书面文件。议付时，该电传副本、传真副本或电邮打印件，便是提交银行结汇的单据之一。

装运通知的主要作用有两个：一是在 CIF/CIP 价格条件下，让进口商及时了解货物装运情况，准备付款接货，及时办理进口报关；二是在 FOB/FCA 或 CFR/CPT 价格条件下，装船通知是进口商办理进口货物保险的凭证。尤其在 CFR/CPT 价格条件的进口业务中，进口商与本国保险公司大多事先签订预约保险，当装船通知发送到保险公司后可自动承保。

按惯例，在 CFR 或 CPT 价格条件下，如果卖方未及时通知买方对货物投保，货物在运输途中发生的损失应由卖方负责。因此，在 CFR 或 CPT 价格条件下，卖方及时发出装运通知尤为重要。买方为了避免卖方因疏忽未及时通知，也常在信用证中明确规定，卖方必须按时发出装船通知，并规定通知的内容，作为向银行议付的单证之一。

装运通知并无统一的格式，如果信用证有规定，则严格按照信用证的要求缮制，如果信用证无具体规定，则一般包括日期、发票号码、提单号码、船名与航次、装运港、装运日期、卸货港、发票金额、货物描述等内容。

二、装船通知的主要内容和缮制说明

装船通知填制
（动画课件）

装船通知（见图 6－11）的主要内容包括六大部分。具体如下：

（1）出口公司的名称、地址和单据名称：常见的装船通知的英文有：SHIPPING ADVICE，SHIPMENT ADVICE，ADVICE OF SHIPMENT 等，如果信用证有具体要求，应根据信用证的规定书写。

（2）通知对象：按照合同或信用证的规定，可以是开证申请人、申请人的指定人或保险公司等。

×××进出口有限公司
××× IMPORT AND EXPORT CO., LTD.(1)

NO. 234 ×× ROAD, ×× CITY, CHINA

装船通知
SHIPPING ADVICE (1)

To: (2)

No.: (3)

Date: (4)

WE ARE PLEASED TO INFORM YOU THAT THE GOODS UNDER L/C NO. ××××× HAVE BEEN SHIPPED. THE DETAILS ARE AS FOLLOWS:

(5)

Description of goods:

No. and kind of pkgs:

Port of loading:

Port of discharge:

Name of vessel & Voy.

Bill of Lading number:

Bill of Lading date:

Invoice value:

Marks and Nos.

(6)

Signature

图 6-11 装船通知（空白）

（3）号码：按惯例一般填写发票号码。

（4）日期：装船通知的日期不能超过合同或信用证约定的时间，常见的有以小时为准（WITHIN 24/48 HOURS）和以天（WITHIN 2 DAYS AFTER SHIPMENT DATE）为准两种情形。当信用证没有规定时间时，应与提单日期为同一天，即装运后立即发送；如果信用证规定“IMMEDIATELY AFTER SHIPMENT（装船后立即通知）”，应在提单日期后的三天之内发送，如果信用证规定“WITHIN 2 DAYS AFTER SHIPMENT（装运后两天之内）”，应在提单日期后的两天之内发送。

（5）通知内容：主要包括所发运货物的品名、数量、装运港、卸货港、船名与航次、提运单号码、开航日期、金额、唛头等，并且与其他单证的相关内容保持一致。如果信用证提出具体项目要求，应严格按规定缮制。通知中还可能出现包装说明、ETD（船舶预计离港时间）、ETA（船舶预计到达时间）等内容。

（6）签署：通常加盖出口公司的条形章和法人代表的签署章。

工作任务实训

一、任务情境

单证员林晓婷确认完海运提单后，于 4 月 29 日填写装船通知，并发送给开证申请人。

沿用任务 1 中的“任务情景”，该信用证中有关装船通知缮制的内容有：

46A：DOCUMENTS REQUIRED

……

＋SHIPPING ADVICE TO APPLICANT SHOWING ALL SHIPPING DETAILS ONE DAY BEFORE THE ACTUAL SHIPMENT DATE.

……

其他相关资料没有明示之处可参见任务 1、任务 2 及相关信用证。

二、工作任务

单证员林晓婷的工作任务是根据信用证的规定和已缮制（确认）好的商业发票、装箱单、提单的内容填写装船通知，发出传真后，等提单、保险单、汇票等单据齐全后交银行结汇。

三、任务实施

第 1 栏：填写“百山祖”的中英文名称和地址，写上单据的名称“SHIPPING ADVICE”。

第 2 栏：填写开证申请人的名称。

第 3 栏：按惯例填写发票号码。

第 4 栏：根据信用证的要求，填写“APR. 29，2021”。

第 5 栏：根据海运提单上的信息，填写品名、数量、船名航次、开航日期等。

第 6 栏：盖“百山祖”的条形章和法人代表的签署章。

缮制好的装船通知（实例）见图 6－12。

上海百山祖进出口有限公司

SHANGHAI BIOSAN IMP. AND EXP. CO., LTD.

860 Zuchongzhi Road, Zhangjiang, Shanghai, China

装 船 通 知

SHIPPING ADVICE

To:

LINSA ALIMENTOS S. A.

No.: 21SBB0421

Date: APR. 29, 2021

WE ARE PLEASED TO INFORM YOU THAT THE GOODS UNDER L/C NO. 21BSLC43285 HAVE BEEN SHIPPED. THE DETAILS ARE AS FOLLOWS:

Description of goods:	MUSHROOM POWDER AND INONOTUS OBLIQUUS DRIED
No. and kind of pkgs:	ORGANIC MUSHROOM POWDER 46 CARTONS–920.00KGS
No. and kind of pkgs:	ORGANIC INONOTUS OBLIQUUS DRIED 150 CARTONS–1500.00KGS
Invoice value:	CIF USD45925.00
Place of shipment:	SHANGHAI
Port of discharge:	BARCELONA
Bill of Lading number:	COSU2104085590
Name of vessel & Voy.	ZHENHUA V. 135W
Shipped on board date:	APR. 30, 2021
No of Cntr and Seal:	COSU2877049 / 2354071
Marks and Nos.	LINSA LA21-BSZ0118 BARCELONA NO. 1-196

上海百山祖进出口有限公司
SHANGHAI BIOSAN I/E CO., LTD.

顾宏璋（章）

图 6－12 装船通知（实例）

任务 6　填制汇票

知识支撑

一、汇票的缮制要点

按照《中华人民共和国票据法》（以下简称《票据法》）第 22 条的规定，汇票有七个要项，未记载规定之一的，汇票无效。七个要项如下所述：

（1）写明“汇票”的字样。

（2）无条件支付的委托。

（3）确定的金额。

（4）付款人名称。

（5）收款人名称。

（6）出票日期。

（7）出票人签章。

除上述要项外，汇票还记载一些其他内容，如利息与利率条款、“付一不付二”或“付二不付一”、禁止转让、汇票号码、出票条款等。

《日内瓦统一法》把付款期限、付款地点和出票地点作为汇票的要项，对此我国《票据法》第 23 条规定：汇票上记载付款日期、付款地和出票地等事项的，应当清楚、明确。汇票上未记载付款期限的，为见票即付。汇票上未记载付款地的，付款人的营业场所、住所或经常居住地为付款地。汇票上未记载汇票出票地的，出票人的营业场所、住所或经常居住地为出票地。

汇票样式见图 6-13。

二、信用证结算方式下商业汇票的填制

信用证项下汇票填制（课件）

信用证结算方式下，商业汇票的填制内容包括以下几项：

（1）出票依据（Drawn Under）：此栏填写开证行的名称，一般应该有分行所在城市的名称，除非信用证有专门规定。

（2）信用证号码（L/C No.）：此栏填写信用证号码，即 SWIFT 信用证中的“20”栏。

（3）开证日期（Date）：此栏填写信用证的开证日期，即 SWIFT 信

信用凭证第　　号

Drawn under (1) L/C No. (2)

日期

Dated (3) (4)支取 Payable with interest @ % per annum 按年息付款

号码 汇票金额 中国杭州年月日

No. (5) Exchange for (6) Hangzhou China (7)

见票 日后（本汇票之副本未付）付交

At (8) sight of this **FIRST** of Exchange (Second of exchange 金额

being unpaid) Pay to the order of (9) the sum of

(10)

款已收讫

Value received

此致

To:

(11) (12)

图 6-13　汇票（空白）

用证中的“31C”栏，但是为了避免混淆，月份用英文大写，年份用四位数字。例如 2021 年 6 月 10 日（21/06/10），填写为：10 JUN.，2021。

（4）年息（Interest per annum）：此栏一般留空不填，仅在贴现时由银行填写。

（5）号码（No.）：此栏填写发票号码。

（6）汇票小写金额（Exchange for）：此栏填写币制与金额的阿拉伯数字。一般为发票金额，混合结算方式除外。先填写币制的三位英文字母，再填写阿拉伯数字，小数点后保留两位，第三位小数四舍五入。此栏不得涂改，涂改后汇票无效。要注意以下几点：

1）除非信用证另有规定，汇票金额应与发票金额一致，并且不超过信用证金额。

2）如果信用证规定汇票金额为发票金额的百分之九十几，例如 97%，那么发票金额应为 100%，汇票金额为 97%，其差额 3%一般为应付的佣金。

3）如果信用证规定部分信用证付款，部分托收，则分为两套汇票：信用证项下支款的汇票按信用证允许的金额填制，其余部分为托收项下汇票的金额，两者之和等于发票金额。

（7）出票日期和地点（Date and Place of Issue）：地点一般已印好，无须填写。出票地点后面填写出票日期。出票日期也称汇票日期，该日期是一套结汇单据中日期最晚的一天。在信用证结算方式项下，此日期不能晚于信用证规定的交单期和信用证的有效期。在实务中，此栏填写全套单据完成并送银行议付的日期。实务中，一般为提单日期后的 3～7 天。

（8）汇票付款期限（Tenor）：此栏填写汇票的期限。SWIFT 信用证项下，付款期限就是“42C”栏。在实务中，有即期和远期两种。

1）即期汇票的付款期限填法较简单，只需在横线上用“***”“——”或“×××”表示，但不能留空。

2）远期汇票按照信用证的规定填入。

［例 1］来证规定：DRAFTS AT 30 DAYS AFTER SIGHT，即见票后 30 天付款的远期汇票，此栏填写“30 DAYS AFTER”。

［例 2］来证规定：DRAFTS AT 45 DAYS AFTER DRAFTS DATE，即出票后 45 天付款的远期汇票，此栏填写“45 DAYS AFTER THIS DRAFT DATE”，并把已印的 SIGHT 划掉。

［例 3］来证规定：DRAFTS AT 60 DAYS AFTER B/L DATE，即提单日期后 60 天付款的远期汇票，此栏填写“60 DAYS AFTER B/L DATE”，并把已印的 SIGHT 划掉，还要在汇票的空白处补充写上提单日期。如果提单日期是 2021 年 10 月 31 日，则填写“B/L DATE：31 OCT.，2021”。

［例 4］来证规定：DRAFTS PAYABLE AT 30 SEPT.，2021，这是在将来指定的日期付款的远期汇票，出票一定是在 2021 年 9 月 30 日之前，此栏填写“30 SEPT.，2021”，并把已印的 SIGHT 划掉。

（9）收款人名称（Payee）：汇票收款人又称受款人，俗称汇票抬头。在国际票据市场上，汇票的抬头人通常有以下三种写法：

1）记名指示式抬头（Demonstrative Order）。在此栏填写：付给某人指定的人（Pay to the order of ×××）。此种写法是国际结算中使用最普遍的一种，我国出口的汇票抬头也是如此，因此“Pay to the Order of”已在汇票上印就。

2）限制性抬头（Restrictive Order）：在此栏填写：仅付给某人（Pay to ××× only），或者填写：限付给某人，不许转让（Pay to ××× only not transferable）。这种做法使得汇票在票据市场上无法转让，失去了流通的作用，所以在进出口贸易中不常见。

3）持票人抬头（Open Order）：在此栏填写：付给持票人（Payable to bearer），即谁持有汇票，谁就可以向付款人索偿。根据英国的票据法，这样填写的汇票有效，而根据《日内瓦统一法》和我国《票据法》，这样填写的汇票无效。

在实务中，如果信用证是自由议付的，出口商可以在此填写任何银行的名称；如果信用证是限制议付的，出口商在此只能填写信用证的指定银行名称。

［例］来证规定：AVAILABLE WITH HSBC（CHINA），SHANGHAI BRANCH，这是限制在汇丰银行上海分行议付的信用证，即收款人是汇丰银行上海分行，此栏填写“HSBC（CHINA），SHANGHAI BRANCH”。

［例］来证规定：AVAILABLE WITH ANY BANK IN CHINA，这是自由议付的信用证，不限制收款人，受益人可以在自己的国家里选择任何一家适合的银行作为收款人。在填写汇票时，应在此栏中填入选择好的银行名称，而不能机械地照抄“ANY BANK”。例如选择中国银行上海分行议付，则此栏填写“BANK OF CHINA，SHANGHAI BRANCH”。

（10）汇票大写金额（The Sum of）：此栏先填写英文“SAY”，再填写货币的英文名称，然后用英文填写货物的金额，大小写应一致，结束时加一个“ONLY”，以防加塞伪造内容。

比如，某笔信用证金额是 17 647.00 美元，就填写“SAY U.S. DOLLARS SEVENTEEN THOUSAND SIX HUNDRED AND FORTY SEVEN ONLY”。注意此栏不能涂改，涂改后汇票无效。

（11）付款人（Drawee）：信用证结算方式项下，开证行或其指定的付款行即为汇票的付款人。倘若信用证中未指定付款人，也应填写开证行，因为按照《UCP600》的规定，开证行承担第一性的付款责任。SWIFT 信用证项下，付款人为“42D”栏的内容。

《UCP600》规定，不允许开立以开证申请人为付款人的信用证。

[例 1] 来证规定：DRAFTS DRAWN ON ROYAL BANK OF CANADA，VANCOUVER，此栏填写“ROYAL BANK OF CANADA，VANCOUVER”。

[例 2] 来证规定：DRAFTS DRAWN ON US，这里的“US”指开证银行，应把开证行的名称和地址填入此栏，而不能机械地搬抄“US”。

（12）出票人（Drawer）：此栏由受益人加盖出口公司的条形章和法人代表的签署章。在转让信用证项下，允许汇票由第一受益人签发。

工作任务实训

一、任务情境

沿用任务 1 中的“任务情境”，该信用证中有关汇票缮制的内容有：

SWIFT Message Type　　：700 Issue of Documentary Credit
FM.：BANCO SANTANDER，S. A. BARCELONA
TO：BANK OF CHINA，SHANGHAI BRANCH
……
*59：BENEFICIARY：SHANGHAI BIOSAN BIOTECH CO.，LTD
860 ZUCHONGZHI ROAD，
ZHANGJIANG，SHANGHAI
CHINA
*32B：AMOUNT：CURRENCY USD AMOUNT 45 925.00
41D：AVAILABLE WITH/BY：ANY BANK IN CHINA
BY NEGOTIATION
42C：DRAFTS AT…：AT SIGHT
FOR FULL INVOICE VALUE
42A：DRAWEE：BANCO SANTANDER，S. A.
28 660 BOADILLA DEL
BARCELONA
……
71B：CHARGES：ALL BANKING CHARGES OUTSIDE SPAIN ARE FOR ACCOUNT OF BENEFICIARY
78：INSTRUCTIONS TO THE PAYING/ACCEPT/NEGOTIATE BANK：ALL DOCUMENTS MUST BE FORWARDED DIRECTLY TO OUR DOCUMENTARY CREDITS DEPT. RATHER THAN JUST TO THE BANK（ADD：BANCO SANTANDER，S. A.，28 660 BOADILLA DEL，BARCELONA，SPAIN）IN ONE LOT BY COURIER SERVICE.

其他相关资料没有明示之处可参见任务 1、任务 4、任务 5 及相关信用证。

送交中国银行上海分行议付日期：2021 年 5 月 5 日。

二、工作任务

单证员林晓婷的工作是根据信用证中关于汇票的条款和相关信息缮制汇票。

三、任务实施

第 1 栏：根据信用证要求，填写开证行的名称。

第 2 栏：填写信用证号码，即“20”栏的内容。

第 3 栏：填写开证日期，即“31C”栏的内容。

第 4 栏：留空不填。

第 5 栏：填写发票号码。

第 6 栏：填写“USD45 925.00”。

第 7 栏：因为：5 月 5 日送银行议付的，因此填写“MAY 05，2021”。

第 8 栏：根据信用证的要求，填写“ *** ”。

第 9 栏：因为是自由议付的信用证，“百山祖”选择通知行中国银行上海分行作为收款人。

第 10 栏：填写 USD45 925.00 的英文大写，“SAY U. S. DOLLARS FORTY-FIVE THOUSAND NINE HUNDRED AND TWENTY FIVE ONLY.”。

第 11 栏：根据信用证的要求填写付款人，即“42D”栏的内容。

第 12 栏：单证员林晓婷盖“百山祖”的条形章和法人代表顾宏璋的签署章。

缮制完毕的汇票（实例）见图 6－14。

信用凭证第号

Drawn under BANCO SANTANDER, S. A. BARCELONA **L/C No.** 21BSLC43285

日期

Dated FEB. 10, 2021 支取 Payable with interest @ % per annum 按年息 付款

2

号码 汇票金额 中国上海 年 月 日

No. 21SBB0421 **Exchange for** USD45925.00 Shanghai China MAY 05, 2021

见票 日后（本汇票之副本未付）付交中国银行上海分行

At *** sight of this **SECOND** of Exchange (First of exchange 金额

being unpaid) **Pay to the order of** BANK OF CHINA, SHANGHAI BRANCH **the sum of**

SAY U. S. DOLLARS FORTY-FIVE THOUSAND NINE HUNDRED AND TWENTY FIVE ONLY.

款已收讫

Value received

此致

To:

BANCO SANTANDER, S. A.

28660 BOADILIA DEL

BARCELONA

上海百山祖进出口有限公司

SHANGHAI BIOSAN I/E CO., LTD.

顾宏璋（章）

图 6－14 汇票（实例）

? 训练测试题目

请根据下列信用证（见资料 6-2）和相关资料缮制发票、装箱单和汇票。

资料 6-2

TO	:	BANK OF CHINA NINGBO BRANCH
FM	:	UNION BANK OF CALIFORNIA, N. A.
MESSAGE TYPE	:	MT700
Sequence of Total	* 27:	1/1
Form of Doc. Credit	* 40A:	IRREVOCABLE
Documentary Credit No	* 20:	306M216905
Date of Issue	31C:	210511
Applicable Rules	* 40E:	UCP LATEST VERSION
Date and Place of Expiry	* 31D:	210715 IN CHINA
Applicant	* 50:	JOY HOME HOUSEWARES CO., LTD. 2ND FLOOR NO. 137E, 33RD STREET, LOS ANGELES, CA, 90011 U. S. A.
Beneficiary	* 59:	NINGBO SNUG HOME SUPPLIES CO., LTD. 12 CHANGSHOU ROAD, FENGHUA, NINGBO CHINA
Currency Code and Amount	* 32B:	USD 16 644. 00
Pct. Credit amt. tolerance	39A:	05/05
Available with…by…	* 41D:	ANY BANK IN CHINA BY NEGOTIATION
Draft at …	42C:	AT SIGHT
Drawee	* 42D:	UNION BANK OF CALIFORNIA, N. A. SOUTHERN CALIFORNIA TRADE SERVICE MONTEREY PARK, CA, 91755
Partial Shipments	43P:	ALLOWED
Transshipment	43T:	NOT ALLOWED
Port of Loading / Airport of Departure	44E:	NINGBO CHINA
Port of Discharge / Airport of Destination	44B:	LONG BEACH U. S. A.
Latest Date of Shipment	44C:	210630
Descript. of Goods and / or Services	45A:	

STORAGE BENCH
ART. NO. NS19082, 730PCS
CIF LONG BEACH
ALL OTHER DETAILS ARE AS PER P/O NO.
JHH210430 DATED 30 APR. 2021.

Documents Required 46A:

+ SIGNED COMMERCIAL INVOICE IN TRIPLICATE CERTIFYING THAT THE QUALITY, SIZE AND STYLE ARE AS PER P/O NO. JHH210430 DATED 30 APR. 2021.
+ PACKING LIST IN TRIPLICATE SHOWING THAT THE GOODS ARE SHIPPED IN ONE FULL 40' HQ LOADED.
+ FULL SET OF CLEAN ON BOARD OCEAN BILLS OF LADING MADE OUT TO OUR ORDER MARKED FREIGHT PREPAID AND NOTIFY APPLICANT
+ CERTIFICATE OF ORIGIN IN DUPLICATE ISSUED BY CCPIT
+ INSURANCE POLICY IN DUPLICATE ENDORSED IN BLANK FOR AT LEAST 110 PCT OF THE INVOICE VALUE COVERING ALL RISKS AS PER CIC OF PICC INCLUDING W/W CLAUSE.
+ INSPECTION CERTIFICATE ISSUED BY CHINA CUSTOMS

Additional Conditions 47A:

1. ALL DOCUMENTS MUST INDICATE THIS CREDIT NUMBER.
2. IF DOCUMENTS ARE PRESENTED WITH ANY DISCREPANCY, A DISCREPANCY FEE OF USD150.00 PER EACH SET OF DOCUMENT WILL BE DEDUCTED. THIS CHARGE SHALL BE FOR ACCOUNT OF BENEFICIARY. IN ADDITION, THE PAYMENTS OF THE RELATIVE CABLE EXPENSE, IF ANY, SHALL ALSO BE FOR ACCOUNT OF BENEFICIARY.
3. ONE ADDITIONAL COPY OF DOCUMENTS IS REQUIRED TO BE PRESENTED TOGETHER WITH THE DOCUMENTS FOR ISSUING BANKS RETENTION. USD50.00 WILL BE DEDUCTED IF NO SUCH COPY PRESENTED.
4. THIS CREDIT IS SUBJECT TO THE UNIFORM CUSTOMS AND PRACTICE FOR DOCUMENTARY CREDITS (2007 REVISION) INTERNATIONAL CHAMBER OF COMMERCE, PUBLICATION NO. 600.

Details of Charges 71B: ALL BANKING CHARGES OTHER THAN THOSE OF THE ISSUING BANK ARE FOR ACCOUNT OF BENEFICIARY.

Period for Presentation 48: DOCUMENTS TO BEPRESENTED WITHIN 15 DAYS AFTER THE DATE OF SHIPMENT BUT WITHIN THE VALIDITY OF THIS CREDIT

Confirmation Instructions　　＊49：WITHOUT

Instructions to the Paying/Accept/Negotiate Bank 78：

＋NEGOTIATING BANK IS REQUESTED TO FORWARD THE DOCUMENTS IN ONE MAILING BY COURIER ATTN：TRADE SERVICE OPERATIONS（V01－518），1980 SATURN STREET，MONTEREY PARK，CA 91755，U.S.A.

＋IN REIMBURSEMENT：WE ENGAGE WITH YOU THAT ALL DRAFTS DRAWN UNDER AND IN COMPLIANCE WITH THE TERMS OF THIS CREDIT WILL BE HONORED ON DELIVERY OF DOCUMENTS AS SPECIFIED IF PRESENTED AT THIS OFFICE.

其他相关资料如下：

发票号码：NSHS21-612　　发票日期：2021年6月20日

汇票日期：2021年7月2日　　在通知行议付

毛重：8.50千克/箱　　净重：7.00千克/箱

体积：75×45×28厘米/箱　　共730箱

唛头：

J. H. H.

JHH210430

LONGBEACH

NO. 1-730

项目7 根据信用证审单

项目引入

结汇单证缮制结束后、送交议付银行议付（付款）前，出口商必须对单证进行审核，力求做到“单证一致、单单一致”。因为在信用证结算方式的交易中，信用证取代合同而成为主要的审核单据的依据，开证行付款的前提是各种单证必须完全符合信用证的规定。因此，审单在出口环节中是必不可少的，同时也是出口商安全收汇的保障。

学习目标

知识目标

1. 掌握审单的方法和原则
2. 掌握审核发票、包装单据、提单、保险单、产地证、汇票的要点

技能目标

能够根据信用证及有关资料审核发票、包装单据、提单、保险单、产地证、汇票

素养目标

1. 具备耐心、细心、严谨的工作作风
2. 践行精益求精的大国工匠精神
3. 树立爱岗敬业、踏实勤奋的职业精神

素养园地

台州A公司在2021年4月与韩国B公司签订了一份出口喷雾器的出口合同，货物数量需订1×40 GP集装箱，以信用证方式结算。不久，B公司开来一份不可撤销信用证，来证要求提供的单据有商业发票一式三份、装箱单一式三份、中韩产地证一份等。A公司于5月底办理了货物装船，并于6月初向议付行交单议付。A公司6月中旬收到议付行转来的开证行的拒付通知："你第×××号信用证项下的单据经我行审查，发现如下不符点：中韩产地证上的商业发票号码与商业发票、装箱单上的号码不一致，以上不符点已经与申请人联系，亦不同意接受。单据暂代保管，听候你方的处理意见。"A公司随即和议付行进行审核，最终发现是申领产地证的时候商业发票号码填写了A公司与发货人之间的发票号码，但发货人不是信用证的受益人，因此产地证上的商业发票号码与出口商业发票号码不同。这并不矛盾，新版《ISBP745》规定：若装箱单和各种证明的出具人不是信用证受益人，则其中显示发票号、发票日期、运输路线无须与其他单据相同。开证行回复："要求A公司提供详细的发货人信息和联系方式并提供相关的证明资料方可接受。"鉴于合作方的商业机密，A公司最终接受了B公司的降价10%的要求才顺利结汇。

从本案例来看，A公司和议付行在审单时不够严谨。可见，在信用证项下，除了单证一致外，还要特别注意单单一致，在制单、审单环节一定要有精益求精的精神，做到不放任何过一个细节。

任务　审单

知识支撑

一、审单的方法和原则

（一）审单的方法

常见的审单方法有下列几种：

1. 纵横审核

纵向审单指审核人左手拿信用证，右手拿单据，自上而下逐字逐句地与信用证的有关条款核对。

横向审单以审核正确的商业发票为依据，与其他单据逐一核对，特别注意共同项目（如货名、唛头、件数、重量、体积等）是否一致。

纵横审核是纵向审单与横向审单相结合的审核方法。

2. 先数字后文字审核

审核人先将各种单据所涉及的数字，如价格、数量、毛重、净重等进行全面审核，审核一致后，再采用纵横审核法对单据的文字内容进行审核。

3. 速审

审核人查看信用证是否有效，单据是否已经逾期，信用证与汇票的金额是否一致，各单据上显示的数量、体积等是否一致，各种单据的种类与份数是否齐全。

4. 总审

审核所有单据的当事人的名称与地址是否一致、货物描述是否一致、唛头是否一致、更正处是否有效。比如发票上的更正处要加盖受益人的更正章，提单上的更正处要加盖签发人的更正章并要求签发人校签。

（二）审单原则

在信用证结算方式下，外贸单证员审单的原则是单货一致、单证一致、单单一致；银行审单的原则是单证一致、单单一致。在托收结算方式下，外贸单证员审单的原则是单货一致、单约一致、单单一致；银行审单的原则是审核单据的名称、份数是否与托收申请书一致，并无审核单据内容的义务；在汇款结算方式下，外贸单证员审单的原则是单货一致、单约一致、单单一致。

1. 单证一致

"单证一致"是指所提交的单据在种类、份数和内容上都要与信用证的要求一致。单证一致具体体现在：单据与信用证条款相符；单据与 UCP 与 ISBP 等信用证国际惯例相符。

2. 单单一致

"单单一致"是指所提交单据内容之间要一致。"单单一致"审核时，要以发票为中心来审核各单据之间的一致情况。

3. 单约一致

"单约一致"是指各单据要与合同条款一致。

4. 单货一致

"单货一致"是指单据要与实际装运货物一致。

二、审核发票的要点

商业发票是外贸单证的中心单据，必须严格按照信用证的要求缮制。出口商能否安全

审核商业发票思维导图

及时收汇，很大程度上取决于商业发票缮制的正确性。若开证行拒付，则主要审核发票上是否有与信用证不相符合的地方。审核发票的要点如下：

（1）发票的中部或右上方必须有“INVOICE”或“COMMERCIAL INVOICE”的字样。

（2）按照《UCP600》的规定，发票的抬头必须是信用证的开证申请人，除非信用证有特别的规定。

（3）按照《UCP600》的规定，发票的出具人必须是信用证的受益人。

（4）信用证中的商品描述，包括规格、货号、贸易术语等，必须符合信用证的要求，信用证中规定的须在发票上显示的内容必须显示出来。

（5）发票中的数量、单价和金额必须符合信用证的要求，必须是确切的阿拉伯数字，不能有“大约（ABOUT）”或类似的字样。除非信用证有特别的规定，发票金额不能大于信用证金额。

（6）如果信用证是不允许分批装运的，商品又是以打、个、件、双、套、台等数量单位计量计价的，应当一次性出运完毕。但如果商品是以长度、重量、面积、体积和容积单位计量计价的，则可以在不超过信用证金额的情况下增减5%的数量。

（7）如果信用证允许分批装运，事实上也分批出运了，一般情况下，数量和金额应当大致成比例，不可出现数量出运了80%而金额只支取了20%的情况。

（8）按照《UCP600》的规定，商业发票可以不签署，但必须显示出具者。如果信用证有“SIGNED COMMERCIAL INVOICE”的字样，则此发票必须签字；若信用证中有“MANUALLY SIGNED INVOICE”的字样，则必须要有出具者的签字。若发票中有了证明句，则不管表明的是“SIGNED INVOICE”还是“INVOICE”字样，发票都必须签署。

（9）所提交发票的份数必须符合信用证的要求。比如信用证要求“SIGNED INVOICE IN THREE COPIES”，即出口商必须提交三份商业发票，这三份发票可以一份正本两份副本，也可以两份正本一份副本，或者三份都是正本，但是决不能提交三份副本。

（10）发票表面要美观大方，清楚易认，造句流畅，语法规范，在品名、金额、唛头、数量等关键地方不能出现涂改。

三、审核包装单据的要点

审核包装单据思维导图

包装单据是发票的补充，通过对商品的包装件数、规格、唛头、重量等项目的填制，阐明商品的包装情况，便于买方对进口商品包装及数量、重量等进行掌握，也便于货物到达目的港时进口国海关检查和核对货物。

审核包装单据的要点如下：

（1）单据名称必须完全符合信用证的规定，无论信用证要求的包装单据如何规定，都必须按其规定名称填制。

（2）包装单据一般不显示货物的单价和总值，因为进口商在转移这些单据给实际买家时大多不愿泄露其购买的实际成本。

（3）如果信用证将两种包装单据的名称用“和（AND）”连接，并显示在同一要求中，例如："PACKING LIST AND WEIGHT MEMO IN TWO COPIES"，受益人只要提交一种单据即可，单据的名称为"PACKING LIST AND WEIGHT MEMO"。如果信用证中要求提交："PACKING LIST IN TRIPLICATE"和"WEIGHT MEMO IN TRIPLICATE"，受益人则需要提交两种单据，分别是"PACKING LIST"和"WEIGHT MEMO"。

（4）除非信用证另有说明，否则包装单据可以不签署。

（5）装箱单着重表现货物的包装情况，内容包括：从最小包装到最大包装所有使用的包装材料与包装方式。

（6）重量单是在装箱单的基础上，用"KGS"表示货物的单件以及总计的毛重与净重。

（7）尺码单是在装箱单的基础上，用"CBM"表示货物的单件以及总计的体积。

四、审核海运提单的要点

运输单据是托运人委托装运或交付货物后，由承运人或其代理人签发的，证明收到货物并证明货物已经装船、已经发运或已经由承运人接受监管的单据。在实务中，常见的运输单据有：海运提单（最常用）、租船提单、航空货运单、国际多式联运单据、快递收据等。

审核海运提单
思维导图

审核海运提单的要点如下：

（1）按照《UCP600》的规定，银行接受任何人作为托运人的海运提单。

（2）按照《UCP600》的规定，提单无论名称如何，均须表明承运人名称并由下列人员签署和证实：

1）承运人或其具名代理人。

2）船长或其具名代理人。

3）承运人、船长或代理人的任何签字必须表明其承运人、船长或代理人的身份。

4）代理人的任何签字必须表明其是代表承运人还是代理船长签署。

（3）如果不是租船提单，提单上的装运港和卸货港应填写具体地名，不应生搬硬套信用证上的地名。比如信用证上的装货港是"QINGDAO"/"YANTAI"，卸货港是"ANTWERP"/"HAMBURG"，出具的提单应显示真实的装运港和卸货港的名称"QINGDAO"和"ANTWERP"。

（4）清洁提单并不需要在提单上有"CLEAN"一词，提单表面没有"货物或包装有缺陷"的条款或批注，即为清洁提单。按照《UCP600》的规定，银行只接受清洁提单。

（5）如果是使用集装箱出口的货物，同时又是使用CIF、CFR和FOB这三种贸易术语成交的，提单上一定要有"已装船"批注，即"ON BOARD"字样和发运（装运）日期。这时候提单的出具日期不能视作发运（装运）日期，"ON BOARD"旁边显示的日期才是发运（装运）日期。

（6）如果提单的船名航次栏目里的船名前有"预计（INTENDED）"字样，"已装船"批注中一定要加注船名，即使此船名与船名航次栏目里的船名是一样的也要加注。

（7）无论信用证有无明确规定，提单上必须明确显示“运费预付（FREIGHT PRE-PAID）”或“运费到付（FREIGHT COLLECT）”的字样，且必须与发票上的贸易术语相吻合。

（8）提单上允许出现“托运人装载、计数和封签（SHIPPER'S LOAD COUNT AND SEALED）”、内容据托运人报称（CONTENTS SAID BY THE SHIPPER）等字样，也可以出现具体的运费或运费以外的金额。

（9）按照《UCP600》的规定，提单可以只提交一份正本。无论提单是一份正本还是多份正本，提单中必须表明全套正本的份数。

（10）按照《UCP600》的规定，即使信用证规定禁止转运，银行仍可接受注明将要或可能发生转运的提单，只要其表明货物由集装箱（Container）、拖车（Trailer）或子母船（Lash Barge）运输即可。

知识链接

一般情况下，提单不是由受益人（出口商）缮制的，而是由承运人根据出口商的托运单（订舱委托书）缮制的，所以对于出口商来说，审核提单的工作是必不可少的。

在实务中，承运人在货物进港（收妥）后，便会按照托运单缮制提单，并传真给出口商请求确认。若出口商发现问题，就在提单传真上做批示，回传给承运人，承运人更正。

如果出口商不及时确认提单，承运人就默认提单正确，并在货物上船后签发提单寄交出口商。等出口商收到提单（或单据交银行议付、托收）后才发现问题，便只能将全套提单退回承运人处请求更正，此时出口商要支付更正费用。

所以，出口商在填写托运单（订舱委托书）时一定要保证正确，并认真、及时地确认提单。

五、审核保险单的要点

审核保险单
思维导图

国际货物运输保险属于财产保险的范畴，保险的目的是分散风险和预防损失。当国际贸易货物在长途跋涉中遭遇了保险责任范围内的损失后，进口商可以凭保险单到保险公司进行理赔，获得经济上的补偿。所以，保险单既是保险合同的证明，也是赔偿证明。

审核保险单的要点如下：

（1）保险单由保险公司签发，由其负责人签名。

（2）保险单的名称、险别及加成应该与信用证的规定一致，如果信用证未明示加成及险别，按照惯例应该为发票金额的110%及最低险别。

（3）除非信用证另有规定，否则保险单的被保险人为信用证的受益人，并由受益人做空白背书，以便转让。但是银行也接受被保险人为开证申请人的保险单。

（4）保险单的签发日期不能晚于运输单据上显示的发运（装运）日期。

（5）保险单上显示的货物名称、包装件数、启运港（地）、目的港（地）、运输工具、航程必须与发票、装箱单、运输单据等显示的一致。

（6）保险单金额的大、小写应该一致，投保币制应与发票和汇票的币制一致，除非信用证另有规定。

（7）一般情况下，保险单上不显示保险费，只显示“AS ARRANGED”。如果信用证要求显示保险费，也可以照实显示，且必须与其他单据（如有）中显示的一致。

（8）保险单上必须显示理赔代理人的名称与地址，通常为保险公司在目的港（地）的代理人。

（9）理赔地点应当是目的港（地），除非信用证另有规定。

（10）一般情况下，保险单一式两份，两份都必须提交给银行结汇。

知识链接

保险单是保险公司出具的，所以出口商在收到保险单后，应仔细审核保险单上的内容，以求与信用证或合同的规定一致。如果保险单有问题，但是货物还没有装运，出口商可以要求保险公司更改。

在过去，正确的保险单到了出口商手里后，又因为商检、运输等问题发生货物短装、晚装，出口商要求更改保单，保险公司便出具“保险批单”，用来补充说明保单的内容。现在，如果保单上有问题，无论货物是否装运，保险公司都会根据出口商的要求重新缮制一份保单，并将旧保单收回。

六、审核产地证的要点

产地证的审核要点如下：

审核产地证思维导图

（1）产地证的名称一定要符合信用证。如果信用证要求出具 C/O，就不能出具 Form A；如果信用证要求出具 Form A，就不能出具 Form B 或 Form E。

（2）产地证的收货人栏目不能填写中间商。比如新加坡客商开立的信用证，货物直接运往英国，则产地证的收货人不能填写新加坡客户的名称，而必须填写英国的最终买家。

（3）产地证第 7 栏的包装种类及货物描述栏目，填写结束后，必须加上结束符号“***”。

（4）产地证中的发票日期、申请日期和签发日期必须符合逻辑。其中发票日期最早，申请日期居中，签发日期最晚，也可以三个日期相同，但不能晚于运输单据上的货物发运（装运）日期。

（5）产地证的出具者一定要符合信用证的要求。根据惯例，如果信用证没有明示原产地证明书的出具者，那么银行接受任何人（包括受益人）出具的原产地证明书。在我国，“商会”即贸促会，“有关当局”可以是贸促会，也可以是中国海关。

知识链接

根据《UCP600》的规定，银行接受提单日期以后签发的产地证。但是各进口国的要求不同，有的进口国能够接受提单日期早于产地证签发日期的原产地证明书，有的进口国则不接受。所以对于出口商来说，最好在货物装运之前（提单日期前）签发产地证。

如果货物已出口，出证机构签发证书的日期迟于装运日期，Form A 第 4 栏、C/O 第 5 栏应显示“ISSUED RETROSPECTIVELY”字样，中文意思是“后发”。因此，签发“后发”产地证之前，一定要与进口商沟通，了解该进口国海关是否接受“后发”证书。

当证书遗失、被盗或者损毁，出证机构签发“副本”证书时，会在 Form A 第 4 栏、C/O 第 5 栏盖上“DUPLICATE”红色印章，并在此栏注明原证书的编号和签证日期，并声明原证书作废，其文字是“THIS CERTIFICATE IS IN REPLACEMENT OF CERTIFICATE OF ORIGIN NO. .... DATED ... WHICH IS CANCELLED”。

如果进口商要求我国商会出具产地证时，贸促会签证人员会在 C/O 第 5 栏加盖英文章，内容是：“CHINA COUNCIL FOR THE PROMOTION OF INTERNATIONAL TRADE IS CHINA CHAMBER OF INTERNATIONAL COMMERCE”。

七、审核汇票的要点

审核汇票
思维导图

汇票从本质上来说是票据而不是单据，但在信用证结算方式下，汇票作为可以支取信用证金额的凭证，是全套结汇单证的组成部分。因此，汇票的审核既要符合信用证和《UCP600》的规定，也要符合《票据法》的规定。

审核汇票的要点如下：

(1) 根据《UCP600》的规定，汇票的出票人是信用证的受益人。在实务中，通常是在汇票的右下方加盖出口企业的公司章和法人代表的签署章。按照《票据法》的规定，汇票不签署则无效。

(2) 根据《UCP600》的规定，汇票的受票人（付款人）是开证行或者开证行指定的付款银行。一般情况下，信用证会明示汇票付款人。如果信用证没有明示，则以开证行作为汇票的付款人。

(3) 在实务中，汇票的抬头（收款人）为议付银行或交单银行，应严格按照信用证的要求填制。如果信用证未做规定或可以自由议付（AVAILABLE WITH ANY BANK），汇票的收款人也一定要写明具体的银行，而不能机械地搬抄“ANY BANK”。

(4) 信用证项下，汇票的出票条款有三项内容：开证银行、信用证号码和开证日期，必须填写完整。

(5) 除非另有规定，否则汇票金额应与发票金额一致。

(6) 汇票金额不能超过信用证的总金额，大小写应当一致。

(7) 汇票日期（出票日期）是全套结汇单证中日期最晚的一个，但不能晚于信用证的交单期和截止日（有效期）。

(8) 汇票的期限必须明确，如果是即期汇票，应当填写“***”而不能留空。虽然根据我国《票据法》，没有明示汇票期限的即为即期汇票，但是根据国际惯例和国外的一些票据法，没有列明付款期限的汇票为无效汇票。

(9) 如果信用证规定在开证行所在地到期，则出口商必须提前 7 至 10 天交单，留出一定的邮程时间。

(10) 信用证中规定的所有单据上显示的内容（ALL DOCUMENTS SHOW ...）也必须显示在汇票上。

工作任务实训

一、任务情境

“百山祖”公司的单证员林晓婷完成了信用证 21BSLC43285 项下所要求的单据填制，并收到了提单和保险单。

二、工作任务

单证员林晓婷根据项目 6 中的信用证（资料 6 - 1）以及相关资料（见项目 6 任务 1）审核结算单证，图 7 - 1 为商业发票，图 7 - 2 为装箱单，图 7 - 3 为产地证，图 7 - 4 为提单，图 7 - 5 为保险单，图 7 - 6 为汇票。

三、任务实施

首先，运用纵横审核法审核各张单据是否符合信用证的规定。经审核，结果如下：

（一）商业发票中存在的错误

(1) 贸易术语拼写错误，应该为“CIF BARCELONA”。

<table>
<tr><td colspan="2">Issuer:
SHANGHAI BIOSAN IMP. AND EXP. CO., LTD.
860 ZUCHONGZHI ROAD
ZHANGJIANG, SHANGHAI
CHINA</td><td colspan="3" rowspan="2">商 业 发 票

COMMERCIAL INVOICE</td></tr>
<tr><td colspan="2" rowspan="2">To:
LINSA ALIMENTOS S. A.
VIVICCI 195 BAJOS
08011 BARCELONA
SPAIN</td></tr>
<tr><td colspan="2">No.
21SBB0421</td><td>Date
APR. 21, 2021</td></tr>
<tr><td colspan="2" rowspan="2">Transport Details
FROM SHANGHAI TO BARCELONA
BY SEA</td><td colspan="2">L/C No.
21BSLC43285</td><td>L/C date
FEB. 10, 2021</td></tr>
<tr><td colspan="2">S/C No.
LA21-BSZ0118</td><td>S/C date
JAN. 18, 2021</td></tr>
<tr><td>Marks and Numbers</td><td>Description of goods</td><td>Quantity</td><td>Unit Price</td><td>Amount</td></tr>
<tr><td></td><td>MUSHROOM POWDER AND
INONOTUS OBLIQUUS DRIED</td><td></td><td colspan="2">CIF BERCALONA</td></tr>
<tr><td>LINSA
LA21-BSZ0118
BARCELONA
NO. 1-195</td><td>ORGANIC MUSHROOM
POWDER
ORGANIC INONOTUS
OBLIQUUS DRIED</td><td>920.00KGS

1 500.00KGS</td><td>USD21.50

USD17.43</td><td>USD19 780.00

USD26 145.00</td></tr>
<tr><td></td><td>TOTAL:</td><td>2 420.00KGS</td><td></td><td>USD45 925.00</td></tr>
<tr><td></td><td colspan="4">SAY U. S. DOLLARS FORTY FIVE THOUSAND NINE HUNDRED AND TWENTY FIVE ONLY.
TOTAL PACKED IN 196 CARTONS.
GROSS WEIGHT: 2 812.00 KGS.</td></tr>
<tr><td colspan="5">上海百山祖进出口有限公司
SHANGHAI BIOSAN I/E CO., LTD.
顾宏璋（章）</td></tr>
</table>

图 7－1 商业发票

Issuer: SHANGHAI BIOSAN BIOTECH CO., LTD. 860 ZUCHONGZHI ROAD ZHANGJIANG, SHANGHAI CHINA	装 箱 单
To: LINSA ALIMENTOS S. A. VIVICCI 195 BAJOS 08011 BARCELONA SPAIN	PACKING LIST No. 21SBB0421 / Date APR. 21, 2021
Transport Details FROM SHANGHAI TO BARCELONA BY SEA	Description of Goods MUSHROOM POWDER AND INONOTUS OBLIQUUS DRIED

C/No.	No. & kind of Package	Packing, Quantity, Specifications etc.	G. Weight	N. Weight	Measurement
1-46	46Ctns	ORGANIC MUSHROOM POWDER	@22.00/ 1 012.00Kgs	@20.00/ 920.00Kgs	@(58×38×50)cms 5.069Cbm
46-196	150Ctns	ORGANIC INONOTUS OBLIQUUS DRIED	@12.00/ 1 800.00Kgs	@10.00/ 1 500.00Kgs	@(58×38×30)cms 9.918Cbm
	196CTNS		2 812.00KGS	2 420.00KGS	14.987CBM

SAY ONE HUNDRED AND NINETY SIX CARTONS ONLY.

Shipping marks:
LINSA
LA21-BSZ0118
BARCELONA
NO. 1-196

图 7-2 装箱单

<table>
<tr><td colspan="3">1. Exporter:
SHANGHAI BIOSAN IMP. AND EXP. CO., LTD.
860 ZUCHONGZHI ROAD,
ZHANGJIANG, SHANGHAI
CHINA</td><td colspan="3" rowspan="2">Certificate No. G21MA27U03420067

CERTIFICATE OF ORIGIN
OF
THE PEOPLE'S REPUBLIC OF CHINA</td></tr>
<tr><td colspan="3">2. Consignee:
LINSA ALIMENTOS S. A.
VIVICCI 195 BAJOS
08011 BARCELONA
SPAIN</td></tr>
<tr><td colspan="3">3. Means of transport and route
FROM SHANGHAI TO BARCELONA
BY SEA</td><td colspan="3" rowspan="2">5. For certifying authority use only</td></tr>
<tr><td colspan="3">4. Country / region of destination
BARCELONA</td></tr>
<tr><td>6. Marks & Nos.</td><td>7. Number and kind of packages; Description of goods</td><td>8. H. S. Code</td><td>9. Quantity</td><td colspan="2">10. Numbers and Date of Invoice</td></tr>
<tr><td>LINSA
LA21-BSZ0118
BARCELONA
NO. 1-196</td><td>FORTY SIX (46) CARTONS OF ORGANIC MUSHUROOM POWDER
ONE HUNDRED AND FIFTY (150) CARTONS OF ORGANIC INONOTUS OBLIQUUS DRIED
*************************</td><td>2106

2106</td><td>1 500.00KGS

920.00KGS</td><td colspan="2">21SBB0421
APR. 21, 2021</td></tr>
<tr><td colspan="3">11. Declaration by the exporter
The undersigned hereby declares that the above details and statements correct, that all the goods were produced in China and that they comply with the Rules of Origin of the people's Republic of China

上海百山祖进出口有限公司
SHANGHAI BIOSAN I/E CO., LTD.
林晓婷（手签）
SHANGHAI CHINA APR. 24, 2021
Place and date, signature, and stamp of authorized signatory</td><td colspan="3">12. Certification
It is hereby that the declaration by the exporter is correct.

中华人民共和国上海海关
III II XIIVIIIIII I II III
00000082171173
方芳（手签）
SHANGHAI CHINA APR. 24, 2021
Place and date, signature, and stamp of certifying authority</td></tr>
</table>

图 7-3 产地证

中远海运集装箱运输有限公司 ORIGINAL
COSCO SHIPPING LINES CO., LTD.
TLX: 33057 COSCO SHIPPING
FAX: +86(21) 65458984

PORT TO PORT OR COMBINED TRANSPORT BILL OF LADING

Shipper Insert Name Address and Phone/Fax	Booking No.	Bill of Lading No.
SHANGHAI BIOSAN IMP. AND EXP. CO., LTD. 860 ZUCHONGZHI ROAD, ZHANGJIANG, SHANGHAI CHINA		COSU2104085590
	Export References	
Consignee Insert Name Address and Phone/Fax LINSA ALIMENTOS S. A. VIVICCI 195 BAJOS 08011 BARCELONA SPAIN	Forwarding Agent and References FMC/CHB NO.	
	Point and Country of Origin	
Notify Party Insert Name Address and Phone/Fax LINSA ALIMENTOS S. A. VIVICCI 195 BAJOS 08011 BARCELONA SPAIN	Also Notify Party-routing & Instructions	

Combined Transport* Pre-Carriage by	Combined Transport* Place of Receipt		
Ocean Vessel Voy. ZHENHUA V. 135W	Port of Loading SHANGHAI,CHINA	Service Contract No.	Commodity Code
Port of Discharge BARCELONA ,SPAIN	Combined Transport* Place of Delivery	Type of Movement FCL/FCL CY/CY	

Marks & Nos. Container / Seal No.	No. of Container or Packages	Description of Goods (If Dangerous Goods. See Clause 20)	Gross Weight	Measurement
LINSA LA21-BSZ0118 BARCELONA NO. 1-196 CN.: COSU2877049 SN.: 2354071	196CTNS	MUSHROOM POWDER AND INONOTUS OBLIQUUS DRIED	2 812.00KGS	14.987CBM

Declared Cargo Value US$ | Description of Contents for Shipper's Use Only (Not part of This B/L Contract)

(`17)Total Number of Containers and/or Packages (in words) SAY ONE HUNDRED AND NINETY SIX CARTONS ONLY.

(18)Freight & Charges	Revenue Tons	Rate	Per	Amount	Prepaid	Collect	Freight & Charges Payable at / by
FREIGHT PREPAID							

Received in external apparent good order and condition except as otherwise noted. The total number of the packages or units stuffed in the container, the description of the goods and the weights shown in this Bill of Lading are furnished by the merchants, an^which the carrier has no reasonable means of checking and is not a part of this Bills of Lading contract. The carrier has issued 3 original Bills of Lading, all of this tenor and date, one of the original Bills of Lading must be surrendered and endorsed or signed against the delivery of the shipment and whereupon any other original Bills of Lading shall be void. The merchants agree to ; be bound by the terms and conditions of this Bill of Lading as if each had personally signed this Bill of Lading.

* Applicable Only When Document Used as a Combined Transport Bill of Lading.LINES.COSCOSHIPPING.COM.

Demurrage and Detention shall be charged according to the tariff published on the Home page of LINES.COSCOSHIPPING.COM. If any ambiguity or query, please search by "Demurrage & Detention Tariff Enquiry". Other services and more detailed information, pls visit LINES.COSCOSHIPPING.COM.

Date Laden on Board 30 APR., 2021

Signed by

COSCO SHIPPING LINES
（SHANGHAI）CO., LTD
何海涛(章)
As agent

9805 Date of Issue 30 APR., 2021 Place of Issue SHANGHAI,

Signed for the Carrier,COSCO SHIPPING LINES CO., LTD.

图 7－4 提单

货物运输保险单

保险单号：TYIE202131010000036741

CARGO TRANSPORTATION INSURANCE POLICY

中国太平洋财产保险股份有限公司（以下称承保人）根据被保险人的要求，在被保险人向承保人缴付约定的保险费后，按照本保险单险别和背面所载条款与下列特款承保下述货物运输险，特立本保险单。

The Policy of Insurance witnesses that China Pacific Property Insurance Company Limited (hereafter called "The Underwriter) at the request of the insured named hereunder and in consideration of the agreed premium paid to the Underwriter by the insured , undertakes t o insure the undermentioned goods in transportation subject to the conditions of the Policy as per the Clauses printed overleaf and other special clauses attached herein.

被保险人（Insured）：SHANGHAI BIOSAN IMP. AND EXP.Co., LTD. herein.

标记： Marks & Nos.	包装及数量： Quantity	保险货物项目： Description of goods	保险金额： Amount Insured
AS PER INV. NO 21SBB0421	190CTNS	ORGANIC MUSHROOM POWDER AND ORGANIC INONOTUS OBLIQUUS DRIED	USD50 517.50

总保险金额：Total Amount Insured　SAY U.S.DOLLARS FITTEEN THOUSAND FIVE HUNDRED AND EIGHTEEN ONLY.

费率：Rate　AS ARRANGED　保费：Premium　AS ARRANGED　免费额/率 Deductible/Franchise　AS ARRANGED

开航日期：Slg. on or about　AS PER B/L　装载运输工具：Per conveyance S.S.　S.S. ZHENHUA V.135W

运输路线：自 Route From　SHANGHAI CHIAN　经 By　至 TO　BARCELONA SPAIN

承保险别：Conditions　COVERING ALL RISKS　AS PER CIC OF PICC DATED 01/01/2010

所保货物，如遇出险，本公司凭正本保险单及其他有关证件给付赔款；如发生本保险单项下负责赔偿的损失或事故，应立即通知下述代理人查勘。

Claims , ifany, Payable on surrender of the original of the Policy together with other relevant documents. In the event of accident whereby loss or damage may Result in a claim under this Policy, immediate notice applying for survey must be given to Agent as mentioned hereunder。

B30542CTRA DEL CARCHU, KM11,435820JUMILLA(MURCIA)
Phone：+34 500412369 /5004123607500412365After hours: +34
500418886FAX：+34500412368Email:nsc@nsc.com.vn

中国太平洋财产保险股份有限公司
CHINA PACIFIC PROPERTY INSURANCE CO.,LTD.
上海分公司
SHANGHAI BRANCH
授权签发
AUTHORIZED SIGNATURE

地址：上海市吴淞路 400 号

赔款偿付地点 Claim payable at　SPAIN IN USD

Address：400 Wu Song Rd. Shanghai CHina

电话：Tel 021-66779900　传真：Fax 021-66085555

核保 Underwrite	王娜莲	制单 Operator	胡雯	经办 Handler	徐玮	签单日期 Issing	2021-04-27

总公司地址(Address of Head Office):中国上海市银城中路 190 号 190 central Yincheng Road, Shanghai, China 邮政编码（postcode）：200120 网址：WWW.cpic .cm.cn

图 7－5 保险单

信用凭证 第 号

Drawn under BANCO SANTANDER, S. A. BARCELONA L/C No. 21BSLC43285

日期

Dated 210210 支取 Payable with interest @ % per annum 按年息 付款

号码 汇票金额 中国上海 年 月 日

No. 21SBB0421 **Exchange for** USD45 925.00 SHANGHAI China MAY 05, 2021

见票 日后（本汇票之副本未付）付交中国银行上海分行

At *** sight of this **SECOND** of Exchange (First of exchange 金额

being unpaid) **Pay to the order of** BANK OF CHINA **the sum of**

SAY U. S. DOLLARS FORTY-FIVE THOUSAND NINE HUNDRED AND TWENTY FIVE ONLY.

款已收讫

Value received

此致

To:

BANCO SANTANDER, S. A.

28660 BOADILIA DEL

BARCELONA

上海百山祖进出口有限公司
SHANGHAI BIOSAN I/E CO., LTD.

顾宏璋（章）

图 7-6 汇票

（2）唛头的第 4 行错，应该为“NO. 1-196”。

（3）漏内容，应加上：“ALL DETAILS AS PER S/C NO. LA21－BSZ0118”。

（二）装箱单中存在的错误

（1）第一款品名前漏写英文“ORGANIC”，应加上。

（2）第二款的件数件号错，应该为“47-196”。

（3）漏签署，应加上“百山祖”的条形章和法人代表顾宏璋的签署章。

（三）产地证中存在的错误

（1）第 4 栏错，应写进口国“SPAIN”。

（2）第 9 栏错，46 箱的有机食用菌粉应该是 920.00KGS，150 箱的有机白桦茸干品应该是 1 500.00KGS。

（四）提单中存在的错误

（1）抬头错，应该为“TO ORDER”。

（2）漏证明文句，应该在空白处写：“THE GOODS HAVE BEEN SHIPPED IN CONTAINER LOAD”。

（五）保险单中存在的错误

（1）包装件数错，应该为“196 CTNS”。

（2）小写保险金额错，应该是“USD 50 518.00”。

（六）汇票中存在的错误

（1）信用证开证日期不应该死搬硬套信用证，按照惯例应该是“10 FEB.，2021”。

（2）收款人不完整，应该是“BANK OF CHINA，SHANGHAI BRANCH”。

上述六种单据审核结束后，单证员林晓婷还要对所有单据进行总审，首先，查看是否单单一致。其次，单证员林晓婷对有问题的单据进行修改。保险单是保险公司出具的，要退回保险公司重制；提单是承运人在装运前要求确认的，一旦发现问题，应立即要求改正，否则会产生改单费；产地证书已经完成自助打印，所以需去国际贸易单一窗口按更改证重新申请获取新证。最后，连同缮制好的装船通知一起交银行议付。

训练测试题目

请根据任务6中的信用证（资料6－2）和下列其他相关资料审核提单（见图7－7）、保险单（见图7－8）与产地证（见图7－9）。

其他相关资料：

合同号码：NSJY210504

信用证号码：306M216905

发票号码：NSHS21－612

发票日期：2021年06月20日

提单号码：SITGKHNB040225

提单日期：2021年06月28日

船名航次：APL CORAL V. 603E

集装箱箱封号：APLU4198939/4861470

总毛重：6 205.00千克

总体积：68.985立方米

产地证号码：21C3307Y1474/00134

贸促会序列号：CCPIT321 2000298479

产地证日期：2021年06月24日

税则号：9401619000

保单号码：PICCNB21330260031

保单日期：2021年06月24日

保单签署：蒋笑葵

单证员：李理

贸促会授权签署人：袁媛

唛头：

J. H. H. /JHH210430/LONG BEACH/No. 1－730

JHH210430

LONG BEACH

NO. 1-730

SITC SITC STEAMSHIPS CO.LTD

B/LNO.
SITGKHNB040225
S/O NO. DFAF1821NKHH1511

1.Shipper NINGBO SNUG HOME SUPPLIES CO., LTD 12 CHANGSHOU ROAD, FENGHUA, NINGBO CHINA		**Port to Port or Combined Transport** **BILL OF LADING** RECEIVED for shipment in external apparent good order and condition, unless otherwise indicated. The total number of packages or units stuffed in the container, the description of the goods and the weights shown in this Bill of Lading are furnished by the Merchants and the containers are already sealed by the Merchants, and which the carrier has no reasonable means of checking and is not a part of this Bill of Lading contract. The carrier has issued the number of Bills of Lading stated below, all of this tenor and date, one of the original Bills of Lading must be surrendered and endorsed or signed against the delivery of the goods or the delivery order and whereupon any other original Bill of Lading shall be void. NOTE: Notwithstanding any customs or privileges to the contrary, the Merchant's attention is drawn to the fact that the Merchant, in accepting this Bill of Lading, expressly agrees to be bound by all the stipulations, exceptions, limitations, liberties, terms and conditions attached hereto or stated herein, whether written, printed, stamped or otherwise incorporated on the front and/or reverse side hereof as well as the provisions of the Carrier's published Tariff Rules, Regulations and Schedules, without exceptions, as fully as if they were all signed by such Merchant, and the carrier's undertaking to carry the goods is made on the basis of the merchant's acceptance and agreements as aforesaid. This Bill of Lading is governed by the laws of the People's Republic of China. Any claims and disputes arising under or in connection with this Bill of Lading shall be determined by Shanghai Maritime Court or Qingdao Maritime Court at the exclusion of the Courts of any other country. The printed terms and conditions appearing on the face and reverse side of this Bill of Lading are available at www.sitc.com.cn in SITC's published tariffs.
2.CONSIGNEE TO ORDER OF SHIPPER		
3.Notify Party(It is agreed that no responsibility shall attach to the Carrier or his agent for failure to notify) JOY HOME HOUSEWARES CO., LTD.2ND FLOOR NO. 137E, 33RD STREET,LOS ANGELES, CA, 90011 U. S. A.		
4.*Precarriage by (Applicable only when this document is used as a Combined Transport Bill of Lading)	5.*Place of Receipt (Applicable only when this document is used as a Combined Transport Bill of Lading)	
6.Vessel/Voy No APL CORAL V.603E	7.Port of Loading NINGBO CHINA	
8.Port of Discharge LONG BEACH U. S. A.	9.*Place of Delivery (Applicable only when this document is used as a Combined Transport Bill of Lading)	

Container No. /seal No. Marks and Numbers	Number and Kind of packages: description of goods	Gross Weight Kgs	Measurement
J. H. H. JHH210430 LONG BEACH NO. 1-730 1*40HQ, CY/CY CN.: APLU4198939 SN.: 4861470	730CARTONS STORAGE BENCH Above particulars declared by shipper. Carrier is not responsible.(see clausel2)	6 205.00KGS	68.985CBM
10.Total No. of Containers or Packages (in words)	SAY SEVEN HUNDRED AND THIRTY CARTONS ONLY		

11.Freight& Charges	Rate	Unit	Prepaid	Collect
FREIGHT PREPAID			AS ARRANGED	

Prepaid at	Payable at	Number of Original B(s)/L
Place of issue and Date JUN. 28, 2021 NINGBO		12. Declared Value/Charge
LADEN ON BOARD THE VESSEL **DATE JUN. 28, 2021 BY**		**SITC STEAMSHIPS CO., LTD.** **AS CARRIER**

图 7-7 提单

PICC 中国人民财产保险股份有限公司
PICC Property and Casualty Company Limited

总公司设于北京 一九四九年创立
Head Office Beijing Established in 1949

保单号次 Policy No.PICCNB21330260031

货物运输保险 保险单 CARGO TRANSPORTATION INSURANCE POLICY

发票号码 INVOICE NO NSHS21-612 提单号（B/L NO.）SITGKHNB040225
合同号码 CONTRACT NO. NSJY210504 信用证号(L/C NO.)306M206905
被保险人 THE INSURED: NINGBO SNUG HOME SUPPLIESCO., LTD.

中国人民财产保险有限公司（以下简称本公司）根据被保险人要求，以被保险人向本公司缴付约定的保险费为对价，按照本保险单列明条款承保下述货物运输保险，特订立本保险单

THIS POLICY OF INSURANCE WITNESSES THAT PICC PROPERTY AND CASUALTY LIMITED (HEREINAFTER CALLED THE COMPANY AT THE REQUEST OF THE INSURED AND IN CONSIDERATION OF THE AGREED PREMIUM PAID TO THE COMPANY BY THE INSURED, UNDERTAKES TO INSURE THE UNDERMENTIONED GOODS IN TRANSPORTATION SUBJECT TO THE CONDITIONS OF THIS POLICY AS PER THE CLAUSES PRINTED OVERLEAF.

标记 (MARKS & NO.)	包装及数量 (PACKAGE&QUANTITY)	保险货物项目 (DESCRIPTION OF GOODS)	保险金额 (AMOUNT INSURED)
J. H. H. JHH210430 LONG BEACH NO. 1-730	STORAGE BENCH	730CTNS	USD18 309.00

总保险金额:
TOTAL AMOUNT INSURED SAY U. S. DOLLARS EIGHTEEN THOUSAND THREE HUNDRED AND NINE ONLY.

保险费(PREMIUM)： As arranged 启运日期(DATE OF COMMENCEMENT): AS PER B/L

装载运输工具(PER CONVEYANCE): APL CORAL V.603E

自 FROM NINGBO CHINA 经 VIA 至 TO LONG BEACH U. S. A.

承保险别 CONDITIONS:

COVERING ALL RISKS AS PER CIC OF PICC DATED 01/01/2010
INCLUDING W/W CLAUSE

所保货物如发生本保险单项下可能引起索赔的损失或损坏，应立即通知本公司或下述代理人查勘。如有索赔，应向本公司提交正本保险单（本保险单共有 2 份正本）及有关文件。如一份正本已用于索赔，其余正本自动失效。

IN THE EVENT OF LOSS OR DAMAGE WHICH MAY RESULT IN A CLAIM UNDER THIS POLICY IMMEDIATE NOTICEMUST BE GIVEN TO THE COMPANY OR AGENT AS MENTIONED.CLAIMS, IF ANY, ONE OF THE ORIGINAL POLICIES WHICH HAS BEEN ISSUED IN 2 ORIGINAL(S) TOGETHER WITH THE RELEVANT DOCUMENTS SHALL BE SURRENDERED TO THE COMPANY, IF ONE OF THE ORIGINAL POLICIES HAS BEEN ACCOMPLISHED, THE OTHERS TO BE VOID.

保险服务请联系
CONTACT INFORMATION OF INSURANCE SERVICE

电话 (TEL):
传真 (FAX)

赔款偿付地点（CLAIM PAYABLE AT） LONG BEACH

地址：浙江宁波市海曙区大来街 50 号
ADD：No.50 Dalai Street Haishu district,Ningbo,China

签单日期（ISSUING DATE）
24 JUN., 2021

保险人 PICC Property and Casualty Company Limited Ningbo Branch
UNDERWRITTER

网址（WEBSITE）WWW.EPICC.COM 单证识别码（POLICY IN CODE）AEYIA2012Z02 流水号 33021200021961

图 7－8 保险单

1. Exporter: NINGBO SNUG HOME SUPPLIES CO., LTD. 12 CHANGSHOU ROAD, FENGHUA, NINGBO CHINA	Serial No. CCPIT321 2000298479 Certificate No. 21C3307Y1474/00134 ICC CERTIFICATE OF ORIGIN **CERTIFICATE OF ORIGIN OF THEPEOPLE'S REPUBLIC OF CHINA**
2. Consignee: JOY HOME HOUSEWEARS COMPANY 2ND FLOOR NO. 137E, 33RD STREET, LOS ANGELES, CA, 90011 U. S. A.	
3. Means of transport and route FROM NINGBO CHINA TO LONG BEACH U. S. A.	5. For certifying authority use only
4. Country / region of destination U.S.A.	

6. Marks & Nos.	7. Number and kind of packages; Description of goods	8. H. S. Code	9. Quantity	10. Numbers and Date of Invoice
J. H. H. JHH210430 LONG BEACH NO. 1-730	SEVEN HUNDRED AND THIRTY (730) CATONS OF STORAGE BENCH CREDIT NUMBER: 306M216905	9401	730PCS	NSHS21-612 20 JUN., 2021

11. Declaration by the exporter	12. Certification
The undersigned hereby declares that the above details and statements correct, that all the goods were produced in China and that they comply with the Rules of Origin of the people's Republic of China 宁波司娜阁家居用品有限公司(章) NINGBO SNUG HOME SUPPLIES CO., LTD. 李理 (手签) NINGBO CHINA 24 JUN., 2021 Place and date, signature, and stamp of authorized signatory	It is hereby that the declaration by the exporter is correct. 中国国际贸易促进委员会 单据证明专用章(宁波) CHINA COUNCIL FOR PROMOTION OF INTERNATIONAL TRADE (NINGBO) 张华 (手签) NINGBO CHINA 24 JUN., 2021 Place and date, signature, and stamp of certifying authority

图 7-9 产地证

项目8 托收结算方式下主要单据的缮制

国际结算中主要有信用证、托收和汇付三种结算方式，由于信用证结算方式手续复杂，单证制作要求严格，越来越多的外贸企业在与资信较好的公司（或是合作多年的老客户）签订合同时往往会考虑采用电汇或者托收的方式。但有时由于考虑资金和收汇风险的因素，在交易过程中会采用电汇（前T/T）和托收（D/P）相结合的结算方式。

本书项目6已经介绍了信用证结算方式下单证员完成一笔出口交易的各个环节的单证操作。本项目主要介绍D/P结算（支付）方式下的主要结算单据（商业发票、详细装箱搭配单、海运提单、普惠制产地证书和汇票）的填制方法。

学习目标

知识目标

1. 了解托收结算方式的特点
2. 熟悉托收结算方式下的主要结算单据的填制内容

技能目标

1. 能够根据托收结算方式下的合同缮制结汇单据
2. 能够填制普惠制产地证书

素养目标

1. 养成爱岗敬业、吃苦耐劳、踏实勤奋的职业精神
2. 践行实践能力、专注能力、精益求精的工匠精神
3. 具备良好的沟通能力、自学能力、协同合作能力

★ 素养园地

国内某制造商与韩国DEF公司就出口叉车机械达成合同，付款方式为后T/T，货物于5月份装运，客户要求船公司出具电放提单，单证员在确认提单后送交客户时才发现收货人的公司名称和地址存在错误，将“REQUISITES”写成了“REQUISITIES”，将“LLC”写成了“L”，“DUBAI”写成了“DBAI”，结果只能申请撤销电放，修改提单，再次电放。公司不仅要承担相应的修改费用，而且影响了目的港客户的及时提货。

从这个案例可以看出，在提单确认时，单证员必须有严谨、精益求精的工作作风，这样才可以避免时间和金钱的损失。

任务 填制商业发票、装箱单、普惠制产地证、汇票及确认提单

★ 知识支撑

一、托收结算方式

（一）托收的含义

国际商会第522号出版物《托收统一规则》（《URC522》）规定，托收（Collection）是指由接到委托指示的银行处理金融单据和/或商业单据，以求获得付款及/或承兑，或凭付款及/或承兑交单，或按其他条件交单。上述所提的“金融单据”（Financial Documents）是指汇票、本票、支票或其他用于取得货款的类似凭证；“商业单据”（Commercial Documents）是指发票、运输单据、物权单据或其他类似单据，或除金融单据以外的任何其他单据。

托收业务流程

简言之，托收是指货物发运后，出口商凭汇票或单据委托出口地银行（托收银行），

通过其在进口地的代理银行或往来银行（代收银行），向进口商收取货款的一种结算方式。

根据托收单据的不同，托收可分为光票托收和跟单托收。在进出口实务中，大多采用跟单托收的方式收付货款。

根据交单条件的不同，跟单托收又可以分为付款交单（D/P）和承兑交单（D/A）。

（二）托收结算方式的特点

1. 跟单托收比货到付款更有利于出口商

在跟单托收时，特别是付款交单方式，对于出口商来说，不用承担后 T/T（货到付款）下可能发生的“货款两空”的风险。因此对出口商来说，托收比货到付款更安全。

2. 托收是商业信用

在托收时，是否付款完全由进口商决定，银行只是转手交单的代理人，收不到款项不承担责任。托收对进出口商来说都存在一定的风险，比如采用承兑交单（D/A at ××× Days after sight）时，进口商有可能承兑后取走单据提货，而到期不付货款，使得出口商“货款两空”；对进口商来说，存在付款或承兑后去提货时发现货物与合同不符的风险。因此在做托收业务时，进、出口商要对双方的资信、贸易习惯和国家法令相互了解。

3. 资金负担不平衡

托收时出口商的资金负担较重，从这点上来说，托收有利于进口商。在信用证项下，通知银行可以凭信用证做打包贷款，议付银行可以凭单据做出口押汇，出口商因而能获得融资。但是采用托收结算方式时，托收银行一般不愿意做出口押汇，因此出口商很难获得融资，从生产到收汇需 60 天至 90 天，甚至更多的时间，出口商的资金压力比较大。

4. 其银行费用比汇款高，比信用证低

相对于汇付结算方式，托收的银行手续费要略高。托收时出口商委托银行代收货款，需支付一定的手续费用，而在汇付结算方式项下，出口商几乎不用支付银行费用。但与信用证结算方式相比，托收的银行费用相对要低。

二、商业发票的填制内容

在信用证结算方式下，缮制结算单据的主要依据是信用证，但在托收结算方式下，单据的填制依据是合同或买方的订单。

本书项目 6 提供的商业发票的格式是“长三角”地区常用的，这里介绍另一种格式的商业发票（见图 8－1）的填制方法。

（1）发票名称（Commercial Invoice）：出口商必须在发票的右上方用比较粗黑的字体，根据合同的要求，醒目地标出“发票/INVOICE”或“商业发票/COMMERCIAL INVOICE”的字样。

（2）出口商名称和地址（Issuer）：“Issuer”指发票的出具者。因此，此栏填写合同上的出口商的公司名称和地址。

<table>
<tr><td colspan="2">**Issuer**
(2)</td><td colspan="3" rowspan="2">商业发票
(1)
COMMERCIAL INVOICE</td></tr>
<tr><td colspan="2" rowspan="2">**To**
(3)</td></tr>
<tr><td colspan="2">**No.**
(4)</td><td>**Date**
(5)</td></tr>
<tr><td colspan="2" rowspan="2">**Transport Details**
(9)</td><td colspan="2">**S/C No.**
(6)</td><td>**S/C date**
(7)</td></tr>
<tr><td colspan="3">**Terms of Payment**
(8)</td></tr>
<tr><td>**Marks & Nos.**
(10)</td><td>**Description of Goods**
(11)</td><td>**Quantity**
(12)</td><td>**U. Price**
(13)</td><td>**Amount**
(14)</td></tr>
<tr><td colspan="5">**Amoun in Words and Other Conditions**
(15)

Signature
(16)</td></tr>
</table>

图 8-1 商业发票

（3）发票抬头人名称或地址（To）：此栏填写合同上的进口商的公司名称和地址。

（4）号码（No.）：此栏填写发票号码，由出口商根据本公司的实际情况统一编制，一般采用顺序号，便于查对。

（5）日期（Date）：此栏填写发票日期。在实务中，发票日期往往早于实际出口装运日期两星期左右。要注意发票日期一般是结汇单据中最早的一个日期，因为检验检疫申请、报关等环节都需要出口商提供商业发票。

（6）合同号码（S/C No.）：此栏填写买卖双方签署的对应的合同号码。

（7）合同日期（S/C date）：此栏填写买卖双方签署的对应的合同日期。

（8）支付方式（Terms of Payment）：此栏填写该笔业务的付款方式，如“D/P AT SIGHT”，“D/A AT 30 DAYS AFTER SIGHT”等。

（9）运输细节（Transport Details）：此栏填写货物实际的启运港（地）、目的港（地）以及运输方式，比如“FROM NINGBO TO OSAKA BY SEA”。

（10）唛头（Marks & Nos.）：在托收结算方式下，发票的唛头按合同的规定填写，如果合同中没有明示唛头，出口商可以按照国际标准化组织的要求自行设计一个，以简明、易认为原则。如无指定，同时又是集装箱整箱装运的，可以填写“N/M”。

无论是指定的唛头，还是“N/M”，都必须与提单、产地证等其他单证中的唛头一致。

（11）货物描述（Description of Goods）：在托收结算方式下，货物描述应与买卖双方签署的合同或买方的订单中的货物描述相一致。

（12）数量（Quantity）：此栏数量填写出口货物的计价单位的数量。如果合同规定可以分批装运，而实际上也是分批出运的，此栏数量可以比合同上的数量少。

（13）单价（Unit price，U. Price）：此栏填写对应的出口货物的单价，包括计价货币、计量单位、单位价格和贸易术语四要素。

（14）总值（Amount）：此栏是数量乘以单价的乘积，并加上货款的币值代码，如USD、GBP、CNY 等。如果出口的货物不止一项，此栏下方必须还要有各栏乘积的总和。

（15）总值大写及其他事项（Amount in Words and Other Conditions）：在实务中，无论合同中是否有明示，此处都要填写总值金额的大写。如果是部分汇付部分托收的结算方式，此处还要说明发票金额中有多少（如 30%）已经通过前 T/T 收汇，还有多少（如 70%）将通过托收（D/P 或 D/A）收汇等。如果合同中还有其他特别规定，比如显示生产厂商、显示商品产地等，也要在此处明示。

（16）出单人签章（Signature）：在我国的进出口实务中，一般情况下，出口企业的单证员在此处加盖公司的条形章和法人代表的签署章。如果合同规定发票要手签（Manually Signed），则不能加盖法人代表的签署章，而需要法人代表手工签署。

三、详细装箱搭配单的填制内容

详细装箱搭配单（Detailed Packing Assorted List）又称花色搭配单，一般用于服装、面料、鞋类的出口包装，必须描述每件包装的具体细节，包括商品的货号、色号、尺寸搭配、毛重、净重及尺码等。

详细装箱搭配单的填制内容见图 8－2。

<table>
<tr><td colspan="3">**Issuer**
(2)</td><td colspan="3" rowspan="2">详细装箱搭配单
(1)
DETAILED PACKING ASSORTED LIST</td></tr>
<tr><td colspan="3" rowspan="2">**To**
(3)</td></tr>
<tr><td colspan="2">**No.**
(4)</td><td>**Date**
(5)</td></tr>
<tr><td colspan="3" rowspan="2">**Transport Details**
(9)</td><td colspan="2">**S/C No.**
(6)</td><td>**S/C date**
(7)</td></tr>
<tr><td colspan="3">**Description of Goods**
(8)</td></tr>
<tr><td>**C/ No.**
(10)</td><td>**No. & Kind of Pkgs.**
(11)</td><td>**Art. No., Colour, Packing, Quantity, etc.**
(12)</td><td>**Gross Weight**
(13)</td><td>**Net Weight**
(14)</td><td>**Measurement**
(15)</td></tr>
<tr><td colspan="6">**Size and Quantity Assortment**
(16)

Signature
(17)</td></tr>
</table>

图 8－2　详细装箱搭配单

（1）单据名称（Name of the Document）：出口商必须在装箱单的右上方，用比较粗黑的字体，根据合同的要求，醒目地标出“详细装箱搭配单/DETAILED PACKING ASSORTED LIST”的字样。

（2）出口商名称（Issuer）：此栏按照合同填写出口商公司的名称和地址。

（3）进口商名称（To）：此栏按照合同填写进口商公司的名称和地址。

（4）号码（No.）：此栏一般填写发票号码。

（5）日期（Date）：此栏一般填写发票日期，也可以填写实际的缮制装箱单的日期。

（6）合同号码（S/C No.）：此栏填写买卖双方签署的对应的合同号码。

（7）合同日期（S/C date）：此栏填写买卖双方签署的对应的合同日期。

（8）货物描述（Description of Goods）：此栏填写出口货物的名称。在实务中，此栏的品名与提单的品名一样，可以采用统称或大品名，但不能与发票上的货物名称相矛盾。

（9）运输细节（Transport Details）：与商业发票一样，此栏填写货物实际的起运港（地）、目的港（地）以及运输方式，比如“FROM SHANGHAI TO VANCOUVER BY SEA”。

（10）包装件号（C/No.）：在日用杂货出口时，货物往往不止一项，因此就必须有此栏，用于显示不同商品的具体装箱情况，以便进口商提货时识别。如果是单一货号的货物出口，此栏填写唛头的最后一行中的数字，即 1 - up；如果有两个或两个以上的货号，或因颜色不同分别包装的，按照货号（颜色）所在包装箱的箱号缮制。例如，合同 KC21 - BSZ0720（见图 8 - 6）中的衬衣共计 100 箱，有两种颜色，白色 50 箱，放在第 1 至第 50 箱内；粉红色有 50 箱，放在第 51 至第 100 箱内，则缮制详细装箱搭配单时，根据对应的颜色，按照装箱的实际情况对应填写。如上所述，应填写如下：

1 - 50
51 - 100

（11）包装件数（No. & Kind of Pkgs）：此栏填写货物的包装种类及包装件数。如上所述，应填写如下：

1 - 50	50Ctns
51 - 100	50Ctns
	100CTNS

另外，像这种两种或两种以上货号、颜色的产品，应该在包装件数的下面相加，得出一个合计的总件数，如上所示 100CTNS。

（12）货号、颜色、包装、数量等（Art. No. ,Colour,Packing,Quantity,etc.）：此栏填写商品的具体货号、颜色等，以及它们的包装情况。如上所述，应填写如下：

		Colour	@12
1 - 50	50Ctns	White	600Pcs
51 - 100	50Ctns	Pink	600Pcs
	100CTNS		1 200PCS

因为每箱衬衣的包装数量是一样的，所以我们可以把“@12”写在上面，类似数学中的“合并同类项”。另外，与上同理，数量的下面要相加，得出合计的总数量：1 200PCS。

(13) 毛重 (Gross Weight)：此栏先填写包装单位的毛重，再填写总的毛重。如上所述的衬衣的毛重是 14KGS，应填写如下：

		Colour	@12	@14.00
1-50	50Ctns	White	600Pcs	700Kgs
51-100	50Ctns	Pink	600Pcs	700Kgs
	100CTNS		1 200PCS	1 400.00KGS

与上同理，毛重的下面相加，得出合计的总毛重：1 400.00KGS。

(14) 净重 (Net Weight)：此栏先填写包装单位的净重，再填写总的净重。如上所述的衬衣的净重是 12KGS，应填写如下：

		Colour	@12	@14.00	@12.00
1-50	50Ctns	White	600Pcs	700.00Kgs	600.00Kgs
51-100	50Ctns	Pink	600Pcs	700.00Kgs	600.00Kgs
	100CTNS		1 200PCS	1 400.00KGS	1 200.00KGS

与上同理，净重的下面相加，得出合计的总净重：1 200.00KGS。

(15) 尺码 (Measurement)：此栏先填写包装单位的尺码，再填写总的尺码。如上所述的衬衣的纸箱尺码是 50×38×35 厘米，应填写如下：

		Colour	@12	@14.00	@12.00	@ (50×38×35) Cms
1-50	50Ctns	White	600Pcs	700.00Kgs	600.00Kgs	3.325Cbm
51-100	50Ctns	Pink	600Pcs	700.00Kgs	600.00Kgs	3.325Cbm
	100CTNS		1 200PCS	1 400.00KGS	1 200.00KGS	6.650CBM

与上同理，尺码的下面相加，得出合计的总尺码：6.650CBM。

(16) 尺码数量搭配 (Size and Quantity Assortment)：此处必须详细填写一个包装箱内的详细装箱情况，包括尺寸及数量等。上述的衬衣，每个纸箱装 12 件，有 S 码至 2XL 码五种尺寸，其中 S 码、M 码和 2XL 码各 2 件，L 码与 XL 码各 3 件，共计 100 箱 1 200 件，应填写如下：

Size:	S	M	L	XL	2XL	Pcs/Ctn
Quan. (Pcs)	2	2	3	3	2	12

在此处，也可以添加唛头。如果合同有特别的要求，如：要求列明进口商的订单号、商品的税则号等，也添加在此处。一般情况下，装箱单的下方还要用英文大写明示总件数。

(17) 签章 (Signature)：签署与商业发票相同即可。

四、普惠制产地证书的填制内容

(一) 普惠制产地证的概念

普遍优惠制 (Generalized System of Preference) 简称普惠制 (GSP)，是指发达国家

（给惠国）给予发展中国家或地区（受惠国）在经济、贸易方面的一种非互利的特别优惠待遇。受惠国向给惠国出口工业制成品、半制成品和部分农产品时，给惠国海关凭受惠国有关当局出具的普惠制原产地证明书给予减免关税的优惠待遇。

受惠国出口商品到给惠国所提供的书面证明称为“普惠制原产地证明书格式 A”，英文全称是“Generalized System of Preference Certificate of Origin（Combined Declaration and Certificate）Form A”。证书正本一张，颜色为绿色，副本两张，为白色，简称 GSP Form A 或 Form A（见图 8－3）。

<table>
<tr><td colspan="3">1. Goods consigned from (Exporter's business name, address, country)
(1)</td><td colspan="3" rowspan="2">Reference No. (13)
GENERALIZED SYSTEM OF PREFERENCES
CERTIFICATE OF ORIGIN
(Combined declaration and certificate)
FORM A
issued in THE PEOPLE'S REPUBLIC OF CHINA
(country)</td></tr>
<tr><td colspan="3">2. Goods consigned to (Consignee's name, address, country)
(2)</td></tr>
<tr><td colspan="3">3. Means of transport and route
(3)</td><td colspan="3">4. For official use
(4)</td></tr>
<tr><td>5. Item number
(5)</td><td>6. Marks & Nos. of packages
(6)</td><td>7. Number of kind of packages; Description of goods
(7)</td><td>8. Origin criterion
(8)</td><td>9. Gross weight & other quantity
(9)</td><td>10. Number and date of invoice
(10)</td></tr>
<tr><td colspan="3">11. Certification (11)
It is hereby certified, on the basis of control carried out, that the decalaration by the exporter is correct.

Place and date, signature and stamp of certifying authority</td><td colspan="3">12. Declaration by the exporter (12)
The undersigned hereby declares that the above details and statements Are correct; that all goods were produced in (12-1)
CHINA
(Country)
and that they comply with the origin requirements specified for those goods in the Generalized System of Preferences for goods exported to
(12-2)
(importing country)
(12-3)

Place and date, signature of authorized signatory</td></tr>
</table>

图 8－3　普惠制原产地证明书格式 A

（二）普惠制产地证的申领流程

按照普惠制产地证签证机构（各地海关）的要求，申领普惠制产地证的最晚日期为货物装运前 5 天，应严格按照签证机构的要求，真实、完整、正确地填写以下材料：

（1）普惠制产地证申请书。

（2）普惠制产地证明书格式 A（FORM A）一正二副。

（3）中国出口商业发票副本一份。

凡含有进口成分的商品，必须按要求提交“含进口成分受惠商品成本明细单”。

随着互联网的发展，普惠制产地证申领采用 G2B 方式，出口企业直接登录“国际贸易单一窗口”申领，可以不提供普惠制产地证申请书。

（三）普惠制产地证书的填制规范

普惠制产地证书的填制（动画课件）

普惠制产地证申报人员应按照证书中各栏的要求，将出口货物的有关情况如实填制，保证所填的证书真实、准确。各栏的填制要求如下：

（1）发货人的名称、地址和国别［Goods Consigned From (Exporter's Business Name，Address，Country)］：此栏是带有强制性的，必须填写中国境内的出口企业的名称和详细地址。

（2）收货人的名称、地址和国别［Goods Consigned to（Consignee's Name，Address，Country)］：此栏应填给惠国最终收货人名称（即信用证上规定的提单通知人或特别声明的收货人），如最终收货人不明确，可填发票抬头人，但不可填中间转口商的名称。欧盟、挪威、瑞士对此栏非强制性要求，如果货物直接运往上述给惠国，且进口商要求将此栏留空，则可不填详细地址，但须填“TO ORDER”。

（3）运输方式及路线（就所知而言）［Means of Transport and Route（as far as known)］：此栏填写装货、到货地点（起运港、目的港等）及运输方式（如海运、陆运、空运等），如“FROM SHANGHAI TO OSAKA BY SEA”。如果是转运的商品，还应加上转运港，如“FROM NINGBO TO VANCOUVER VIA KOBE BY SEA”。此栏必须和提单、保险单等其他单证上显示的相关内容一致。

（4）供官方使用（For Official Use)：此栏申请单位不用填写，一般情况下留空，特殊情况下由出证机构根据签证需要在此栏加注、盖章。

1）货物已出口，出证机构签发证书的日期迟于装运日期，此栏会显示“ISSUED RETROSPECTIVELY”字样，中文意思是“后发”。

2）证书遗失、被盗或者损毁，出证机构签发“复本”证书时，会盖上“DUPLICATE”红色印章，并在此栏注明原证书的编号和签证日期，且声明原发证书作废，其文字是“THIS CERTIFICATE IS IN REPLACEMENT OF CERTIFICATE OF ORIGIN NO.….DATED … WHICH IS CANCELLED”。

（5）商品顺序号（Item Number)：此处的英文“Item Number”不是商品“货号”的

意思，而是指不同税则号的顺序。如果出口货物只有单个税则号，此栏填写“1”，如果出口货物有不同税则号，此栏按不同税则号分列“1”“2”“3”…，依此类推。

注意：即使出口的货物单价不同，规格不同，只要税则号相同，即可以合在一起，填写“1”。

(6) 唛头（Marks & Nos. of Packages）：此栏填写具体的唛头，应与货物外包装上的唛头一致，也必须与发票、提单等其他单证上的唛头一致。

(7) 包装数量及种类和品名（Number of Kind of Packages；Description of Goods）：此栏中的包装数量必须用英文和阿拉伯数字同时表示，包装数量与品名之间用介词“OF”连接，如“ONE HUNDRED AND TWENTY FIVE（125）CARTONS OF RUBBER BOOTS”。

填写时应注意：

1）如果包件数量在一千以上，则“千”与“百”之间不要用连词“AND”。如“TWO THOUSAND ONE HUNDRED AND FIFTY（2 150）CARTONS OF BAMBOO SHOOTS”。

2）数量、品名要求在一页内填写完毕，如果内容过长，则可以合并包装箱数，合并品名。如：ONE HUNDRED AND FIFTY（150）CARTONS OF GLOVE，SCARF，TIE AND CAP。

3）包装必须填写具体的种类，如“POLYWOVEN BAG”“DRUM”“PALLET”“CARTONS”“CASE”等，不能只填写“PACKAGE”。如果没有包装，应填写“NUDE CARGO（裸装货）”、“IN BULK（散装货）”或“HANGING GARMENTS（挂装）”。

4）商品名称必须具体填写，具体到能找到相对应的 4 位数 H.S. 编码，不能笼统填写诸如“MACHINE（机器）”“GARMENT（服装）”“GENERAL MERCHANDISE（大宗货物）”等。对某些服装，例如男大衣，应注明为“MEN'S OVERCOATS”，而不能只填写“GARMENTS（服装）”。

5）商品的商标、牌名（BRAND）及货号（ART. NO.）一般可以不填。

6）商品名称等项填写完毕后，应在末行或次行加上表示结束的符号“***”，以防止加塞伪造内容。国外信用证有时要求填写合同号、订单号等，可填写在此栏空白处。如：REMARK：ORDER NO.：21016384。

(8) 原产地标准（Origin Criterion）：此栏是普惠制原产地证明书的核心栏，此栏的填写正确与否，关系到产品是否可以享受普惠制待遇。各给惠国对第 8 栏的填写有不同的规定，具体要求如下：

1）完全原产品，不含任何非原产成分，出口到所有给惠国，填写“P”。

2）含有非原产成分的产品，出口到挪威，填“W”，并标注产品的四位数 H.S. 品目号，如“W”94.04。条件是：

第一，产品列入了给惠国的“加工清单”符合其加工条件。

第二，产品未列入“加工清单”，但产品生产过程中使用的非原产原材料和零部件经过充分的加工，产品的 H.S. 品目号不同于所用的原材料和零部件的 H.S. 品目号。

3）输往澳大利亚、新西兰的货物，此栏不必填写，留空。

注意：此栏的填制说明可详见格式 A 证书背面注释的有关部分。需说明的是：此栏中不论是填“P”，或填“W” 94.04，或填“F”，或“Y” 45%，或留空，相关商品减免关税的幅度都不变。

(9) 毛重或其他数量（Gross Weight & Other Quantity）：此栏填写商业发票上的计量计价数量，如“1 300PCS”“500SETS”等，如以重量计算的，填毛重即可；散装货物只有净重而无毛重的，可填净重，但要注明“N. W.（NET WEIGHT）”。

普惠制原产地证的“前世今生”

(10) 发票号及日期（Number and Date of Invoice）：此栏填写商业发票的号码及日期，不得留空，月份一律用英文缩写。如：NOV. 18，2021。发票日期不得迟于出运日期。

(11) 签证当局的证明（Certification）：此栏填写海关的签证地点、日期，如“HANGZHOU 22 NOV.，2021”。出证机构的授权签证人员经审核后，会在此栏签署（手签）并加盖签证章。

注意：此栏日期不得早于发票日期（第 10 栏）和申报日期（第 12 栏），但是应早于货物的出运日期。

(12) 出口商的申明（Declaration by the Exporter）：此栏有三项内容：

1) 12－1 是原产地，不用填写，“CHINA”已印就。

2) 12－2 是进口国，在横线上填最终进口国，进口国必须是给惠国。此栏与第 2 栏的进口商所在国家及第 3 栏目的地所在国一致，如“AUSTRALIA”。

3) 12－3 是出口商签署，由出口企业的授权专人（一般为单证员）在此处签署（手签），填写申报地点与日期，如“HANGZHOU 21 NOV.，2021”，并加盖出口企业的条形章。手签人的笔迹必须事先在出证机构注册登记，并保持相对稳定。此栏日期不得早于发票日期（最早是同日），也不能晚于签证当局的证明的日期。盖章时应避免覆盖进口国国名。

(13) 证书号（Reference No.）：此栏由海关的计算机自动分配，网上申领时，只要计算机通过，就会自动给出。例如，“G213103A06050082”是注册号为 3103A0605 的出口企业 2021 年办理的第 82 票（0082）普惠制产地证（G）。

五、托收结算方式下的海运提单的填制

在托收结算方式下，海运提单的填制内容与信用证结算方式下的填制内容差不多。一般合同上都规定了对海运提单的条款要求，因此在填制时必须按照合同的规定来填写。主要的区别是收货人（Consignee）这栏的填写。

在托收结算方式下，若采用 CIF 或 CFR 术语，收货人（Consignee）一栏通常填写“TO ORDER”或“TO ORDER OF SHIPPER”，并由发货人做空白背书，这样对出口商有利。如果国际市场突变，进口商倒闭或拒绝收货，出口商可以指示船公司将货物运回或转卖给第三方。

但在 FOB 贸易术语下，因为是由买方指定船公司或者指定货代，所以常做成记名抬

头，即在收货人栏直接填写收货人的名称与地址。此种做法对进口商有利而对出口商不利。因为如果国际市场突变，进口商倒闭或拒绝收货，出口商面临着无法转卖或运回的风险。

需要说明的是：根据《托收统一规则》(URC522) 的规定，若未经银行事先同意，而把货物直接发给银行，或以其或其指定人为收货人，并请其凭付款或承兑或根据其他条款和条件将货物交给付款人时，该银行没有提取货物的义务，货物的风险和责任由发货的一方承担。所以在实务中，在托收结算方式下，提单中的收货人栏不会出现“TO ORDER OF ×××BANK”或者“TO ×××BANK”的内容。

六、随附单证——出口商证明信的填制

出口商证明信是由出口商根据合同或信用证的规定证实有关内容的书面证明，在信用证结算方式下称为受益人证明。出口商证明信的种类主要有寄单证明、电抄本和履约证明等形式。信用证结算方式下，出口商证明信往往也是出口商必须向银行提交的单证之一。

（一）出口商证明信的种类

(1) 寄单证明 (Certificate for Dispatch of Documents) 是最常见的证明信，由出口商根据合同或信用证规定，在货物装运前后一定期限，邮寄给指定的收件人全套或部分副本单据（或正本单据），并出具证明信，作为向银行托收/议付的单证。

(2) 电抄本 (Copy of Cable/Telex/Fax) 是根据合同或信用证规定，在货物出运前后的一定期限内，由出口商按照合同或信用证规定的内容，用电报、电传或传真通知合同或信用证规定的接收者，并以电报、电传副本或传真机的报告证明已经发出电文，作为向银行托收/议付的单证。电抄本现已不常见。

(3) 履约证明 (Certificate of Agreement Honoring) 是出口商出具的，证明自己已经履行了合同或信用证所规定的条款。如证明自己所交的货物的品质完好、符合合同；证明出口货物的运输包装经过了处理，无害虫和/或虫卵。该证明信可直接作为银行托收/议付的单证。

（二）出口商证明信的主要内容和缮制说明

出口商证明信的填制（动画课件）

出口商证明信无固定格式，其内容一般包括以下八个方面（见图 8-4）：

(1) 出口公司名称和地址。

(2) 单据名称：根据合同或信用证的要求填写，一般有：“CERTIFICATE（证明信）”、“STATEMENT（证明）”或“DECLARATION（声明）”等。在信用证结算方式下，单据名称前根据要求可以加上“BENEFICIARY'S”，例如：“BENEFICIARY'S CERTIFICATE”。

(3) 号码：填写发票号码。

×××进出口有限公司

××× IMPORT AND EXPORT CO., LTD. (1)

NO. 234 ×× ROAD, ×× CITY, CHINA

受益人证明信

BENEFICIARY'S CERTIFICATE (2)

No. (3)

Date (4)

(5)

TO WHOM IT MAY CONCERN

(6)

WE HEREBY CERTIFY THAT …

(7)

(8)

Signature

图 8-4 出口商证明信（空白）

（4）日期：应与证明的内容符合，例如提单日期是 3 月 12 日，证明信的有关内容是："WE HEREBY CERTIFY THAT ONE SET OF NON-NEGOTIABLE SHIPPING DOCUMENTS HAS BEEN AIRMAILED TO THE APPLICANT WITHIN 2 DAYS AFTER THE SHIPMENT DATE"，则该日期就不能早于 3 月 12 日，也不能晚于 3 月 14 日。

（5）抬头：一般情况下填写合同中的买方，如不知道确切的收件人，可按惯例填写

“敬启者（TO WHOM IT MAY CONCERN)”。

(6) 内容：根据合同或信用证的要求缮制，但应对所使用的时态、语态做相应变化。例如，信用证条款规定：“BENEFICIARY'S CERTIFICATE CERTIFYING THAT ALL THE PACKAGES TO BE LINED WITH WATERPROOF PAPER AND BOUND WITH TWO PLASTIC STRAPS OUTSIDE”，则受益人证明应写成：“WE HEREBY CERTIFY THAT ALL THE PACKAGES HAVE BEEN LINED WITH WATERPROOF PAPER AND BOUND WITH TWO PLASTIC STRAPS OUTSIDE”。

(7) 其他：如果合同或信用证要求所有单证显示合同号、订单号、信用证号等，则要显示在此处。

(8) 签署：加盖出口公司条形章和法人代表签署章。

七、托收项下汇票的填制

托收项下汇票的填制
（动画课件）

在托收结算方式下，汇票是必备的单据之一。托收项下汇票的填制与信用证项下汇票的填制有所不同，填制的内容要少一些。有的银行不区分托收项下的汇票与信用证项下的汇票，有的银行则分为两种不同格式的汇票。如果采用信用证项下的汇票作为托收项下的汇票使用，信用证号码和开证日期两项内容留空不填，而在“出票依据（Drawn Under)”栏目里填上“托收”的英文。如果采用专门的托收汇票（见图 8-5），则填写要求如下：

凭
Drawn under (1)

号码　　　　　　汇票金额　　　　　　中国杭州　年　月　日
No. (2)　　**Exchange for** (3)　　Hangzhou China (4)

见票　　　　　　日后（本汇票之副本未付）付交
at (5)　sight of this **FIRST** of Exchange (Second of exchange　　金额
being unpaid) **Pay to the order of** (6)　　**the sum of**

(7)

款已收讫
Value received

此致
To:
(8)

(9)

图 8-5　汇票

（1）出票依据（Drawn Under）：此栏填写“FOR COLLECTION，DOCUMENTS AGAINST PAYMENT”或者“FOR COLLECTION，DOCUMENTS AGAINST ACCEPTANCE”，即说明托收的交单形式是付款交单还是承兑交单。

（2）号码（No.）：此栏填写商业发票的号码。

（3）小写金额（Amount in Figure）：此栏填写商业发票的金额（数字）与币制（英文代码），大多是商业发票金额的 100%，也可能是商业发票金额的 60%、70%等。

（4）出票日期（Date of Issue）：此栏填写出口商交单到托收银行的日期，一般在运输单据日期后的 5～7 天，最晚不能晚于运输单据日期后的第 21 天。

（5）付款期限（Tenor）：此栏填写汇票的期限。如果是付款交单（DOCUMENTS AGAINST PAYMENT），一般是即期的，填写“ *** ”；如果是承兑交单（DOCUMENTS AGAINST ACCEPTANCE），则是远期的，要根据合同填写“30 DAYS AFTER”“45 DAYS AFTER”等汇票期限。有时也可能是提单日后××天，或出票后××天，可参照信用证项下的汇票填写（见项目 6）。

（6）受款人（Payee）：此栏填写托收银行的名称。

（7）大写金额（Amount in Words）：此栏填写上述小写金额的英文大写，注意币制要大写完整。比如“USD 32 100.00”，不能写成：SAY USD THIRTY TWO THOUSAND AND ONE HUNDRED ONLY，而要写成：SAY U.S. DOLLARS THIRTY－TWO THOUSAND AND ONE HUNDRED ONLY。

（8）付款人（Drawee）：此栏填写合同上的进口商的名称及地址。

（9）出票人签字（Signature）：此栏填写合同上的出口商的名称及地址。在实务中，此处由单证员盖上出口公司的条形章和法人代表的签署章。

两种结算方式下汇票填制区别，如表 8－1 所示。

表 8－1　两种结算方式下汇票填制区别

汇票填制区别	信用证项下	托收项下
出票条款	开证行、信用证号码、开证日期	FOR COLLECTION D/P（D/A）
受票人	开证行（开证行指定的付款银行）	进口商
收款人	议付行	托收行

工作任务实训

一、任务情境

百山祖公司与意大利 CILLI SRL. LTD. 公司（以下简称“CILLI”）合作多年，之前两家公司之间的交易采用信用证方式（金额大）或者托收方式（金额小）进行结算。CILLI 公司采购经理 LYTOM 向百山祖公司的经理顾宏璋提出，购买 1 200 件女衬衣，采用 D/P AT SIGHT 的结算方式。鉴于两家公司以往的关系和 CILLI 公司的良好信誉，百山祖公司同意了对方的要求。2021 年 7 月 20 日，两公司签订合同（见图 8－6）。

上海百山祖进出口有限公司

SHANGHAI BIOSAN IMP. AND EXP. CO.,LTD.

860 Zuchongzhi Road,Zhangjiang, Shanghai, China

销售确认书

SALES CONFIRMATION

To:

CILLI SRL.LTD.

V.LE AUSTRALIA 11,66050 SAN SALVO (CH)

ITALY

S/C No.: KC21-BSZ0720

Date: JUL. 20, 2021

Place: SHANGHAI, CHINA

Dear Sirs, we hereby confirm having sold to you the following goods on terms and conditions as specified below:

Shipping Marks	Description of Goods and Packing	Quantity	Unit Price	Total Amount
AS PER SELLER'S OPTION	LADIES SHIRTS WITH 3/4 SLEEVE 100 PCT COTTON		FOB SHANGHAI	
	WHITE	600PCS	USD8.80/PC	USD5 280.00
	PINK	600PCS	USD8.80/PC	USD5 280.00
	TOTAL:	1 200PCS		USD10 560.00

Total Amount in words: SAY U. S. DOLLARS TEN THOUSAND FIVE HUNDRED AND SIXTY ONLY.

Loading port: SHANGHAI, CHINA

Destination: NAPLES，ITALY

Time of Shipment: ON OR BEFORE AUG. 31, 2021

Partial/Transshipment: PARTIAL SHIPMENTS AND TRANSSHIPMENT PROHIBITTED

Insurance: TO BE EFFECTED BY THE BUYER.

Packing: 1PC INTO ONE POLYBAG, 12 PCS INTO ONE EAPORT CARTON. OTHER DETAILED PACKING SEE THE ORDER NO. 21KMR0715.

Terms of Payment: BY D/P (DOCUMENTS AGAINST PAYMENT) AT SIGHT.

Documents required:
1. MANUALLY SIGNED COMMERCIAL INVOICE IN 5 COPIES SHOWING ORDER NO. 21 KMR0715.
2. DETAILED PACKING ASSORTED LIST IN 5 COPIES SHOWING SIZE AND QUANTITY ASSORTMENT.
3. FULL SET CLEAN ON BOARD OCEAN BILL OF LADING CONSIGNED TO THE BUYER,MARKED FREIGHT COLLECT, NOTTIFY THE SAME BUT WITH FULL NAME AND ADDRESS
4. CERTIFICATE OF ORIGIN G. S. P. FORM A.
5. STATEMENT REQUIRED THAT ALL SHIPPING DOCUMENTS SENT TO THE BUYER BY EXPRESS AIRMAIL IMMEDIATELY AFTER SHIPMENT.

The Seller:
SHANGHAI BIOSAN I/E CO.,
顾宏璋

The Buyer:
CILLI SRLLTD.
lytom

图 8-6 合同

其他相关资料如下：

发票号码：21SBE0821　　发票日期：2021 年 8 月 21 日

提单号码：SHKB1611826　　提单日期：2021 年 8 月 31 日

船名航次：VENUS C. V. 806E　　20'LCL，CFS/CFS

集装箱号：HAHU2043030　　集装箱封号：3099501

单毛重：14 千克/箱　　单净重：12 千克/箱

尺码：50×38×35 厘米/箱　　单色混码包装

箱号 1－50 为白色　　箱号 51－100 为粉红色

每箱：

尺码	S	M	L	XL	2XL	
数量	2	2	3	3	2	＝12 件/箱

FORM A 号码：G212202410990102　　完全国产，无进口成分

申领产地证的日期：2021 年 8 月 25 日　　汇票日期：2021 年 9 月 4 日

托收银行：中国银行上海分行（BANK OF CHINA，SHANGHAI BRANCH）

唛头：SRL
KC21－BSZ0720
NAPLES，ITALY
NO. 1－100

二、工作任务

该笔交易采用的是 FOB 贸易术语，买方指定运佳货运（中国）公司上海分公司［PRIME CARGO（CHINA）CO. SHANGHAI BRANCH］为货运代理，百山祖公司的单证员林晓婷不需要订舱，只需与指定货代公司确定船期、确认进仓地址、确认提单即可。

同时，这批衬衣于 2021 年 8 月出口至意大利，可以享受普惠制待遇，所以林晓婷还要填制一份普惠制产地证，并向上海海关申领 FORM A。

在此笔交易中，林晓婷要做的工作是填制商业发票、详细装箱搭配单，海运提单的确认，在国际贸易单一窗口完成普惠制产地证的填制，并完成出口商证明信以及汇票的填制。

三、工作实施

（一）商业发票的填制

第 1 栏：中英文的黑粗体“商业发票/COMMERCIAL INVOICE”。

第 2 栏：填写百山祖公司的英文名称与地址。

第 3 栏：填写 CILLI 公司的英文名称与地址。

第 4 栏至第 7 栏：根据合同与有关资料填写发票号码、发票日期、合同号码与合同日期。

第 8 栏：填写“BY D/P AT SIGHT”。

第 9 栏：填写“FROM SHANGHAI CHINA TO NAPLES ITALY BY SEA”。

第 10 栏：根据合同填写唛头。

第 11 栏：根据合同填写货名、货号。

第 12 栏：根据合同填写数量，注意对应的货号与数量在同一横线上。

第 13 栏：根据合同填写单价，注意对应的货号、数量与单价在同一横线上，并加上贸易术语。

第 14 栏：根据合同填写总值，注意对应的货号、数量、单价与总值在同一横线上。

第 15 栏：根据第 14 栏的总值（数字）填写英文大写的金额与币制。

第 16 栏：加盖百山祖公司的条形章和法人代表的签署章。

填制好的商业发票见图 8－7。

（二）详细装箱搭配单的填制

第 1 栏：填写中英文的黑粗体“详细装箱搭配单/DETAILED PACKING ASSORTED LIST”。

第 2 栏至第 7 栏：根据合同与发票，相应地填写百山祖公司的英文名称与地址、CILLI 公司的英文名称与地址、发票日期、发票号码、合同号码与合同日期。

第 8 栏：填写货物名称 LADIES SHIRTS，可以不填写规格、颜色、含棉量等细节。

第 9 栏：填写“FROM SHANGHAI CHINA TO NAPLES ITALY BY SEA”。

第 10 栏至第 15 栏：把白色的件号“1－50”、件数“50CTNS”和粉红色的件号“51－100”、件数“50CTNS”填写清楚，同时把每箱的毛重、净重和体积及每个货号的总毛重、总净重和总体积分别列明，最后，还要把两个货号的总件数、总数量、总毛重、总净重、总体积相加。

第 16 栏：根据相关资料，列明衬衣在每个纸箱内的尺码与数量搭配、各种颜色的总数量及相应件号。

一般情况下，包装单据的下方还要用英文大写明示总件数。如有足够的地方填写唛头，也可以在左下方加注。

第 17 栏：签署与商业发票相同。

填制好的详细装箱搭配单见图 8－8。

（三）普惠制产地证的填制

第 1 栏：填写出口商百山祖公司的英文名称与地址。

第 2 栏：填写进口商 CILLI 公司的英文名称与地址。

第 3 栏：参照商业发票的第 9 栏填写“FROM SHANGHAI CHINA TO NAPLES ITALY BY SEA”。

第 4 栏：留空不填。

第 5 栏：填写“1”。

Issuer SHANGHAI BIOSAN IMP. AND EXP. CO., LTD. 860 ZUCHONGZHI ROAD, ZHANGJIANG, SHANGHAI CHINA	商业发票 COMMERCIAL INVOICE	
To CILLI SRL.LTD. V.LE AUSTRALIA 11,66050 SAN SALVO (CH) ITALY	No. 21SBE0821	Date AUG. 21, 2021
Transport details FROM SHANGHAI CHINA TO NAPLES ITALY BY SEA	S/C No. KC21-BSZ0720	S/C Date JUL. 20, 2021
	Terms of payment BY D/P AT SIGHT	

Marks & Nos.	Description of goods	Quantity	U. Price	Amount
	LADIES SHIRTS			
SRL	WITH 3/4 SLEEVE		FOB SHANGHAI	
KC21-BSZ0720	100 PCT COTTON			
NAPLES				
ITALY	WHITE	600PCS	USD8.80/PC	USD5 280.00
NO. 1-100	PINK	600PCS	USD8.80/PC	USD5 280.00
	TOTAL:	1 200PCS		USD10 560.00

SAY U. S. DOLLARS TEN THOUSAND FIVE HUNDRED AND SIXTY ONLY.
TOTAL PACKED IN 100 CARTONS.
GROSS WEIGHT: 1 400.00 KGS.

上海百山祖进出口有限公司
SHANGHAI BIOSAN I/E CO., LTD.

顾宏璋（手签）

图 8-7 商业发票（实例）

Issuer SHANGHAI BIOSAN IMP. AND EXP. CO., LTD. 860 ZUCHONGZHI ROAD, ZHANGJIANG, SHANGHAI CHINA	详细装箱搭配单 **DETAILED PACKING ASSORTED LIST**	
To CILLI SRL.LTD. V.LE AUSTRALIA 11,66050 SAN SALVO (CH) ITALY	No. 21SBE0821	Date AUG. 21, 2021
Transport details FROM SHANGHAI CHINA TO NAPLES ITALY BY SEA	S/C No. KC21-BSZ0720	S/C Date JUL. 20, 2021
	Description of goods LADIES SHIRTS	

C/ No.	No. & kind of pkgs.	Art. No., Colour, Packing, Quantity, etc.		Gross Weight	Net Weight	Measurement
		Colour	@12	@14.00	@12.00	@(50×38×35)Cms
1-50	50Ctns	White	600Pcs	700.00Kgs	600.00Kgs	3.325Cbm
51-100	50Ctns	Pink	600Pcs	700.00Kgs	600.00Kgs	3.325Cbm
	100CTNS		1 200PCS	1 400.00KGS	1 200.00KGS	6.650CBM

Size and quantity assortment

SIZE	S	M	L	XL	2XL	PCS/CTN
QUAN.	2	2	3	3	2	12

SAY ONE HUNDRED CARTONS ONLY.

Shipping Marks:
SRL
KC21-BSZ0720
NAPLES，ITALY
NO. 1-100

上海百山祖进出口有限公司
SHANGHAI BIOSAN I/E CO., LTD.

顾宏璋（章）

图 8-8 详细装箱搭配单（实例）

第 6 栏：参照商业发票的第 10 栏唛头填写。

第 7 栏：填写“ONE HUNDRED（100）CARTONS OF LADIES SHIRTS”，并加上结束符号“ ************ ”。

第 8 栏：填写“P”。

第 9 栏：填写“1 200PCS”。

第 10 栏：填写“21SBE0821”和“AUG. 21，2021”。

第 11 栏：填写“SHANGHAI CHINA，AUG. 25，2021”，海关的专职签署员方媛将在此栏签署并盖章。

第 12 栏：12-1 处不用填写，已印就“CHINA”，12-2 处填写“ITALY”，12-3 处盖上百山祖的条形章，并签上单证员林晓婷的名字，同时填写“SHANGHAI CHINA，AUG. 25，2021”。

第 13 栏：证书号不用填写，由上海海关的计算机自动给出。

全部填写完毕后，在线提交等上海海关审核通过。自助打印的 FORM A 见图 8-9。

（四）海运提单的确认

林晓婷于 2021 年 8 月 28 号收到了运佳货运（中国）公司上海分公司的提单确认传真，她仔细核对了提单的各栏内容，重点核对托运人、收货人、被通知人、唛头、毛重、包装件数、体积和运费的填写后，没有发现问题，向对方确认了提单。

确认后的海运提单见图 8-10。

（五）出口商证明信的填制

在本项目的合同 KC21-BSZ0720 中，进口商要求“STATEMENT REQUIRED THAT ALL SHIPPING DOCUMENTS SENT TO THE BUYER BY EXPRESS AIRMAIL IMMEDIATELY AFTER THE SHIPMENT”，即要求卖方出具证明信（STATEMENT），证明全套单据在装运后立即用航空快递寄送进口商。因为是非信用证项下的结算，不存在受益人，所以这是一封出口商的证明信。

（1）根据合同要求，填写百山祖公司的英文名称和地址。

（2）根据合同要求，填写“证明信”和“STATEMENT”。

（3）填写发票号码。

（4）填写“AUG. 31，2021”。

（5）按照惯例，填写“TO WHOM IT MAY CONCERN”。

（6）根据合同要求填写证明信内容，注意语法要求，适当增加主语，使用完成时态。

1）根据合同要求使用动词“STATE”，并加主语“WE”。

2）在填写“... DOCUMENTS SENT TO...”的时候，不能机械地搬抄，而要把“SENT”改为“HAVE BEEN SENT”。

3）把“THE BUYER”改为“CILLI SRL CO.，LTD.”。

1. Goods consigned from (Exporter's business name, address, country)
SHANGHAI BIOSAN IMP. AND EXP. CO., LTD.
860 ZUCHONGZHI ROAD,
ZHANGJIANG, SHANGHAI
CHINA

Reference No. G212202410990102

GENERALIZED SYSTEM OF PREFERENCES
CERTIFICATE OF ORIGIN
(Combined declaration and certificate)

FORM A

issued in THE PEOPLE'S REPUBLIC OF CHINA
(country)

2. Goods consigned to (Consignee's name, address, country)
CILLI SRL.LTD.
V.LE AUSTRALIA 11,66050 SAN SALVO (CH)
ITALY

3. Means of transport and route
FROM SHANGHAI CHINA TO NAPLES
ITALY BY SEA

4. For official use

5. Item number	6. Marks & Nos. of packages	7. Number of kind of packages; Description of goods	8. Origin criterion	9. Gross weight & other Quantity	10. Number and date of invoice
1	SRL KC21-BSZ0720 NAPLES ITALY NO. 1-100	ONE HUNDRED (100) CARTONS OF LADIES SHIRTS ***************	"P"	1 200PCS	21SBE0821 AUG. 21, 2021

11. Certification
It is hereby certified, on the basis of control carried out, that the decalaration by the exporter is correct.

中华人民共和国上海海关

方媛（手签）

SHANGHAI CHINA, AUG. 25, 2021
Place and date, signature and stamp of certifying authority

12. Declaration by the exporter
The undersigned hereby declares that the above details and statements Are correct; that all goods were produced in
CHINA
(Country)
and that they comply with the origin requirements specified for those goods in the Generalized System of Preferences for goods exported to
ITALY
(importing country)

上海百山祖进出口有限公司
SHANGHAI BIOSAN I/E CO., LTD. 林晓婷（手签）

SHANGHAI CHINA, AUG. 25, 2021
Place and date, signature of authorized signatory

图 8-9 普惠制产地证明书格式 A（实例）

COMBINED TRANSPORT BILL OF LADING

Shipper
SHANGHAI BIOSAN IMP. AND EXP. CO., LTD.
860 ZU CHONGZHI ROAD, ZHANGJIANG,
SHANGHAI CHINA

B/L NO. SHKB1611826

NEGOTIABLE
COMBINED TRANSPORT
BILL OF LADING

Consignee
CILLI SRL.LTD

Notify party
CILLI SRL.LTD.
V.LE AUSTRALIA 11,66050 SAN SALVO
ITALY

Prime

Cargo

PRIME CARGO LIMITED

Pre-carriage by	Place of Receipt		
Ocean Vessel	**Port of Loading**	**Port of Discharge**	**Place of Delivery**
VENUS C. V.806E	SHANGHAI CHINA	NAPLES ITALY	

Marks and numbers	No. and kind of packages	Description of Goods	Gross Weight	Measurement
SRL KC21-BSZ0720 NAPLES,ITALY NO. 1-100	100CTNS	LADIES SHIRTS	1 400.00KGS	6.650CBM

SAY ONE HUNDRED CARTONS ONLY

ON BOARD 31 AUG., 2021 BY **PC(SHA)L.程**

20'LCL, CFS/CFS
CN.: HAHU2043030
SN.: 3099501

according to the declaration of the consignor

The goods and instruction are accepted and dealt with subject to the Standard Condition printed overleaf.

Taken in charge in apparent good order and condition, unless otherwise noted herein, at the place of receipt for transport and delivery as mentioned above.

One of these Combined Transport Bill of Lading must be surrendered duly endorsed in exchange for the goods. In Witness whereof the Original Combined Transport Bill of Lading all of this tenor and date have been signed in the number sated below. One of which being accomplished the others to be void.

Freight Amount	Freight Payable at	Place and date of issue; Stamp and Signature
FREIGHT COLLECT		SHANGHAI 31 AUG., 2021
Cargo Insurance through the undersigned ☐not covered ☐covered according to attached policy	Number of Original B/L(s) THREE (3)	**PRIME CARGO (SHANGHAI) LIMITED** 程飞

For delivery of goods please apply to:
PRIME CARGO KOBE LTD
85-12 HARBOUR ROAD
NAPLES , ITALY
TEL: 0878284356, FAX: 087-8284338

As agent for the Carrier:
PRIME CARGO LIMITED

图 8-10 海运提单（实例）

（7）盖百山祖公司的条形章和法人代表的签署章。

缮制完毕的出口商证明信见图 8－11。

上海百山祖进出口有限公司

SHANGHAI BIOSAN IMP. AND EXP. CO.,LTD.

860 Zuchongzhi Road, Zhangjiang, Shanghai, China

证明信

STATEMENT

No. 21SBE0821

Date AUG.31, 2021

TO WHOM IT MAY CONCERN

WE HEREBY STATE THAT ALL SHIPPING DOCUMENTS HAVE BEEN SENT TO CILLI SRL.LTD.

BY EXPRESS AIRMAIL IMMEDIATELY AFTER SHIPMENT.

上海百山祖进出口有限公司
SHANGHAI BIOSAN I/E CO., LTD.

顾宏璋（章）

图 8－11　出口商证明信（实例）

（六）汇票的填制

2021 年 8 月 31 日，货物装运完毕后船公司签发了提单，林晓婷于 9 月 2 日收到了货代公司快递的提单后，即开始填写汇票，并于当日和其他单证一起交给中国银行上海分行委托代收货款。

（1）填写“FOR COLLECTION DOCUMENTS AGAINST PAYMENT”。

（2）填写发票号码“21SBE0821”。

（3）填写发票金额“USD10 560.00”。

（4）填写缮制汇票的日期“SEPT. 02，2021”。

（5）填写“***”，表明是即期汇票。

（6）填写“BANK OF CHINA，SHANGHAI BRANCH”。

（7）填写“USD10 560.00”的英文大写“SAY U. S. DOLLARS TEN THOUSAND FIVE HUNDRED AND SIXTY ONLY”。

（8）填写 CILLI 公司的英文名称与地址。

（9）加盖百山祖的条形章和法人顾宏璋的签署章。

填制好的汇票见图 8-12。

凭
Drawn under FOR COLLECTION DOCUMENTS AGAINST PAYMENT

号码 汇票金额 中国上海 年 月 日
No. 21SBE0821 Exchange for USD10560.00 Shanghai China SEPT.02, 2021

见票 日后（本汇票之副本未付）付交中国银行上海市分行
at *** sight of this FIRST of Exchange (Second of exchange 金额
being unpaid) Pay to the order of BANK OF CHINA, SHANGHAI BRANCH the sum of

SAY U. S. DOLLARS TEN THOUSAND FIVE HUNDRED AND SIXTY ONLY.

款已收讫
Value received

此致
To:
CILLI SRL.LTD.
V.LE AUSTRALIA 11.66 050
SAN SALVO (CH)
ITALY

上海百山祖进出口有限公司
SHANGHAI BIOSAN I/E CO., LTD.
顾宏璋（章）

图 8-12 汇票（实例）

训练测试题目

请根据下列合同（见图 8-13）及相关资料缮制商业发票、提单、普惠制产地证明书格式 A 和汇票。

宁波司娜阁家居用品有限公司
NINGBO SNUG HOME SUPPLIES CO.,LTD.

12 Changshou Road, Fenghua, Ningbo, China

销售确认书
SALE CONFIRMATION

To:

TEAM MOBILIA IMPORT GMBH

SCHALLBRUCH 35, 42781 HAAN,

GERMANY

S/C No.: NSIW210803

Date: 03 AUG.,2021

This sales confirmation is made between the seller and buyer whereby the seller agrees to sell and the buyer agrees to buy the under mentioned goods according to the terms and conditions stipulated below:

Description of goods	Quantity	Unit Price	Amount
		CFR HAMBURG	
BAMBOO BROOM SIZE: 150*70*7CM HANDLE'S LENGTH: 120CM BROOM'S SIZE: 70×30×7CM	1 800PCS	USD5.99/PC	USD10 782.00

Total amount in word: SAY U. S. DOLLARS TEN THOUSAND SEVEN HUNDRED AND EIGHTY TWO ONLY.

Shipment: FROM NINGBO TO HAMBURG BY SEA.

Delivery: PARTIAL SHIPMENTS AND TRANSSHIPMENT NOT ALLOWED.

Time of Shipment: ON OR BEFORE 15 SEPT.,2021.

Terms of Payment: BY D/P AT SIGHT

Insurance: TO BE EFFECTED BY THE BUYER.

Packing: 5 PCS IN A BUNDLE, TOTAL IN A 40'FCL.

Shipping Marks: N/M

Documents required:

1. COMMERCIAL INVOICE IN TRIPLICATE.
2. PACKING LIST IN TRIPLICATE.
3. FULL SET CLEAN ON BOARD BILL OF LADING MADE OUT TO ORDER, MARKED FREIGHT PREPAID AND NOTIFY THE BUYER.
4. CERTIFICATE OF CHINESE ORIGIN GSP FORM A.
5. FUMIGATION CERTIFICATE ISSUED BY AUTHORITY.

The Seller
NINGBO SNUG HOME SUPPLIES CO.,LTD.
邱惠柱

The Buyer
TEAM MOBILIA IMPORT
HAYM

图 8－13 买卖合同

其他相关资料如下：

发票号码：NSHS21－908　　发票日期：2021 年 9 月 7 日

提单号码：COSU21DP098912　　提单日期：2021 年 9 月 15 日

发票签署：邱惠柱　　提单签署：周力勇

船名航次：COS FENFA V. 030E　　1＊40FCL，CY/CY

箱号：COSU4283126　　封号：3812320

总毛重：5 220.00KGS　　总体积：54.000CBM

产地证号码：G213304A10640102　　完全国产，无进口成分

申领产地证日期：2021 年 9 月 11 日　　汇票日期：2021 年 9 月 18 日

单证员：张萍　　海关授权签署人：李建华

托收银行：中国银行宁波分行（BANK OF CHINA，NINGBO BRANCH）

项目9 电汇结算方式下的发票及其他常见单据的缮制

在本篇项目1至项目7中，介绍了出口业务中信用证结算方式下的完整的单证操作流程，项目8中介绍了D/P结算方式下的单据填制，前面8个项目已涵盖了出口业务中涉及的主要单据。本项目主要介绍T/T结算方式下的发票缮制，并介绍前面内容中未提到的单证，如航空运单、自由贸易区优惠原产地证明书、其他随附单证等内容，使读者对外贸出口单证有更全面的了解和认识。

学习目标

知识目标

1. 了解电汇结算方式的特点
2. 熟悉电汇结算方式下的主要单据的填制内容
3. 掌握航空货运单的性质和作用
4. 熟悉自由贸易区优惠原产地证明书的定义与种类
5. 熟悉随附单据的含义及种类

技能目标

1. 能够根据电汇结算方式下的合同缮制主要单据

2. 熟悉航空货运单的具体内容，能够根据具体的业务情况完成航空货运单的填制
3. 能够根据信用证和/或合同及有关资料缮制自由贸易区优惠原产地证明书
4. 能够根据相关资料缮制各种随附单据

素养目标

1. 养成爱岗敬业、吃苦耐劳、踏实勤奋的职业精神
2. 践行实践能力、专注能力、精益求精的工匠精神
3. 具备良好的沟通能力、自学能力、协同合作能力

★ 素养园地

2021 年我国某轻工业进出口有限公司出口 5 414 米松紧带到泰国，在签发中国东盟产地证时，第 9 栏［Gross weight or net weight or other quantity and value (FOB) only when RVC criterion is applied］将商业发票上的 CIF 价格当作 FOB 价格填写，单据到了泰国清关时，因清关发票上的价格是 CIF 价格，而产地证上显示是 FOB 价格，商业发票 CIF 价格与产地证上的 FOB 价格一致，海关怀疑进口商低报进口价格，因此要求进口商除了根据实际价格缴税外并要缴纳罚款。最后，出口商提供了因失误将 CIF 价格错写为 FOB 价格的情况说明，并重新出具了一份清关发票和产地证给进口商。这票货物在进口国耗费了将近一个月，才顺利清关。

从这个案例我们可以看出，在填制单据时，单证员在任何环节都必须具备严谨踏实的工作精神和精益求精的工匠精神。

任务 1　填制电汇结算方式下的发票

一、电汇结算方式

（一）电汇的含义

TT 业务流程

电汇是目前汇付方式中使用最广的一种方式。电汇是银行应汇款人的申请，由汇出行发送加押电传或采用 SWIFT 电信方式，指示其在国外的分行或代理行，要求其解付一定的金额给收款人或其指定人的一种结算方式。

（二）电汇的形式

电汇方式付款根据性质可以分为前 T/T 和后 T/T 两种。

1. 前 T/T

前 T/T 又称预付货款（Payment in Advance），是指进口商在出口商将货物或货运单据交付之前，将货款的全部或者一部分通过银行付给出口商，出口商收到货款后，再根据合同约定的时间发运货物的一种结算方式。这是一种对出口商有利而对进口商相对不利的结算方式。在实际业务中，100%前 T/T 很少见，因为这会使进口商面临“款货不符”的风险，只有当供货商信誉极好或者金额比较小时，进口商才会考虑采用前 T/T。

2. 后 T/T

后 T/T 又称货到付款（Deferred Payment or Open Account Transaction），是指进口商在收到货物以后，立即或一定时期之后再付款给出口商的一种结算方式，又叫延期付款或者赊销。这种结算方式对进口商有利但对出口商不利，因为采用后 T/T，出口商不仅要垫付资金，而且要承担市场行情变化或进口商拖延付款甚至拒付导致的“货款两空”的风险。所以在实际业务中 100%的后 T/T 也很少采用。

（三）电汇在实务中的做法

为降低风险，在外贸实践中 T/T 结算方式主要操作方法如下。

1. 前 T/T 的通常做法

一种是进口商下订单时预付 30%的货款，出口商发货后，进口商把剩下的 70%付清。出口商收妥全额货款，再将物权凭证（海运提单）寄给进口商。另一种是前 T/T 与托收方式（D/P AT SIGHT）或信用证结合，30%的货款是前 T/T，70%的货款采用 D/P 或者信用证。

2. 后 T/T 的通常做法

进出口双方约定提单日后或货物到港后（日期一般根据航程来确定）若干天付款，这种做法一般是因为出口货物不畅销或客户信誉极好。

二、电汇结算方式下的发票填制

在信用证结算方式下，缮制结算单据的主要依据是信用证，但在 T/T 结算方式项下，单据的填制依据是合同或买方的订单。

和托收结算方式下的发票缮制一样，T/T 的发票无信用证相关信息，“支付方式”栏内填写“BY T/T”，其余的内容可参见项目 8。

三、电汇结算方式下的其他主要单据的填制

T/T 结算方式项下的其他单据，如装箱单、海运提单、产地证、保险单、装船通知、

出口商证明信等，可参见本篇项目 6 与项目 8 的对应内容。

T/T 结算方式项下无须出具汇票。

工作任务实训

一、任务情境

百山祖公司与韩国 MJ INDUSTRIAL CO. LTD.（以下简称“MJ 公司”）在 2002 年的广交会上结识，经过多年合作，未发生贸易纠纷。2021 年 6 月，双方就买卖烧烤竹签达成合同（见图 9－1）。

其他相关资料如下：

发票号码：21SBE0710

发票日期：2021 年 7 月 10 日

启运港：上海

总毛重：1 606 千克

总件数：119 箱

唛头：

MJ INDUSTRIAL
MJ21－BSZ0608
BUSAN
NO. 1－119

二、工作任务

单证员林晓婷根据合同与相关资料缮制商业发票。

三、工作实施

百山祖 T/T 结算方式下的商业发票缮制过程如下：

第 1 栏：填写百山祖公司的英文名称与地址。

第 2 栏：中英文的黑粗体“商业发票/COMMERCIAL INVOICE”。

第 3 栏：填写 MJ 公司的英文名称与地址。

第 4 栏：根据合同与有关资料填写发票号码、发票日期、合同号码与合同日期。

第 5 栏：根据相关资料填写“FROM SHANGHAI，CHINA TO BUSAN，KOREA BY AIR”。

第 6 栏：根据合同填写“BY T/T”。

第 7 栏：根据相关资料填写唛头。

第 8 栏：根据合同填写品名与货号。

第 9 栏：根据合同填写数量，注意与货号在同一横线上。

第 10 栏：根据合同填写单价，注意货号、数量与单价在同一横线上，并在单价与总值的上方加注贸易术语。

第 11 栏：填写总值，注意货号、数量、单价与总值在同一横线上。

上海百山祖进出口有限公司

SHANGHAI BIOSAN IMP. AND EXP. CO., LTD.

860 Zuchongzhi Road, Zhangjiang, Shanghai, China

销售确认书

SALE CONFIRMATION

To:

MJ INDUSTRIAL CO., LTD.
270-31 OSUN-DONG, GWANGSAN-GU,
GWANGJU, KOREA

S/C No.: MJ21-BSZ0608
Date: JUN. 08, 2021

Dear Sirs, we hereby confirm having sold to you the following goods on terms and conditions as specified below:

Description of goods	Quantity	Unit Price	Amount
BAMBOO STICKS		FCA SHANGHAI	
SIZE	PCS	USD/PC	USD
9MM×260MM	59 000	0.085	5 015.00
12MM×260MM	15 000	0.118	1 770.00
15MM×260MM	15 000	0.131	1 965.00
TOTAL:	89 000PCS		USD8 750.00
AS PER ORDER NO. T-M210604.			

Total amount in word: SAY U. S. DOLLARS EIGHT THOUSAND SEVEN HUNDRED AND FIFTY ONLY.

Loading port: SHANGHAI, CHINA

Destination: BUSAN, KOREA

Time of Shipment: ON OR BEFORE JUL. 18, 2021.

Terms of Payment: BY T/T 40PCT OF THE S/C AMOUNT USD3500.00 WILL BE PAID BEFORE JUL. 01, 2021 AND THE BALANCE USD5250.00 WILL BE PAID BEFORE JUL. 25, 2021.

Insurance: TO BE EFFECTED BY THE BUYER.

Documents required:
1. COMMERCIAL INVOICE IN TRIPLICATE SHOWING AS PER ORDER NO. T-M210604.
2. PACKING LIST IN TRIPLICATE.
3. FULL SET OF AIR WAYBILL CONSIGNED TO MJ INDUSTRIAL CO., LTD. WITH FULL NAME AND ADDRESS MARKED FREIGHT COLLECT.
4. CERTIFICATE OF ORIGIN FORM FOR CHINA- KOREA FTA.
5. INSPECTION CERTIFICATE ISSUED BY THE AUTHORITY.

The Seller
SHANGHAI BIOSAN I/E CO.,LTD.
顾宏璋

The Buyer
MJ INDUSTRIAL CO., LTD.
金泰浩

图 9-1 合同

第 12 栏：填写英文大写的金额与币制。
第 13 栏：根据合同与相关资料填写总件数、总毛重和“AS PER ORDER NO. T-M210604”。
第 14 栏：加盖百山祖公司的条形章和法人代表的签署章。
填制好的商业发票见图 9－2。

上海百山祖进出口有限公司

SHANGHAI BIOSAN IMP. AND EXP. CO., LTD.

860 Zuchongzhi Road, Zhangjiang, Shanghai, China

商 业 发 票

COMMERCIAL INVOICE

To:
MJ INDUSTRIAL CO., LTD.
270-31 OSUN-DONG, GWANGSAN-GU,
GWANGJU, KOREA

Invoice No.: 21SBE0710
Invoice Date: JUL. 10, 2021
S/C No.: MJ21-BSZ0608
S/C Date: JUN. 08, 2021

Shipment details
FROM SHANGHAI, CHINA TO BUSAN, KOREA BY AIR

Terms of payment
BY T/T

Marks and Numbers	Description of goods	Quantity	Unit Price	Amount
	BAMBOO STICKS		FCA SHANGHAI	
MJ INDUSTRIAL	SIZE	PCS	USD/PC	USD
MJ21-BSZ0608	9MM×260MM	59 000	0.085	5 015.00
BUSAN	12MM×260MM	15 000	0.118	1 770.00
NO. 1-119	15MM×260MM	15 000	0.131	1 965.00
	TOTAL:	89 000PCS		USD8 750.00

SAY U. S. DOLLARS EIGHT THOUSAND SEVENT HUNDRED AND FIFTY ONLY.
AS PER ORDER NO. T-M210604.
TOTAL PACKED IN 119 CARTONS.
GROSS WEIGHT: 1 606.00KGS.

上海百山祖进出口有限公司
SHANGHAI BIOSAN I/E CO., LTD.

顾宏璋（章）

图 9－2 商业发票（实例）

训练测试题目

请根据下列买卖合同（见图 9－3）和相关资料缮制发票。

宁波司娜阁家居用品有限公司

NINGBO SNUG HOME SUPPLIES CO.,LTD.

12 Changshou Road, Fenghua, Ningbo, China

销售确认书

SALE CONFIRMATION

To:

LEE GLOBAL INCORPORATED
RM 2206, HYUNDAI MANSION
KWANG JANG-DONG
SEOUL, KOREA

S/C No.: NSLEE211012
Date: 12 OCT.,2021

This sales confirmation is made between the sellers and buyers whereby the seller agrees to sell and the buyer agree to buy the under mentioned goods according to the terms and conditions stipulated below:

Description of goods	Quantity	Unit Price	Amount
SILK SCARVES		CIP INCHON	
SIZE: 80*80 CMS			
ART.NO. 2030	200PCS	USD34.30/PC	USD6860.00
STYLE AND COLOR ACCORDING TO THE SAMPLE SENT ON 21 SEP., 2021.			

Total amount in word: SAY U. S. DOLLARS SIX THOUSAND EIGHT HUNDRED AND SIXTY ONLY.

Shipment: FROM NINGBO AIRPORT TO INCHON AIRPORT BY AIR.

Delivery: PARTIAL SHIPMENTS AND TRANSSHIPMENT NOT ALLOWED.

Packing: 50PCS PER CARTON, TOTAL 4 CARTONS.

Time of Shipment: ON OR BEFORE 30 NOV.,2021.

Terms of Payment: BY T/T IN THE S/C AMOUNT USD2058.00 WILL BE PAID ON OR BEFORE 15 NOV., 2021 AND THE BALANCE USD4802.00 WILL BE PAID BEFORE 30 NOV. 2021. IF THE USD2058.00 NOT REMITTED ON TIME, THE SELLER WILL TAKE NO RESPONSIBILITY FOR THE DELAY SHIPMENT.

Insurance: TO BE EFFECTED BY THE SELLER FOR 110 PCT OF THE INVOICE VALUE COVERING AIR TRANSPORTATION ALL RISKS AS PER CIC OF PICC DATED 01/01/2010.

Shipping Marks: LEE / NSLEE211012 / INCHON / NO. 1-4

Documents required:

1. COMMERCIAL INVOICE IN TRIPLICATE.
2. FULL SET OF AIR WAYBILL CONSIGNED TO THE BUYER WITH FULL NAME AND ADDRESS MARKED FREIGHT PREPAID.
3. CERTIFICATE OF ORIGIN FORM FOR CHINA-KOREA FTA.
4. INSURANCE POLICY IN DUPLICATE.

The Seller
NINGBO SNUG HOME SUPPLIES CO.,LTD.
邱惠桂

The Buyer
LEE GLOBAL INCORPORATED
李承熙

图 9－3　买卖合同

其他相关资料如下：

发票号码：NSHS21-1115　　发票日期：2021 年 11 月 23 日

总毛重：48.00 千克　　总件数：4 箱

30%的货款已于 2021 年 11 月 13 日到账

任务 2　填制（确认）航空货运单

知识支撑

一、航空货运单概述

（一）航空货运单的含义

航空货运单（Air Waybill，AWB）是航空运输公司及其代理人（承运人）签发给发货人（托运人）表示已收妥货物并接受托运的货物收据。航空货运单也是承运人与托运人之间的运输合同，但它不是物权凭证，既不能背书转让（运单右上方即有“Not Negotiable”字样），也不能凭以提货。

（二）航空货运单的作用

（1）航空货运单是航空货物运输合同订立和运输条件以及承运人接受货物的初步证据。

（2）航空货运单是货物交付后的收据和银行结汇单据之一。

（3）航空货运单是运费结算凭证及运费收据。

（4）航空货运单是承运人在货物运输组织全过程中运输货物的依据。

（5）航空货运单是保险的证明。

（6）航空货运单是进、出口商办理货物进出口清关的证明文件。

二、航空运单的分类

（一）航空主运单

凡由航空公司签发的航空运单均称为主运单（Master Air Waybill，MAWB）。它是航空公司据以办理货物运输和交付的依据，是航空公司和托运人订立的运输合同。

（二）航空分运单

航空货运代理公司在集中托运货物时，要从各个托运人处收取货物。在收取货物时，需要给托运人收货凭证，这个凭证就是航空分运单（House Air Waybill，HAWB）。航空分运单表明托运人把货物交给了代理人，代理人收到了托运人的货物，它是代理人和发货人交接货物的凭证。代理人可以自己签发航空分运单，不受航空公司的限制，但通常还按照航空主运单的格式来制作。

在实务中，绝大多数用于结汇的航空货运单是航空分运单。

知识链接

航空货运单一般一式十二联，其中三联正本、六联副本、三联额外副本。正本第一份“ORIGINAL 1（FOR ISSUING CARRIER）”，由航空公司留存，作为记账凭证；第二份“ORIGINAL 2（FOR CONSIGNEE）”，随飞机转给收货人，作为核收货物的依据；第三份“ORIGINAL 3（FOR SHIPPER）”，交给发货人，是承运人或其代理人接收货物的依据。虽然正本签发三份，但出口商只能拿到一份正本，所以银行也允许提交一份正本，即使信用证或合同要求提交整套。

三、航空货运单的缮制

航空货运单填制（动画课件）

航空货运单与海运提单一样，各个航空公司有各自的格式，但内容大同小异。现以中国国际航空公司的航空货运单（见图 9-4）为例，说明航空货运单的缮制。

（1）航空货运单编号（Air Waybill Number）：由航空公司的电脑自动生成，在货运单的左上角或右下角。编号前三位一般是各国航空公司的代号，如中国国际航空公司是 999，日本航空公司是 131，德国汉莎航空公司是 020，俄罗斯航空公司是 555，美国西北航空公司是 012 等。第四位至第十位数字表示货运单序号，最后一位是检验号。例如：999 5019 0081。

（2）承运人（Carrier）：主运单上的承运人为航空运输公司，分运单上的承运人为航空货代。《UCP600》第 23 条规定，若信用证要求提供空运单据，银行将接受表面标明承运人名称的单据。

（3）发货人名称及地址（Shipper's Name and Address）：信用证结算时一般填写受益人名称地址；托收或汇付结算时一般填写合同卖方的名称地址。若信用证或合同另有规定，则按照要求填写。

（4）发货人账号（Shipper's Account Number）：在实务中一般留空不填。

（5）收货人名称及地址（Consignee's Name and Address）：信用证结算时一般填写开证申请人名称地址，托收或汇付结算时一般填写合同买方的名称地址。若信用证或合同另

999 —(1) 999—

Shipper's Name and Address
(3)

Shipper's Account Number
(4)

Not negotiable
Air Waybill*
As Carrier:
(2)
AIR CHINA
BEIJING CHINA

Copies 1, 2 and 3 of this air waybill are originals and have the same Validity.

Consignee's Name and Address
(5)

Consignee's Account Number
(6)

It is agreed that the goods described here are accepted in apparent good order and condition (except as noted) and SUBJECT TO THE CONDITION OF CONTRACT ON THE REVERSE HEREOF. ALL GOODS MAY BE CARRIED BY ANY OTHER MEANS INCLUDING ROAD OR ANY OTHER CARRIER UNLESS SPECIFIC CONTRARY INSTRUCTIONS ARE GIVEN HEREON BY THE SHIPPER. THE SHIPPER'S ATTENTION IS DRAWN TO THE NOTICE CONCERNING CARRIER'S LIMITATION OF LIABILITY. Shipper may increase such limitation of liability by declaring a higher value for carriage and paying a supplement charge if required.

Issuing Carrier's Agent Name and City
(7)

Agent's IATA Code
(8)

Account No.
(9)

Accounting Information
(11)

Airport of Departure and Requested Routing
(10)

To	By first Carrier	Routing & Destination (12)	To	By	To	By	Currency (13)	CHGS Code (14)	WT/VAL PPD (15)	WT/VAL COLL	Other PPD (16)	Other COLL	Declared Value for Carriage (17)	Declared Value for Customs (18)

Airport of Destination (19)	Flight/Date (20)	For Carrier use only	Flight/Date	Amount of Insurance (21)	INSURANCE If shipper requests insurance in accordance with conditions on reverse hereof indicate amount to be insured in figures in box marked "amount of insurance".

Handling Information
(22)

No. of Piece RCP	Gross Weight	Kg Lb.	Rate Class	Commodity Item No.	Chargeable Weight	Rate / Charge	Total	Nature and Quantity of Goods (incl. Dimensions or Volume)
(23)	(24)	(25)	(26)	(27)	(28)	(29)	(30)	(31)

Prepaid		Collect
	Weight Charge (32)	
	Valuation Charge (33)	
	Tax (34)	
	Total Other Charges Due Agent (35)	
	Total Other Charges Due Carrier (36)	
Total Prepaid (37)		Total Collect (38)
Currency Conversion Rate (39)		CC Charges In Dest. Currency (40)
For Carrier Use Only at Dest. (41)	Charges at Destination (42)	Total Collect Charges (43)

Other Charges (44)

Shipper certifies that the particulars on the face hereof are correct and that insofar as any part of the consignment contains restricted articles; such part is properly described by name and is in proper condition for carriage by air according to the Applicable Dangerous Goods Regulations.

Signature of Shipper or its Agent (45)

Executed on (46) at (46)

Signature of Issuing Carrier or its Agent (47)

999—

ORIGINAL 3 (FOR SHIPPER)

图 9－4 航空货运单（空白）

有规定，则按照要求填写。此外，此栏必须做成记名抬头，不允许填写“To order”或“To order of ×××”，如果信用证有此要求，应事先修改信用证。

(6) 收货人账号（Consignee's Account Number）：在实务中一般留空不填。

(7) 签发货运单的承运人的代理人名称及城市（Issuing Carrier's Agent Name and City）：若货运单由承运人的代理人签发，可填写实际代理人名称及城市名称；若货运单直接由承运人签发，此栏留空不填。

(8) 代理人国际航空运输协会代号（Agent's IATA Code）：IATA系国际航空运输协会的（International Air Transport Association）的缩写，在实务中一般留空不填。

(9) 代理人账号（Account No.）：填写代理人账号，供承运人结算时使用。在实务中一般留空不填，除非承运人要求填写。

(10) 始发站机场和指定航线（Airport of Departure and Requested Routing）：填写始发站机场名称和所要求的运输路线，在实务中，一般仅填写始发站机场名称或代码及所在城市的名称或代码。常见的国际机场代码、城市代码和国家代码如表9-1所示。

表9-1 常见的国际机场代码、城市代码和国家代码

国际机场中文名称	机场代码	城市代码	国家代码
首都国际机场（中国北京）	PEK	BJS	CN
浦东国际机场（中国上海）	PVG	SHA	CN
萧山国际机场（中国杭州）	HGH	HGH	CN
栎社国际机场（中国宁波）	NGB	NGB	CN
戴高乐机场（法国巴黎）	CDG	PAR	FR
马尔奔撒国际机场（意大利米兰）	MXP	MIL	IT
希斯罗国际机场（英国伦敦）	LHR	LON	GB
杜勒斯国际机场（美国华盛顿）	LAD	WAS	US
约翰·肯尼迪国际机场（美国纽约）	JFK	NYK	US
拉瓜地亚机场（美国纽约）	LGA	NYK	US
洛杉矶国际机场（美国洛杉矶）	LAX	LAX	US
奥黑尔国际机场（美国芝加哥）	ORD	CHI	US
成田国际机场（日本东京）	NRT	TYO	JP
关西国际机场（日本大阪）	KIX	OSK	JP
皮尔逊国际机场（加拿大多伦多）	YYZ	YTO	CA
威尔逊国际机场（肯尼亚内罗毕）	WIL	NBO	KA

(11) 财务说明（Accounting Information）：此栏填写运费缴付方式及其他财务说明事项，如运费预付（FREIGHT PREPAID）、运费到付（FREIGHT COLLECT），或托运人结算使用信用卡号码、账号等。货物到达目的站无法交付收货人而需要退回的，应将原始货运单号码填入此栏。

(12) 运输路线和目的站（Routing & Destination）：如果是直达运输的，就在第一个“To”下方填写目的站机场代码，在“By First Carrier”下方填写第一承运人代码。如果是经过转运的，分别在后面的“By”下方填写第二、第三承运人代码，在后面的“To”下方填写第二、第三个机场代码，当该城市有多个机场而不知道机场的名称时，也可填写

城市代码。

(13) 货币 (Currency)：填写始发站所在国的货币代码，如 CNY、USD、HKD 等。

(14) 运费代号 (CHGS Code)：一般不需填写，仅供电子传送货运单信息时使用。

(15) 航空运费 (WT/VAL)：WT 全文是 Weight Charge，指根据货物计费重量乘以适用的运价收取的运费；VAL 全文是 Valuation Charge，指下列第 17 栏向承运人声明价值时，必须与运费一起交付的声明价值费。在“PPD”栏内填写“P”或“×”表示预付，在“COLL”栏内填“C”或“×”表示到付。

(16) 其他费用 (Other)：其他费用是指除去运费和声明价值附加费以外的其他费用。此处也有“PPD”和“COLL”两小栏，在“PPD”栏内填写“P”或“×”表示预付，在“COLL”栏内填“C”或“×”表示到付。

(17) 运费申报价值 (Declared Value for Carriage)：填写托运人向承运人声明的货物保价金额，一般可以按照发票金额填写；如果托运人不声明保价，则填“NVD (No Value Declared)”。

(18) 海关申报价值 (Declared Value for Customs)：指托运人向海关申报的货物商业价值，是提供给海关的征税依据。当以出口货物报关单或商业发票作为征税依据时，本栏填写“AS PER INVOICE”，如果空运的货物是样品，可以填写“NCV (No Commercial Value)”。

(19) 目的站机场 (Airport of Destination)：填制最后目的站机场的代码。机场名称不明确时可填城市代码，如果城市名称有重名时，应加上国名代码。如目的站为“悉尼”，须加上国名以区别，填写“SYD，AU”(澳大利亚悉尼)，或“SYD，CA”(加拿大悉尼)。

(20) 航班与日期 (仅供承运人使用) [Flight/Date (For Carrier Use Only)]：即飞机航班号及实际起飞日期，一般无须填写。本栏即使填写，其所填内容只能供承运人使用，该起飞日期不能视为货物的装运日期，货物的装运日期一般以航空运单上的签发日期为准。

(21) 保险金额 (Amount of Insurance)：如果承运人向托运人提供代办货物保险业务，此栏填写货物的保险金额；如果承运人不提供此项服务或托运人不要求投保时，可填“NIL”或“ *** ”符号。

(22) 运输处理注意事项 (Handling Information)：填写所需要注明的内容。

1) 当货物为危险品时，分两种情况处理：

第一，需要附托运人的危险品申报单的货物，填写：“附托运人的申报 (Dangerous Goods as Per Attached Shipper's Declaration)”和“只能装货机 (Cargo Aircraft Only)”。

第二，不要附托运人的危险品申报单的货物，填写：“不需托运人申报 (Shipper's Declaration Not Required)”。

2) 当货物中既有危险品又有非危险品时，危险品填写第一项。当然，这种危险品必须是不需要申报单的，否则，不能放在一起托运。

3) 其他注意事项：

第一，包装情况，如唛头、包装方式等。

第二，飞机随带的有关商业单据名称，如发票、装箱单等。

第三，被通知人 (如果有) 的名称、地址、城市、国名等。

第四，托运人对货物在途时的某些特别指示等。

第五，海关规定等。

（23）货物件数和运价组合点（No. of Piece RCP）：填写空运货物的总包装件数。RCP 是“Rate Combination Point”的缩写，即运价组合点。航空运价包括协议运价、公布直达运价和非公布直达运价。运价使用顺序是：协议运价→公布直达运价→非公布直达运价。如果使用非公布直达运价计算运费，在件数的下方须填写运价组合点城市的代码。

（24）毛重（Gross Weight）：填写空运货物的实际毛重，以千克为单位时可保留小数点后一位。

（25）重量单位（Kg/Lb.）：填写空运货物重量的计量单位。以千克为单位时用代号“K”，以磅为单位时用代号“L”。

（26）费率等级（Rate Class）：填写所采用的货物运价类别的代码（如表 9-2 所示）。

表 9-2 航空运价类别代码

代码	英文全文	解释
M	Minimum Charge	货物的起运费率
N	Normal Under 45 kgs Rate	45 千克以下的普通货物的费率
Q	Quantity Over 45 kgs Rate	45 千克以上的普通货物的费率。45 千克是航空计费界限，因此称为重量分界点（Weight Break Point）
C	Special Commodity Rate	特种货物费率
R	Reduced Class Rate Less Than Normal Rate	即折扣费率。对少数货物，可按“N”费率给予一定百分比的折扣
S	Surcharged Class Rate More Than Normal Rate	加价费率。对少数货物，可按“N”费率加上一定的百分比收取
U	Unit Load Device Basic Charge or Rate	集装箱设备基本运费或运价
E	Unit Load Additional Rate	集装箱设备附加运价
X	Unit Load Device Additional Information	集装箱设备附加说明
Y	Unit Load Discount	集装箱设备折扣

（27）商品品名编号（Commodity Item No.）：在实务中一般留空不填。

（28）计费重量（Chargeable Weight）：填写货物的实际毛重。若属于“M”费率等级，则此栏可空白；若属于按体积计费者，填写体积重量；使用航空集装箱运输时，还要填写航空集装箱的皮重。

知识链接

航空运输时，航空公司按照 1 000 千克等于 6 立方米来折算体积与重量。如果某商品总体积 3 立方米，总毛重 600 千克，航空公司则按照 600 千克来计算运费；另一商品总体积也是 3 立方米，但总毛重只有 400 千克，航空公司就不按 400 千克计算运费，而是把 3 立方米折算成 500 千克，按 500 千克来计算运费，这 500 千克就是计费重量。

(29) 运价/运费 (Rate/Charge)：填写实际计费的费率。在实务中常填写“AS ARRANGED”。

(30) 运费总额 (Total)：填写计收运费的总额，即计费重量与费率的乘积。在实务中常填写“AS ARRANGED”。

(31) 货物品名和数量（包括体积或容积）[Nature and Quantity of Goods (Incl. Dimensions or Volume)]：填写空运货物的名称、数量及外包装尺码，应注意以下几项内容：

1) 当空运的货物中含有危险货物时，应分别填写，并把危险品填写在第一项。

2) 当空运的货物中有活动物时，应根据 IATA 活动物运输规定填写。

3) 对于集合货物，填写“CONSOLIDATION AS PER ATTACHED LIST”，并提供集合包装的清单。

4) 货物的体积表示为“长×宽×高”，例如“DIMS：30×25×20cm”。

5) 当信用证或合同要求表明货物产地时，可在此栏填写“MADE IN CHINA”。

(32) 计重运费（预付/到付）[Weight Charges (Prepaid/Collect)]：在对应的“预付”或“到付”栏内填入按重量计算的运费金额，应与上述第 30 栏（如果已填写具体金额）内的金额一致。但在实务中，常填写“AS ARRANGED”。

(33) 声明价值附加费 (Valuation Charge)：如果托运人对托运的货物进行了保价声明，则在对应的“预付”或“到付”栏内填入声明价值附加费金额，其计算公式是：

声明价值附加费金额＝（声明价值－实际毛重×最高赔偿额）×0.5%

如果托运人没有保价声明，此栏可以留空。

(34) 预付税款 (Tax)：在对应的“预付”或“到付”栏内填入适用的税款，在实务中常填写“AS ARRANGED”或者留空不填。

(35) 由代理人收取的其他费用 (Total Other Charges Due Agent)：在对应的“预付”或“到付”栏内填入由代理人收取的其他费用的总和，在实务中常留空不填。

(36) 由承运人收取的其他费用 (Total Other Charges Due Carrier)：在对应的“预付”或“到付”栏内填入由承运人收取的其他费用的总和，在实务中常留空不填。

(37) 预付费用总额 (Total Prepaid)：填写上述第 32 栏至 36 栏各项预付费用之和，也可以填写“AS ARRANGED”。

(38) 到付费用总额 (Total Collect)：填写上述第 32 栏至 36 栏各项到付费用之和，也可以填写“AS ARRANGED”。

(39) 货币兑换比价 (Currency Conversion Rate)：填写目的站机场所在国家的货币代码及兑换比率，在实务中常留空不填。

(40) 用目的站国家货币付费 (CC Charges In Dest. Currency)：填写目的站机场所在国家货币到付的费用总金额，在实务中常留空不填。

(41) 仅供承运人在目的站使用 (For Carrier Use Only At Dest.)：在实务中常留空不填。

(42) 在目的站的费用 (Charges At Destination)：填写最后承运人在目的站发生的费用金额（包括利息等），在实务中常留空不填。

(43) 到付费用总额（Total Collect Charges）：填写所有到付费用的总金额，CIP 和 CPT 贸易术语出口时此栏留空不填。

(44) 其他费用（Other Charges）：填写始发站运输中发生的其他费用，若无费用，则可以留空不填。根据 IATA 规则的规定，各项费用分别用三个英文字母表示，其中前两个字母是某项费用的代码，比如航空运单费就表示为 AW（Air Waybill Fee）。第三个字母是 C 或 A，分别表示费用应支付给承运人（Carrier）或货运代理人（Agent）。如果费用是承运人收取的，用 C 表示；如果是代理人收取的，用 A 表示。如：AWC：50.00，表明承运人收取制单费 50 元。常见的其他费用代码见表 9-3。

表 9-3 常见的其他费用代码

英文缩写	英文全文	中文意思
AC	Animal Container	动物容器费
AS	Assembly Service Fee	集装服务费
AW	Air Waybill Fee	货运单费
DF	Distribution Service	分发服务费
FC	Charges Collect Fee	运费到付手续费
PK	Packaging	包装服务费
RA	Dangerous Goods Surcharge	危险品处理费
SD	Surface Charge Destination	目的站地面费
SO	Storage Charge Origin	始发站地面费
SR	Storage Destination	目的站保管费
TR	Transit Charge	过境费
UH	ULD Handling	集装设备处理费
WC	Writing Documents Charge	制单费

(45) 托运人或其代理人签名（Signature of Shipper or Its Agent）：印就一段文字，意思是保证所托运的货物并非危险品，结尾处由托运人或其代理人签署。但在实务中，即使托运的货物不是危险品，此栏也往往留空不填。

(46) 日期和地点［Executed On（时间）At（地点）］：填写出具航空货运单的日期和地点。本栏所表示的日期为签发日期，按年、月、日顺序填写。

根据《UCP600》的规定，航空货运单的签发日期被视为发运日期，除非货运单据载有专门批注注明实际发运日期，此时航空货运单的签发日期被视为出具日期。例如：信用证规定最晚的发运日期是 2021 年 7 月 30 日，某航空货运单的签发日期是 2021 年 7 月 31 日，但标注注明实际航班号日期为：MU501/30 JULY 2021，则这张航空货运单发运日期被视为 2021 年 7 月 30 日，这张航空运单是符合信用证的。但是上述第 20 栏中仅供承运人使用的航班与日期不能作为发运日期。

(47) 承运人或代理人签字（Signature of Issuing Carrier or Its Agent）：签单以后正本航空货运单方能生效。当航空货运单以代理人身份签章时，如同提单一样，需在签章处加注 “AS AGENTS FOR THE CARRIER：ABC AIR LINES”；承运人签章则加注 “AS CARRIER”。

注意：在实务中，上述各栏内容不一定要全部填写，在后面的 “工作任务实例” 中读者可看到，很多栏目是可以留空不填的。

工作任务实训

一、任务情境

在合同 MJ21－BSZ0608（见图 9－1）项下，交易采用 FCA 贸易术语，进口商 MJ 公司要求采用大韩航空公司运输，未指定航空货代。因此单证员林晓婷需与货代明确航空公司，查询后发现，有大韩航空从上海直达釜山的航班。经与 MJ 公司最后确认，订下了 2021 年 7 月 17 日的航班。

本项目任务 1 中，单证员林晓婷已经缮制好了发票，其他相关资料如下：

浦东机场代码：PVG
釜山机场代码：PUS
航班号：KE896
运单日期：2021 年 7 月 18 日
其他费用：AWC：50.00 人民币
体积：46×28×25 厘米/箱
承运人代码：KSE
费率等级：Q

二、工作任务

航空公司根据单证员林晓婷的托运单缮制航空货运单，传真给百山祖公司，林晓婷进行确认审核。

三、任务实施

航空货运单的缮制如下：

第 1 栏：航空公司电脑自动生成。

第 2 栏：不填，因为运单表面已说明承运人是大韩航空。

第 3 栏：填写百山祖公司的英文名称与地址。

第 4 栏：留空不填。

第 5 栏：填写 MJ 公司的英文名称与地址。

第 6 至第 9 栏：留空不填。

第 10 栏：填写“SHANGHAI AIRPORT (PVG)”。

第 11 栏：填写“FREIGHT COLLECT”。

第 12 栏：在第一个“To”下方填写釜山机场代码“PUS”，在“By First Carrier”下方填写第一承运人的代码“KSE”。

第 13 栏：填写“CNY”。

第 14 栏：留空不填。

第 15 栏：在“COLL”对应栏中填写“C”。

第 16 栏：在“COLL”对应栏中填写“C”。
第 17 栏：填写“NVD”。
第 18 栏：填写“AS PER INV.”。
第 19 栏：填写“BUSAN AIRPORT”。
第 20 栏：填写“KE896/17 JUL.，2021”。
第 21 栏：填写“NIL”。
第 22 栏：留空不填。
第 23 栏：填写“119 CTNS”。
第 24 栏：填写“1 606.00”。
第 25 栏：填写“K”。
第 26 栏：填写“Q”。
第 27 栏：留空不填。
第 28 栏：填写“1 606.00”。
第 29 至第 30 栏：填写“AS ARRANGED”
第 31 栏：填写品名、数量、货物包装箱体积与总体积。
第 32 至 33 栏：在 COLLECT 下方填写“AS ARRANGED”。
第 34 至 37 栏：留空不填。
第 38 栏：填写“AS ARRANGED”。
第 39 至 42 栏：留空不填。
第 43 栏：填写“AS ARRANGED”。
第 44 栏：填写“AWC：50.00”。
第 45 栏：留空不填。
第 46 栏：在“on”后面填写“18 JUL.，2021”，在“at”后面填写“SHANGHAI”。
第 47 栏：承运人签署盖章，并加注“AS CARRIER”。
缮制完毕航空货运单如下（见图 9－5）。

? 训练测试题目

请根据项目 1 中的销售合同（见图 9－3）和任务 1 以及下列相关资料填制航空货运单。

其他相关资料：

宁波机场代码：NGB
仁川机场代码：ICN
每箱尺寸：42×42×28 厘米
运单签发日期：2021 年 11 月 30 日
AWA：50.00 人民币
运单签署：叶晔
总运单号：232CAN86522026
分运单号：WAN－0503221
航空货代：NINGBO WIL－CAN CARGO AGENCY LTD.
中文：宁波维嘉货运代理有限公司，代码：NWH
预定航班号与起飞日期：MU511/30 NOV.，2021

187 PVG13465281 187 PVG13465281

Shipper's Name and Address	Shipper's Account Number	Not negotiable **Air Waybill*** As Carrier: KOREAN AIR (CHINA SHANGHAI) — Excellence in Flight KOREAN AIR
SHANGHAI BIOSAN IMP. AND EXP. CO., LTD. 860 ZUCHONGZHI ROAD, ZHANGJIANG, SHANGHAI, CHINA		Copies 1, 2 and 3 of this air waybill are originals and have the same Validity.
Consignee's Name and Address	Consignee's Account Number	It is agreed that the goods described here are accepted in apparent good order and condition (except as noted) and SUBJECT TO THE CONDITION OF CONTRACT ON THE REVERSE HEREOF. ALL GOODS MAY BE CARRIED BY ANY OTHER MEANS INCLUDING ROAD OR ANY OTHER CARRIER UNLESS SPECIFIC CONTRARY INSTRUCTIONS ARE GIVEN HEREON BY THE SHIPPER. THE SHIPPER'S ATTENTION IS DRAWN TO THE NOTICE CONCERNING CARRIER'S LIMITATION OF LIABILITY. Shipper may increase such limitation of liability by declaring a higher value for carriage and paying a supplement charge if required.
MJ INDUSTRIAL CO., LTD., 270-31 OSUN-DONG GWANGSAN-GU, GWANGJU, KOREA		
Issuing Carrier's Agent Name and City		
Agent's IATA Code	Account No.	Accounting Information FREIGHT COLLECT
Airport of Departure and Requested Routing SHANGHAI AIRPORT (PVG)		

To	By first Carrier	Routing & Destination	To	By	To	By	Currency	CHGS Code	WT/VAL PPD	WT/VAL COLL	Other PPD	Other COLL	Declared Value for Carriage	Declared Value for Customs
PUS	KSE						CNY			C		C	NVD	AS PER INV.

Airport of Destination	Flight/Date	For Carrier use only	Flight/Date	Amount of Insurance	INSURANCE
BUSAN AIRPORT	KE896 / 17 JUL.,2021			NIL	If shipper requests insurance in accordance with conditions on reverse hereof indicate amount to be insured in figures in box marked "amount of insurance".

Handling Information

No. of Piece RCP	Gross Weight	Kg Lb.	Rate Class / Commodity Item No.	Chargeable Weight	Rate / Charge	Total	Nature and Quantity of Goods (incl. Dimensions or Volume)
119 CTNS	1 606.00	K	Q	1 606.00	AS ARRANGED		BAMBOO STICKS 89 000PCS DIM.:(46×28×25)CM×119 VOL:3.832CBM

Shipping Marks:
MJ INDUSTRIAL
MJ21-BSZ0608
BUSAN
NO. 1-119

Prepaid	Weight Charge	Collect	Other Charges
		AS ARRANGED	AWC: 50.00
Prepaid	Valuation Charge	Collect	
		AS ARRANGED	
Prepaid	Tax	Collect	Shipper certifies that the particulars on the face hereof are correct and that insofar as any part of the consignment contains restricted articles; such part is properly described by name and is in proper condition for carriage by air according to the applicable Dangerous Goods Regulations. 大韩航空株式会社 中国上海公司(章)
Prepaid	Total Other Charges Due Agent	Collect	
Prepaid	Total Other Charges Due Carrier	Collect	Signature of Shipper or its Agent
Total Prepaid		Total Collect AS ARRANGED	KOREAN AIR LINES CO., LTD. SHANGHAI BRANCH As CARRIER 李炳忠(章)
Currency Conversion Rate		CC Charges in Dest. Currency	Executed on 18 JUL., 2021 at SHANGHAI — Signature of Issuing Carrier or its Agent
For Carrier use only at Dest.		Charges at Destination	Total Collect Charges AS ARRANGED — 187 PVG13465281

ORIGINAL 3 (FOR SHIPPER)

图 9-5 航空货运单（实例）

任务3　填制（申请）自由贸易区优惠原产地证明书

知识支撑

随着我国对外经济贸易的发展，我国与世界各国的经济交往越来越频繁，贸易量已位居世界前列。为进一步扩大对外贸易规模，实现“双赢”战略，近几年来，我国与许多国家及区域性经济集团进行了多轮谈判并达成协议，双方在减让清单中的产品可享受比最惠国税率更为优惠的关税税率。这种关税优惠是相互的，与发达国家给予发展中国家的普遍的、非互惠的、非歧视的普惠制有所不同。它是互惠互利的“有价证券”，是开启国际市场的“金钥匙”。无论是我国从指定国家进口货物，还是我国的产品出口到指定国家，进口商都可以凭区域性优惠原产地证明书减免进口关税。

截至2021年，我国签订了1个优惠贸易安排（亚太贸易协定）和19个自由贸易区协定，自贸伙伴达25个国家和地区，包括东盟十国、智利、巴基斯坦、新西兰、新加坡、秘鲁、哥斯达黎加、瑞士、冰岛、澳大利亚、韩国、马尔代夫、格鲁吉亚、毛里求斯和柬埔寨22国以及香港、澳门和台湾3个地区。所使用的区域性优惠原产地证明书有：亚太贸易协定原产地证明书（Form B）、中国—东盟自由贸易区优惠原产地证明书（Form E）、中国—智利自由贸易区优惠原产地证明书（Form F）、中国—巴基斯坦自由贸易区优惠原产地证书（Form P）、中国—新西兰自由贸易区优惠原产地证明书、中国—新加坡自由贸易区优惠原产地证明书、中国—秘鲁自由贸易区优惠原产地证明书、中国—哥斯达黎加自由贸易区优惠原产地证明书、中国—瑞士自由贸易区优惠原产地证明书、中国—冰岛自由贸易区优惠原产地证明书、中国—澳大利亚自由贸易区优惠原产地证明书、中国—韩国自由贸易区优惠原产地证明书、中国－格鲁吉亚自由贸易区优惠原产地证书以及对港澳的CEPA原产地证书和对台湾的ECFA原产地证书。自2022年1月1日起出口与签订《区域全面经济伙伴关系协定》的国家，可申请签发RCEP项下原产地证书。

本书主要介绍中国—东盟自由贸易区优惠原产地证明书（Form E）和中国—韩国自由贸易区优惠原产地证明书，其他原产地证明书仅提供随附单据样本供读者了解。

一、中国—东盟自由贸易区优惠原产地证明书

（一）中国—东盟自由贸易区优惠原产地证明书介绍

中国—东盟自由贸易区优惠原产地证明书［ASEAN-CHINA FREE TRADE AREA

PREFERENTIAL TARIFF CERTIFICATE OF ORIGIN（Combined Declaration and Certificate），FORM E]。为享受中国—东盟自由贸易区优惠关税协议下优惠待遇而接受本证书的成员国有：文莱、柬埔寨、印度尼西亚、老挝、马来西亚、缅甸、菲律宾、新加坡、泰国、越南和中国。出口至上述任一成员国的货物，享受中国—东盟自由贸易区优惠关税协议下优惠待遇的主要条件是：

（1）必须是在目的国可享受关税减让的货物。

（2）必须符合货物由任一中国—东盟自由贸易区成员国直接运至另一进口成员国的运输条件，但如果过境运输、转换运输工具或临时储存仅是由于地理原因或仅出于运输需要的考虑，运输途中经过一个或多个非中国—东盟自由贸易区成员国境内的运输亦可接受。

（3）必须符合原产地标准。

中国—东盟自由贸易区优惠原产地证明书（空白）见图9-6。

（二）中国—东盟自由贸易区优惠原产地证明书的缮制

《中华人民共和国与东南亚国家联盟关于修订〈中国—东盟全面经济合作框架协议〉及项下部分协议的议定书》自2019年8月20日起正式实施。新版中国东盟产地证，以海关的格式为例，填制要求如下：

（1）第1栏，货物启运自（中国境内出口商或生产商名称、地址和国家）［Goods consigned from (Exporter's business name,address,country)］：填写在中国境内的出口商或生产商名称、地址、国家等。出口商或生产商必须是已办理原产地证备案的企业，且公司英文名称应与备案一致。此栏显示生产商（不是出口商）信息时，应在第11栏加盖生产商的中英文章，同时需在第7栏加注出口商的名称、地址。注册在台湾、香港、澳门的公司不能作为出口商。

（2）第2栏，货物运输至（收货人的名称、地址和国别）［Goods consigned to (Consignee's business name,address,country)］：填写东盟最终收货人名称、地址、国家，收发货人不得填写两个或两个以上公司名称。

(3)第3栏，运输方式及路线(就所知)[Means of transport and route(as far as know)]：填写运输方式以外，还应填写离港日期(Departure date)、运输工具号(Vessel's name/Aircraft etc.)和卸货口岸(Port of discharge)。出运后申报的原产地证书，此栏必须填写具体运输工具名称及号码，运输工具名称及号码未知的原产地证书，此栏可填写“ *** ”或“BY SEA”或“BY AIR”，采取陆运方式，运输工具直接填写“BY TRUCK”即可，卸货口岸应为进口方口岸。

(4)第4栏，供官方使用(For official use)：由进口国海关填写。不论是否给予优惠待遇，进口成员国海关必须在第4栏做出相应的标注。可以给予优惠待遇的，就在上面的小方框内打“×”。如果不给予优惠，就在下面的小方框内打“×”，并说明不给予优惠的理由。

(5)第5栏，项目编号(Item number)：在收货人、运输条件相同的情况下，如同批出口产品有不同品种，则可按不同品种分列“1”“2”“3”…，依此类推。

1. Goods consigned from (Exporter's business name, address, country)
(1)

Reference No. (14)

ASEAN-CHINA FREE TRADE AREA
PREFERENTIAL TARIFF
CERTIFICATE OF ORIGIN
(Combined Declaration and Certificate)

FORM E

Issued in THE PEOPLE'S REPUBLIC OF CHINA
(Country)
See Notes overleaf

2. Goods consigned to (Consignee's business name, address, country)
(2)

3. Means of transport and route (as far as known) (3)
Departure date
Vessel's name / Aircraft etc.
Port of discharge

4. For official use (4)
□Preferential treatment Given Under ASEAN-CHINA Free Trade Area Preferential Tariff
□Preferential treatment Not Given (Please statereason/s)
Signature of Authorised Signatory of the Importing Party

5. Item number	6. Marks and numbers on packages	7. Number and type of packages, description of products (including quantity where appropriate and H. S. number in six digit code)	8. Origin criterion (see notes overleaf)	9. Gross weight or net weight or other quantity and value (FOB)only when RVC criterion is applied	10. Number date of invoices
(5)	(6)	(7)	(8)	(9)	(10)

11. Declaration by the exporter
The undersigned hereby declares that the above details andstatement are correct; that all the goods were produced in
CHINA (11-1)
(Country)
and that they comply with the origin requirements specified for these goods in the ASEAN-CHINA Free Trade Area Preferential Tariff for the goods exported to
(11-2)
(Importing Country)
(11-3)
Place and date, signature of authorised signatory

12. Certification
It is hereby certified, on the basis of control carried out, that the Declaration by the exporter is correct.
(12)
Place and date, signature and stamp of certifying authority

13 .□ Issued Retroactively □ Exhibition
□ Movement Certificate □Third Party Invoicing
(13)

图 9-6 中国—东盟自由贸易区优惠原产地证明书(空白)

（6）第 6 栏，唛头及包装号（Marks and numbers on packages）：填写的唛头应与货

物外包装上的唛头及发票上的唛头一致；唛头不得出现中国以外的国家或地区制造的字样，也不能出现澳门、香港、台湾原产地字样（如：MADE IN MACAO，HONG KONG，TAIWAN）。如货物无唛头应填"无唛头"（N/M 或 NO MARK）。如唛头为图文等较复杂的内容，此栏打上"SEE ATTACHMENT"，申请单位用空白纸制作带图文的唛头附页，签证机构加盖签证印章。对于多页证书的情况，续页一律使用 Form E 证书，不得用白纸作为证书续页。

（7）第 7 栏，包装数量及种类、商品描述及 H. S. 编码 [Number and type of packages，description of products（including quantity where appropriate and H. S. number in six digital code)]：包装数量必须用英文和阿拉伯数字同时表示，填写货物的具体包装种类（如 CASE、CARTON、BAG 等）。如果无包装，应填明货物出运时的状态，如"NUDE CARGO"（裸装货）、"IN BULK"（散装货）、"HANGING GARMENTS"（挂装）等。商品名称必须具体填明，应详细到可以准确判定该商品。如果信用证、合同中品名笼统或拼写错误，应在括号内加注具体描述或正确品名。商品名称后需填写商品的 6 位 H. S. 编码。商品名称及 H. S. 编码等项填列完后，应在最后一行下方加上表示结束的符号" *** "，以防止加填伪造内容。国外信用证要求填具合同、信用证号码、转口商出具的发票号等，可加填在结束符下的空白处。出口至东盟成员国的货物在进口国海关报关时如使用第三方发票，应在本栏目空白处注明开具发票的公司名称及所在国家（地区）等信息，例如"THE THIRD PART：ALTEAD CO.，LTD，HONGKONG"。第三方必须为中国大陆地区以外的第三方公司，不得为大陆公司。

（8）第 8 栏，原产地标准 [Origin Criterion（see notes overleaf)]：填写具体要求如下：

1）完全获得的，填写"WO"。

2）在一方境内由取得原产资格的材料生产的，填写"PE"。

3）由非原产材料生产：

a. 符合区域价值成分标准的，即单一国家成分或中国—东盟自贸区累计成分大于等于产品离岸价 40%的，应填写增值的百分比，例如"40%"(同时第 9 栏需加注货物 FOB 值)。

b. 符合税则归类改变标准的，填"CTH"。

4）符合特定产品规则的：

a. 列入特定原产地规则清单，但采用完全获得原产地规则的，填写"WO"；

b. 列入特定原产地规则清单，但采用区域价值成分原产地规则的，填写"PSR"（同时第 9 栏需加注货物 FOB 值）。

c. 列入特定原产地规则清单，但采用除以上两种原产地规则外的，填写"PSR"。

（9）第 9 栏，毛重或其他数量及价格（FOB）[Gross Weight or Net Weight or Other Quantity and Value（FOB）Only When RVC Criterion Is Applied]：填写产品的正常计量单位，如"PCS""PAIRS""SETS"等。产品以重量计的则填毛重或净重，需加注"G. W. "（GROSS WEIGHT）或"N. W. "（NET WEIGHT）。涉及第三方的，FOB 价格可填写第三方发票金额或国内出口发票金额。如已知第三方发票金额的，一般应填写第三方发票金额，以避免金额与清关发票不一致导致进口方海关核查。

（10）第 10 栏，发票号码及日期（ Number Date of Invoices)：不得留空，发票号码、

日期必须与正式商业发票一致，月份一般用英文缩写 JAN.、FEB.、MAR. 等表示；发票日期不能迟于提单日期和申报日期；涉及第三方的，应注明第三方发票号。

（11）第 11 栏，出口商声明（Declaration by the Exporters）：有三项内容：第一项是出口商的声明和生产国，英文声明和生产国“CHINA”字样已印就，大意是证书中所列内容正确，货物产于中国。第二项是进口国，横线上的进口国国名一定要填写正确，必须是东盟成员国，一般与最终收货人或目的港的国别一致。签证国家文莱、柬埔寨、印度尼西亚、老挝、马来西亚、缅甸、菲律宾、新加坡、泰国、越南。第三项是出口商签署，填写申报地点、日期，申请单位应在此栏加盖印章并授权专人在此栏签字。生产企业（非出口商）作为申请单位时，此栏加盖生产企业印章。

例如：上海百山祖进出口有限公司，林晓婷，SHANGHAI CHINA，13 JUL，2021。

注意：申报日期不能填写法定休息日，也不得早于发票日期，一般最晚申报时间是货物装运日期的前 5 天，如迟于提单日期，则要申请后发证书。在证书正本和所有副本上盖章签字时，要避免覆盖进口国名称、原产国名称、申报地址和申报时间。更改证书的申报日期一般与原证一致，重发证申报日期应为当前日期。

（12）第 12 栏，官方证明（Certification）：填写签证机构签证地点、日期；签证机构授权签证人员在此栏签字，在提供给申请单位的证书正本和副本上加盖“中英文签证印章”，印章应加盖清晰，不能与签名重叠。签证人员的手签笔迹必须经海关总署统一向东盟备案，签名必须清楚，且与备案笔迹保持一致；如属重发证书，签证机构在此栏加注（“CERTIFIED TRUE COPY OF THE ORIGINAL CERTIFICATE OF ORIGIN NUMBER ______ DATED ______”）。

例如：中华人民共和国上海海关，袁媛，SHANGHAI CHINA，13 JUL.，2021。

（13）第 13 栏，其他标注：补发证书：勾选“Issued Retroactively”，产品装运 3 天后申请的证书为补发证书，证书可在产品装运之日起 12 个月内补发。补发证书的第 11、12 栏日期应为实际申请、签发日期。使用第三方发票：勾选“Third Party Invoicing”；展会产品：勾选“Exhibition”。展览的名称及地址应在第 2 栏中注明。

（14）第 14 栏，原产地证书号（Reference No.）填写海关规定的证书号。编号规则如下：E+年份代码（2 位）+申请单位备案号（9 位）+流水号（4 位）。例如：证书号 E213800000050045 是备案号为 380000005 的单位在 2021 年办理的第 45 票 FORM E 证书。

其他说明：

（1）凡申请办理中国东盟优惠原产地证明书的单位，须在当地海关进行备案。

（2）如果签发的证书正本遗失或损毁，申请单位可向原签证机构申请重发，提供申请单位和丢证方书面说明及原证的复印件，经核实，予以重发。

（3）FORM E 证书内容需要更改时，需提供更改申请书，由签证人员审核后，将证书上错误项目以横线划去，在旁边空白处手写或打印正确的内容，在正确内容周围加“*”截止符，签证人员签字，加盖签证印章。

二、中国—韩国自由贸易协定原产地证书

（一）中国—韩国自由贸易协定原产地证书介绍

中国—韩国自由贸易协定原产地证书（CERTIFICATE OF ORIGIN Form for China-Korea FTA），简称中韩产地证。

中华人民共和国政府和大韩民国政府自由贸易协定《CERTIFICATE OF ORIGIN-Form for China-Korea FTA》（以下简称“中韩自由贸易协定”）于 2015 年 12 月 20 日起施行。自 2015 年 12 月 20 日起，依照中韩自由贸易协定和国家法律有关规定，申请人可以向各地海关、中国国际贸易促进委员会 CCPIT 及其各地方分会申请签发中韩自由贸易协定原产地证书，随附上述证书的出口货物依照中韩自由贸易协定规定在韩国享受优惠关税待遇。

（二）中国—韩国自由贸易协定原产地证书的缮制

中国—韩国自由贸易协定原产地证书（以下简称“中韩产地证”，见图 9－7）由一份浅绿色正本及两份白色副本组成：正本 Original 寄交进口商或送银行结汇；副本 Copy 由出证机构和出口商留存。

除了证书号，中韩产地证还有 14 栏内容。与 FORM A、FORM E 相同，证书号由出证机构的计算机自动分配，其他各栏的内容由出口企业的申报人员按照要求如实填制，保证所填证书的真实、准确。证书一律不得涂改，不得加盖更正章。具体各栏的填制要求如下：

（1）出口商名称、地址、国家（Exporter's Name, Address, Country）：填写在中国境内的出口商名称、地址、国家等。出口商必须是已办理原产地证备案的企业，且公司英文名称应与备案一致，注册在台湾、香港、澳门的公司不能作为出口商。

（2）生产商名称、地址、国别［Producer's Name and Address（if known)］：填写生产商详细的依法登记的名称、地址（包括国家）。如果证书包含一家以上生产商的商品，应列出其他生产商详细的依法登记的名称、地址（包括国家）。如果出口商或生产商希望对信息予以保密，可以填写“AVAILABLE UPON REQUEST”，即应要求提供。如果生产商和出口商相同，应填写“SAME”，即同上。如果不知道生产商，可填写“不知道(UNKNOWN)”。

（3）收货人的名称、地址、国别（Consignee's Name, Address, Country）：填写韩国最终收货人名称、地址、国家。若经其他国家或地区转口需填写中间商名称的，可在最终收货人后面加填英文“VIA”或“O/B”，然后填写中间商名称。

（4）运输方式及路线［Means of Transport and Route（as far as known)］：填写运输方式及路线，在对应的栏目中详细说明离港日期（Departure Date）、运输工具的编号(Vessel/Flight/Train/Vehicle No.)、装货口岸（Port of Loading）和到货口岸（Port of Discharge）。出运前申报：具体运输工具名称及号码未知，此栏可填写“BY SEA”或“BY AIR”或其他运输方式。出运后申报：必须填写具体运输工具名称及号码。

1. Exporter's name, address, country: （1）	Certificate No. （15） **CERTIFICATE OF ORIGIN** **Form for China-Korea FTA** Issued in (see Overleaf Instruction)
2. Producer's name and address, (if known): （2）	
3. Consignee's name, address, country: （3）	
4. Means of transport and route (as far as known) （4） Departure Date Vessel/Flight/ Train/Vehicle No. Port of loading Port of discharge	5. Remarks （5）

6. Item number (Max 20)	7. Marks and numbers on packages	8. Number and kind of packages, description of goods	9. H.S.code (Six-digit code)	10. Origin criterion	11. Gross weight quantity (Quantity Unit) or other measures (liters, m^3, etc.)	12. Number and date of invoice
（6）	（7）	（8）	（9）	（10）	（11）	（12）

13. Declaration by the export: The undersigned hereby declares that the above details and statement are correct, that all the goods were produced in CHINA （13-1） (Country) and that they comply with the origin requirements specified in the FTA for goods exported to KOREA （13-2） (Importing Country) （13-3） Place and date, signature of authorized signatory	14. Certification On the basis of control carried out, it is hereby certified that the Information herein is correct and that the goods described comply with the origin requirements specified in the China-Korea FTA. （14） Place and date, signature and stamp of authorized body

图 9－7 中韩产地证（空白）

(5) 备注 (Remarks)：此栏可以填写进口商的订单号、信用证号等信息。注意：

1) 如果发票是由非缔约方经营者开具的，则应在此栏详细注明非缔约方经营者依法登记的名称和所在国家。

2) 如果原产地证书是后补发的，则应注明"补发"(ISSUED RETROACTIVELY) 字样。

3) 如果原产地证书是经核准的副本，则应注明"原产地证书正本 (编号××××，日期××××) 经核准的真实副本"(CERTIFIED TRUE COPY of The Original Certificate of Origin No. …Dated…) 字样。

4) 如果此份证书不存在以上内容，则此栏打印"******"。

5) 此栏最下面打印核查网址"Verification：www. chinaorigin. gov. cn"。

(6) 项目编号 [Item Number (Max 20)]：填写项目号，在收货人、运输条件相同的情况下，如同批出口货物有不同品种，则可按不同品种分列"1""2""3"…，依此类推，不得超过20项。

(7) 唛头及包装号 (Marks and Numbers on Packages)：没有唛头及包装号，应填"N/M"或"NO MARKS AND NUMBERS"。如有特殊唛头的，可在此栏填写"SEE ATTACHMENT"，并在证书背页贴唛 (盖骑缝章) 或A4白纸打印唛头 (盖骑缝章)。如果唛头是图形或符号而非字母或者数字，应填写"I/S"或"IMAGE AND SYMBOL"。"CARTON LABEL，AS ADDRESS，AS PER INVOICE，AS PACKING LIST，AS B/L，AS BILL OF LADING，COLOR LABEL"等不能用作唛头。

(8) 包装数量及种类、商品描述 (Number and Kind of Packages，Description of goods)：详细列明包装数量及种类。详细列明每种货物的货品名称，以便于海关人员查验时加以识别。货品名称应与发票上的描述及货物的协调制度编码相符。如果是散装货物，应注明"散装 (IN BULK)"。缮制时，可参见FORM A第6栏和FORM E第7栏的填制。

(9) H. S. 编码 [H. S. Code (Six-digit code)]：对应第8栏中的每种货物填写税则号 (商品编码)，以六位数编码为准。

(10) 原产地标准 (Origin Criterion)：标明货物申明享受优惠关税待遇所依据的原产地标准，注意以下四个方面：

1) 如果货物在一缔约方完全获得或生产，填"WO"。

2) 如果货物完全由已获得原产资格的材料生产，填"WP"。

3) 如果货物使用了非原产原材料，但满足《特定产品原产地标准表》所规定的税则归类改变、区域价值成分、工序要求或其他要求，填"PSR"。

4) 如果符合特定货物处理的规定，填"OP"。

(11) 毛重或其他数量 [Gross Weight，Quantity (Quantity Unit) or other Measures (liters，m^3，etc.)]：此栏应填写商品的标准计量单位，如"PCS""PAIRS""SETS"等。货物以重量计的则填毛重，只有净重的，则需加注N. W. (NET WEIGHT)。

(12) 发票号码与日期 (Number and Date of Invoice)：填写发票号码和发票日期。如果发票是由非缔约方经营者开具且该商业发票号码和发票日期均不知晓，则出口方签发的原始商业发票的号码和发票日期应在本栏注明。

(13) 出口商申明 (Declaration by the export)：此栏有三项内容，(13－1) 的大意是证明上述内容正确且货物产自中国；(13－2) 的大意是证明货物出口韩国且完全符合中韩自贸协定；(13－3) 由出口商签署盖章。出口企业经授权的原产地申办人员须在此栏签名，填写申报地点和申报日期。此栏的申报日期不得早于第 12 栏发票的日期。

(14) 签证机构证明 (Certification)：这里的英文大意是证实第 13 栏的内容正确，货物符合中韩自贸协定。此栏由签证机构的签证人员签名，加盖各直属海关字样的签证印章，并填写签证机构的签证地点和日期。签名必须清楚且保持与备案笔迹一致。印章应加盖清晰，且不能与签名重叠。

(15) 证书编号 (Certificate No.)：中韩产地证编号共 16 位数字，包括"K"、年份 (2 位)、产地证申请人所在地（省、市、自治区）编号 (4 位)、产地证申请人备案号 (5 位) 和流水号 (4 位)。

三、填制自由贸易区优惠原产地证明书的注意事项

(1) 办理优惠原产地证的单位，必须先在当地海关或贸促会办理注册登记手续。

(2) 证书使用英文填制，特殊情况下，收货人栏可以使用进口国的文字种类，唛头栏不受文字种类限制，可据实申报。

(3) 在申报时，申报单位需提交用"原产地电子签证系统企业端软件"打印出的全套证书和商业发票（加盖公章及法人章）。

(4) 如果出口商品含有进口成分，但符合原产地标准，需提供"含进口成分商品成本明细单"；如产品系签署机构范围以外的厂家生产，则需提供异地调查结果单。

(5) 如果申报日期迟于出运日期，申请后发证书，需提供正本提单的复印件。

(6) 如果签发的证书正本遗失或损毁，申请单位可向原签证机构申请重发，先登报申明作废，同时提供申请单位和丢证方书面说明及原证的复印件，经海关或贸促会审核通过后，予以重发。

四、其他优惠原产地证明书

（一）亚太贸易协定原产地证明书（FORM B）

亚太贸易协定涉及六个国家：中国、印度、韩国、孟加拉、老挝和斯里兰卡，对应的原产地证明书是：Certificate of Origin Asia－Pacific Trade Agreement (Combined Declaration and Certificate)，因为证书号的首字母是 B，所以简称 Form B。我国出口货物在亚太贸易协定成员国通关时，进口商凭我国海关签发的 Form B 可获得关税减免的优惠待遇；我国从亚太贸易协定成员国进口货物时，如果我国进口商持有上述出口国有关当局签发的 Form B，也可以减免进口关税。

亚太贸易协定原产地证明书（正面）如图 9－8 所示。

1. Goods consigned from (Exporter's business name,address,country)	Reference No. **CERTIFICATE OF ORIGIN** **Asia-Pacific Trade Agreement** **(Combined Declaration and Certificate)** Issued in THE PEOPLE'S REPUBLIC OF CHINA (Country)
2. Goods consigned to (Consignee's business name, address, country)	3. For official use
4. Means of transport and route	

5. Tariff item number	6. Marks and numbers on Packages	7. Number and kind of packages / description of Goods	8. Origin criterion (see notes overleaf)	9. Gross weight or other quantity	10. Number and date of invoices

11. Declaration by the exporter The undersigned hereby declares that the above details and statement are correct; that all the goods were produced in **CHINA** (Country) And that they comply with the origin requirements specified for these goods in the Asia-Pacific Trade Agreement for goods exported to (Importing Country) Place and date, signature of authorized Signatory	12. Certification It is hereby certified, on the basis of control carried out, that the declaration by the exporter is correct. Place and date, signature and stamp of Certifying Authority

图 9－8　亚太贸易协定原产地证明书（空白）

知识链接

2020 年 12 月 10 日，海关总署在全国海关全面推广原产地证书智能审单工作。出口企业申领原产地证书正式步入高效、“秒签”的智能审单时代。

（二）CEPA 原产地证书

CEPA 原产地证书是指内地与香港、澳门关于建立更紧密经贸关系的相关协定使用的原产地证书。CEPA 的全称是：Closer Economic Partnership Arrangement，即《关于建立更紧密经贸关系的安排》，包括中央政府与香港特区政府签署的《内地与香港关于建立更紧密经贸关系的安排》，以及中央政府与澳门特区政府签署的《内地与澳门关于建立更紧密经贸关系的安排》。内地进口商或其代理人在进口报关时，应主动向进境地海关申明有关货物为 CEPA 货物，并提交有效的原产地证书正本。进境地海关审核无误后，进口货物准予享受零关税待遇。

自 2016 年 5 月 1 日起，海关可以接受香港特别行政区、澳门特别行政区原产地证书签发机构以电子形式签发的 CEPA 项下原产地证书；海关不再要求进口货物收货人或其代理人（以下简称“进口人”）在进口申报时提交原产地证书正本。海关认为有必要时，进口人应当补充提交 CEPA 原产地证书打印本。

香港 CEPA 原产地证书打印版本见图 9－9。

（三）ECFA 原产地证书

ECFA 是《海峡两岸经济合作框架协议》（Economic Cooperation Framework Agreement）的英文简称，该协议的目的是加强和增进海峡两岸之间的经贸及投资合作，促进双方货物和服务贸易进一步自由化，逐步建立公平、透明、便利的投资及其保障机制，扩大经济合作领域，建立合作机制。从 2011 年 1 月 1 日起，凡符合《海峡两岸经济合作框架协议》原产地规则的出口企业可向海关申请《海峡两岸经济合作框架协议原产地证书》，使台湾进口商享受关税减免。同理，大陆进口企业持有此原产证书也可享受关税减免的优惠。

ECFA 原产地证书见图 9－10。

（四）RCEP 原产地证书

《区域全面经济伙伴关系协定》（Regional Comprehensive Economic Partnership，RCEP）是 2012 年由东盟发起，历时八年，由包括中国、日本、韩国、澳大利亚、新西兰和东盟十国共 15 方成员制定的协定。RCEP 旨在通过削减关税及非关税壁垒，建立统一市场的自由贸易协定。

《区域全面经济伙伴关系协定》是亚太地区规模最大、最重要的自由贸易协定谈判，覆盖世界近一半人口和近三分之一贸易量，成为世界上涵盖人口最多、成员构成最多元、发展最具活力的自由贸易区。

自 2022 年 1 月 1 日起，依照 RCEP 协定有关规定，申请人可向中国贸促会、中国海关及其地方签证机构申请签发 RCEP 项下原产地证书和背对背原产地证书，随附上述证书的出口货物依照 RCEP 有关规定在 RCEP 成员方享受优惠关税待遇。

RCEP 原产地证明书见图 9－11。

（五）其他

中国—智利自由贸易区优惠原产地证明书（Form F）（简称智利产地证）见图 9－12，中国－巴基斯坦自由贸易区优惠原产地证书（简称巴基斯坦产地证）（Form P）见图 9－13，中国—新西兰自由贸易区优惠原产地证明书（简称新西兰产地证）见图 9－14，中国—新加坡自由贸易区优惠原产地证明书（简称新加坡产地证）见图 9－15，中国—秘鲁自由贸易优惠原产地证明书（简称秘鲁产地证）见图 9－16，中国—哥斯达黎加自贸区优惠原产地证明书（简称哥斯达黎加产地证）见图 9－17，中国—冰岛自由贸易区优惠原产地证明书（简称中国—冰岛产地证）见图 9－18，中国—澳大利亚自由贸易区优惠原产地证明书（简称中澳产地证）见图 9－19、中国—毛里求斯自由贸易协定原产地证明书见图 9－20。

知识链接

智能审核时代如何申报原产地证书，请浏览 12360 海关热线的官方内容。

工作任务实训

一、任务情境

合同 MJ21-BSZ0608（见图 9－1）的烧烤竹签，商品编码 4421.91，符合出具中韩产地证的要求。

其他相关资料如下：

产地证号：K212205410990025　　航班号：KE896

原产标准：WP　　航班日期：2021 年 7 月 18 日

申领日期：2021 年 7 月 13 日　　数量：89 000 根

商业发票号码：21SBE0710　　商业发票日期：2021 年 10 月 7 日

其他不明之处参见图 9－2 与图 9－5。

香港 CEPA 原产地证书打印版本

原產地證書[內地與香港關於建立更緊密經貿關係的安排]

CERTIFICATE OF HONG KONG ORIGIN

(CLOSER ECONOMIC PARTNERSHIP ARRANGEMENT) (CEPA)

出口商（名稱及香港地址）Exporter (Full name and Hong Kong address)	證書編號 Certificate No.
收貨人（名稱及內地地址）Consignee (Full name and Mainland address) 收貨人：	簽證日期 Date of Issue 證書有效截止日期 Valid Up To
離港日期 Departure Date ／ 工廠登記編號 Factory Number 運輸方式 Mode of Transport ／ 裝貨地 Place of Loading 到貨口岸 Port of Discharge	內部專用 For Internal Use Only

商品序	包裝標誌，數量及貨櫃編號；包裹件數及種類；貨物摘要及產品內地協制編號；	數量（計量單位）	商標名稱或標籤 Brand Names or Labels (if any)

本人謹證明以上描述之貨物均符合〈內地與香港關於建立更緊密經貿關係的安排〉下貨物貿易的原產地規則的要求。

I HEREBY CERTIFY THAT THE GOODS DESCRIBED ABOVE COMPLY WITH THE REQUIREMENTS OF THE RULES OF ORIGIN FOR TRADE IN GOODS UNDER CEPA.

原產地證書簽發機構 【原產地證書簽發機構名稱】

Issuing Organization 【Name of Issuing Organization】

證書編號 Certificate No.

Page 1 of 1

註：上述《安排》下的原產地證書已經由電子發出。此證書爲電腦編印的列印本。

Note: The above Certificate of Hong Kong Origin (CEPA) is issued electronically. This is a computer generated print-out of the Certificate.

图 9－9 香港 CEPA 原产地证书打印版本（空白）

海峡两岸经济合作框架协议原产地证书
正本
如有任何涂改、损毁或填写不满均将导致本原产地证书失效

1.出口商(名称、地址) 电话： 传真： 电子邮件：	编号： 签发日期： 有效期至：
2.生产商(名称、地址) 电话： 传真： 电子邮件：	5. 受惠情况 □ 依据海峡两岸经济合作框架协议给予优惠关税待遇 □ 拒绝给予优惠关税待遇(请注明原因) 进口方海关已获授权签字人签字
3.进口商(名称、地址) 电话： 传真： 电子邮件：	
4. 运输工具及路线： 离港日期： 船舶/飞机编号等： 装货口岸： 到货口岸：	6. 备注

7.项目编号	8. HS 编码	9. 货品名称、包装件数及种类	10.毛重或其他计量单位	11.包装唛头或编号	12.原产地标准	13.发票价格、编号及日期

14. 出口商声明 —本人对于所填报原产地证书内容的真实性与正确性负责； —本原产地证书所载货物，系原产自本协议一方或双方，且货物属符合海峡两岸经济合作框架之原产货物。 出口商或已获授权人签字 地点和日期	15. 证明 地点和日期，签字和签证机构印章 电话： 传真： 地址：

图 9-10 ECFA 原产地证书（空白）

Original

1. Goods Consigned from (Exporter's name, address and country)	Certificate No. Form RCEP REGIONAL COMPREHENSIVE ECONOMIC PARTNERSHIP AGREEMENT CERTIFICATE OF ORIGIN Issued in .... (Country)
2 Goods Consigned to (Importer's/ Consignee's name, address, country)	
3. Producer's name, address and country (if known)	
4. Means of transport and route (if known) Departure Date: Vessel's name/Aircraft flight number, etc.: Port of Discharge:	5. For Official Use Preferential Treatment: ☐ Given ☐ Not Given (Please state reason/s) .... Signature of Authorised Signatory of the Customs Authority of the Importing Country

6. Item number	7. Marks and numbers on packages	8. Number and kind of packages; and description of goods.	9. HS Code of the goods (6digit-level)	10. Origin Conferring Criterion	11. RCEP Country of Origin	12. Quantity(Gross weight or others measurement),and value (FOB) where RVC is applied	13. Invoice number(s) and date of invoice(s)

14. Remarks	
15. Declaration by the exporter or producer The undersigned hereby declares that the above details and statements are correct and that the goods covered in this Certificate comply with the requirements specified for these goods in the Regional Comprehensive Economic Partnership Agreement. These goods are exported to: .... (importing country) .... Place and date, and signature of authorised signatory	16. Certification On the basis of control carried out, it is hereby certified that the information herein is correct and that the goods described comply with the origin requirements specified in the Regional Comprehensive Economic Partnership Agreement. .... Place and date, signature and seal or stamp of Issuing Body
17. ☐ Back-to-back Certificate of Origin ☐ Third-party invoicing	☐ ISSUED RETROACTIVELY

图 9－11 RCEP 原产地证明书（空白）

1. Exporter's name, address, country:	Certificate No. **CERTIFICATE OF ORIGIN** **Form F for China-Chile FTA** Issued in THE PEOPLE'S REPUBLIC OF CHINA (see Instruction overleaf)
2. Producer's name and address, country	
3. Consignee's name, address, country:	
4. Means of transport and route (as far as known) Departure Date Vessel/Flight/ Train/Vehicle No. Port of loading Port of discharge	For official use only 5. Remarks

6. Item number (Max 20)	7 Marks and packages no.	8 Number and kind of packages, description of goods	9. HS code (Six digit code)	10. Origin criterion	11. Net weight or quantity with unit of measurement	12. Number(s), and date(s) of Invoice(s)

13. Declaration by the export	14. Certification
The undersigned hereby declares that the above details and statement are correct, that all the goods were produced in **CHINA** (Country) and that they comply with the origin requirements specified in the FTA for goods exported to **CHILE** (Importing Country) Place and date, signature of authorized signatory	It is hereby certified, on the basis of control carried out, that the declaration by the exporter is correct. Place and date*, signature and stamp of certifying authority Certifying authority Tel: Fax: Address:

图 9－12 智利产地证（空白）

<table>
<tr><td colspan="3">1. Exporter's Name, Address, Country</td><td colspan="4" rowspan="3">CERTIFICATE NO。

CERTIFICATE OF ORIGIN
CHINA-PAKISTAN FTA
（Combined Declaration and Certificate）

Issued in____________________
(Country)

See Instructions overleaf</td></tr>
<tr><td colspan="3">2. Consignee's Name, Address, Country</td></tr>
<tr><td colspan="3">3. Producer's Name, Address, Country</td></tr>
<tr><td colspan="3">4. Means of transport and route (as far as known)
Departure date

Vessel/Flight/Train/Vehicle No.

Port of loading

Port of discharge</td><td colspan="4">5. For Official Use Only
□Preferential treatment Given Under China-Pakistan FTA
Free Trade Area Preferential Tariff

□Preferential treatment Not Given (Please state reason/s)

Signature of Authorised Signatory of the Importing Country</td></tr>
<tr><td>6. Item number</td><td colspan="2">7. Marks & Numbers on packages, Number and kind of packages description of goods, HS code of the importing country</td><td>8. Origin criterion</td><td>9. Gross weight quantity and FOB value</td><td>10. Number and date of invoices</td><td>11. Remarks</td></tr>
<tr><td></td><td colspan="2"></td><td></td><td></td><td></td><td></td></tr>
<tr><td colspan="3">12. Declaration by the export
The undersigned hereby declares that the above details and statement are correct; that all the goods were produced in

(Country)
and that they comply with the origin requirements specified for these goods in the China-Pakistan Free Trade Area Preferential Tariff for the goods exported to

(Importing Country)

Place and date, signature and stamp of authorized signatory</td><td colspan="4">13. Certification
It is hereby certified, on the basis of control carried out, that the Declaration by the exporter is correct.

Place and date, signature and stamp of certifying authority</td></tr>
</table>

图 9-13　巴基斯坦产地证（空白）

<table>
<tr><td colspan="4">1. Exporter's name, address, country:</td><td colspan="3" rowspan="3">Certificate No.
CERTIFICATE OF ORIGIN
Form for the Free Trade Agreement between the Government of the People's Republic of China and the Government of New Zealand
Issued inthe People's Republic of China
(see Instruction overleaf)</td></tr>
<tr><td colspan="4">2. Producer's name and address, if known:</td></tr>
<tr><td colspan="4">3. Consignee's name, address, country:</td></tr>
<tr><td colspan="4" rowspan="2">4. Means of transport and route (as far as known)
Departure Date
Vessel/Flight/ Train/Vehicle No.
Port of loading
Port of discharge</td><td colspan="3">5. For official use only
□Preferential Tariff Treatment Given Under China-New Zealand FTA
□Preferential treatment Not Given (Please state reasons)
Signature of Authorized Signatory of the Importing Country</td></tr>
<tr><td colspan="3">6. Remarks</td></tr>
<tr><td>7. Item number (Max 20)</td><td>8. Marks and numbers on packages</td><td>9. Number and kind of packages, description of goods</td><td>10. HS code (Six digit code)</td><td>11. Origin criterion</td><td>12. Gross weight quantity (Quantity Unit) or other measures (items, etc)</td><td>13. Number, date of invoice and invoiced value</td></tr>
<tr><td colspan="4">14. Declaration by the export
The undersigned hereby declares that the above details and statement are correct, that all the goods were produced in
CHINA
(Country)
and that they comply with the origin requirements specified in the FTA for goods exported to
NEW ZEALAND
(Importing Country)
Place and date, signature of authorized signatory</td><td colspan="3">15. Certification
On the basis of control carried out, it is hereby certified that the information herein is correct and that the goods described comply with the origin requirements specified in the Free Trade Agreement between the Government of the People's Republic of China and the Government of New Zealand.
Place and date, signature and stamp of authorized body</td></tr>
</table>

图 9－14　新西兰产地证（空白）

1. Goods consigned from(Exporter's business name, address, country)			Reference No. **CHINA-SINGAPORE FREE TRADE AREA PREFERENTIAL TARIFF CERTIFICATE OF ORIGIN** **(Combined Declaration and Certificate)** Issued in the People's Republic of China (Country) See Notes Overleaf		
2. Goods consigned to(Consignee's name, address, country)					
3. Means of transport and route (as far as known) Departure Date Vessel's Name/Aircraft etc. Port Of Discharge			4. For official use only ☐Preferential Treartment Given Under CHINA-SINGAPORE Free Trade Area Preferential Tariff ☐Preferential treatment Not Given (Please state reasons) Signature of Authorized Signatory of the Importing Country		
5. Item number	6. Marks and numbers on Packages	7. Number and type of packages,description of goods (including quantity where appropriate and HS number of the importing country)	8. Origin criterion (see notes overleaf)	9. Gross weight or other quantity and value(FOB)	10. Number and date of invoice
11. Declaration by the exporter The undersigned hereby declares that the above details and statement are correct; that all the goods were produced in **CHINA** (Country) and that they comply with the origin requirements specified for these goods in the China-Singapore Free Trade Area Preferential Tariff for the goods exported to **SINGAPORE** (Importing Country) Place and date, signature of authorized signatory			12. Certification It is hereby certified, on the basis of control carried out, that the declaration by the exporter is correct. Place and date, signature and stamp of certifying authority		

图 9-15 新加坡产地证（空白）

1. Export's name and address:	Certificate No.: **CERTIFICATE OF ORIGIN** **Form for China – Peru FTA** Issued in THE PEOPLE'S REPUBLIC OF CHINA (see Overleaf Instruction)
2. Producer's name and address, if known:	
3. Consignee's name and address:	
4. Means of transport and route (as far as known): Departure Date: Vessel/Flight/Train/Vehicle No.: Port of loading: Port of discharge:	For Official Use Only: 5. Remarks:

6. Item number (Max 20)	7. Number and kind of packages; description of goods	8. HS code (Six digit code)	9. Origin criterion	10. Gross weight, quantity (Quantity Unit) or other measures(liters, m^3, etc)	11. Number and date of invoice	12. Invoiced value

13. Declaration by the exporter:	14. Certification:
The undersigned hereby declares that the above details and statement are Correct, that all the goods were produced in **CHINA** (Country) and that they comply with the origin requirement specified in the FTA for the goods exported to **PERU** (Importing country) Place and date, signature of authorized signatory	On the basis of control carried out, it is hereby certified that the Information herein is correct and that the goods described comply with the origin requirements specified in the China – Peru FTA. Place and date, signature and stamp of authorized body

图 9－16　秘鲁产地证（空白）

Certificate of Origin

1. Exporter's name, address, country:	Reference No. **CERTIFICATE OF ORIGIN** **Form for China-Costa Rica Free Trade Agreement** Issued in THE PEOPLE'S REPUBLIC OF CHINA (see Instruction overleaf)
2. Producer's name and address, if known:	
3. Importks name, address, country:	For official use only
4. Means of transport and route (as far as known) Departure Date Vessel/Flight/ Train/Vehicle No. Port of loading Port of discharge	5. Remarks

6. Item number (Max 20)	7. Marks and Numbers on packages	8. Number and kind of packages; Description of goods	9. HS code (6 digit code)	10. Origin criterion	11. Gross weight or other quantity (e. g. Quantity Unit, liters, m^3)	12. Number, date of invoice and Invoiced value

13. Declaration by the exporter The undersigned hereby declares that the above stated information is correct, and that all the goods are produced in **CHINA** (Country) and that they comply with the origin requirement specified in the Free Trade Agreement for the goods exported to **COSTA RICA** (Importing country) Place and date, signature of authorized person	14. on the basis of the carried out control, it is hereby certified that the information herein is correct and that the described goods comply with the origin requirements of the China – Costa Rica Free Trade Agreement. Place and date*, signature and stamp of the Authorized Body Tel: Fax: Address:

*A Certificate of Origin issued under China –Costa Rica Free Trade Agreement shall be valid for one year from the date of issuance in the exporting country

图 9－17　哥斯达黎加产地证（空白）

1. Exporter (Name, full address, country)	**No.** **Certificate of Origin used in TFA between** **CHINA** **and** **ICELAND**
2. Consignee (Name, full address, country)	See notes overleaf before completing this form
3.Transport details(as for as know) Departure Date Vessel/Flight/Train/Vehicle No. Port of loading Port of discharge	4. Remarks

5. Item number (Max 20)	6.Marks & numbers	7. Number and hind of packages, Description of goods	8.HS Code (Six digit code)	9. Origin criterion	10.Gross mass (kg) or oreht Measure (liters, m^3, etc.)	11.Invoices (Number and date)

12. ENDORSEMENT BY THE AUTHORIZED BODY	13. DECLARATION BY THE EXPORTER
It is hereby certified, on the basis of control carried out, that the Declaration of the exporter is correct	The undersigned hereby declares that the details and statement above are correct, that all the goods were produced in CHINA (country) And that they comply with the origin requirements specified in the FTA for the goods exported to ICELAND (Importing country)
Place and date, signature and stamp of authorized body	Place and date, signature of authorized signatory

图 9 - 18　中国—冰岛产地证（空白）

1. Exporter's name, address, country:

Certificate No.

CERTIFICATE OF ORIGIN

Form for China-Australia Free Trade Agreement

Issued in

2. Producer's name and address (if known):

3. Importer's name, address, country (if known):

For official use only:

4. Means of transport and route (if known):

Departure Date

Vessel/Flight/ Train/Vehicle No.

Port of loading

Port of discharge

5. Remarks

6. Item number (Max 20)	7. Marks & numbers on packages (optional)	8. Number and kind of packages, description of goods	9. HS code (6-digit code)	10. Origin criterion	11. Gross or net weight or other quantity (e.g. Quantity Unit, litres, m^3.)	12. Invoice number and date

13. Declaration by the export

The undersigned hereby declares that the above-stated information is correct and that the goods produced to

AUSTRALIA

(Importing Party)

comply with the origin requirements specified in the China-Australia Free Trade Agreement.

Place and date, signature of authorized person

14. Certification

On the basis of the control carried out, it is hereby certified that the information here is correct and the described goods comply with the or igin requirements of the China - Australia Free Trade Agreement.

Place, date , and signature and stamp of the Authorized Body

Tel: Fax:

Address:

图 9－19 中澳产地证（空白）

CERTIFICATE OF ORIGIN

1. Exporter's full name, address and country:	**Certificate No.:** **CERTIFICATE OF ORIGIN** **China-Mauritius Free Trade Agreement** Issued in: ________
2.Consignee's full name, address, country	For official use only.
3. Means of transport and route (as far as known) Departure date: Vessel/Flight/Train/Vehicle No.: Port of loading: Port of discharge	4. Remarks.

5. Item number	6. Marks and numbers on packages; Number and kind of packages; Description of goods	7.HS code (6-digit code)	8.Origin criterion	9. Quantity (e.g. Quantity Unit, litres, m^3)	10.Number Date of Invoice

11. Declaration by the producer/exporter The undersigned hereby declares that the above stated in formation is correct and that the goods exported to (Importing Party) comply with the origin requirements specified in the China-Mauritius Free Trade Agreement. Place, date and signature of authorized person	12. Certification On the basis of the control carried out, it is hereby certified that the information herein is correct and that the described goods comply with the origin requirements of the China-Mauritius Free Trade Agreement. Place and date

Signature or stamp of the Authorized Body

图 9－20　中国—毛里求斯自由贸易协定原产地证明书（空白）

二、工作任务

单证员林晓婷根据合同在中国国际贸易单一窗口完成产地证的填制并完成自助打印。

三、任务实施

中韩产地证的各项填制内容与图 8－9 普惠制产地证的内容大同小异，主要区别在于产地标注的“代号”不同。这里不展开赘述。填写好的中韩产地证（实例）见图 9－21。

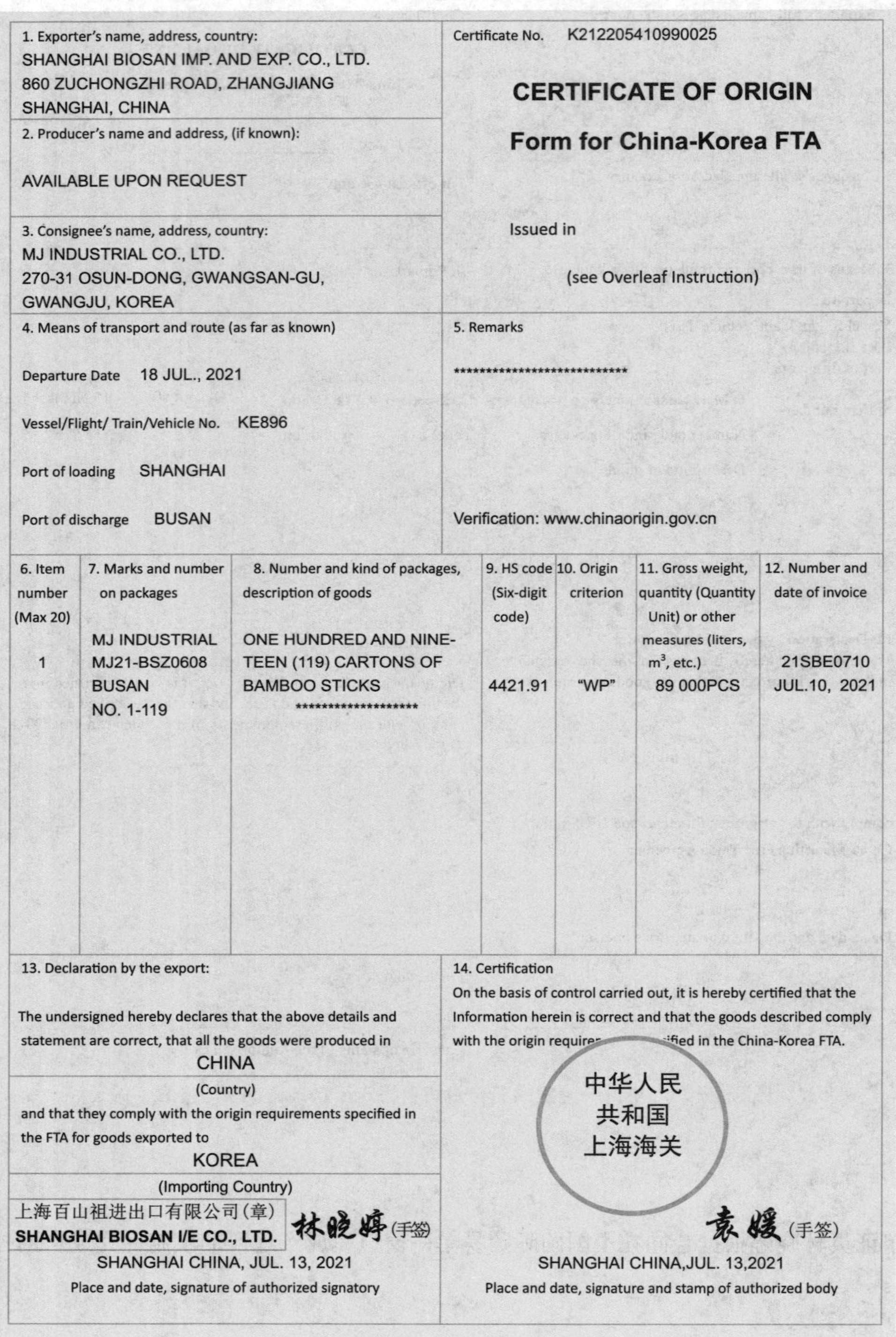

1. Exporter's name, address, country:
SHANGHAI BIOSAN IMP. AND EXP. CO., LTD.
860 ZUCHONGZHI ROAD, ZHANGJIANG
SHANGHAI, CHINA

Certificate No. K212205410990025

CERTIFICATE OF ORIGIN

Form for China-Korea FTA

Issued in

(see Overleaf Instruction)

2. Producer's name and address, (if known):
AVAILABLE UPON REQUEST

3. Consignee's name, address, country:
MJ INDUSTRIAL CO., LTD.
270-31 OSUN-DONG, GWANGSAN-GU,
GWANGJU, KOREA

4. Means of transport and route (as far as known)
Departure Date 18 JUL., 2021
Vessel/Flight/ Train/Vehicle No. KE896
Port of loading SHANGHAI
Port of discharge BUSAN

5. Remarks
****
Verification: www.chinaorigin.gov.cn

6. Item number (Max 20)	7. Marks and number on packages	8. Number and kind of packages, description of goods	9. HS code (Six-digit code)	10. Origin criterion	11. Gross weight, quantity (Quantity Unit) or other measures (liters, m^3, etc.)	12. Number and date of invoice
1	MJ INDUSTRIAL MJ21-BSZ0608 BUSAN NO. 1-119	ONE HUNDRED AND NINETEEN (119) CARTONS OF BAMBOO STICKS ********************	4421.91	“WP”	89 000PCS	21SBE0710 JUL.10, 2021

13. Declaration by the export:
The undersigned hereby declares that the above details and statement are correct, that all the goods were produced in
CHINA
(Country)
and that they comply with the origin requirements specified in the FTA for goods exported to
KOREA
(Importing Country)
上海百山祖进出口有限公司(章)
SHANGHAI BIOSAN I/E CO., LTD. 林晓婷(手签)
SHANGHAI CHINA, JUL. 13, 2021
Place and date, signature of authorized signatory

14. Certification
On the basis of control carried out, it is hereby certified that the Information herein is correct and that the goods described comply with the origin requirements specified in the China-Korea FTA.
中华人民共和国上海海关
袁媛(手签)
SHANGHAI CHINA,JUL. 13,2021
Place and date, signature and stamp of authorized body

图 9－21 中韩产地证（实例）

训练测试题目

请根据买卖合同（见图 9-3）和相关资料缮制中韩产地证。

其他相关资料如下：

产地证号：K203304110640076　　申领日期：2021 年 11 月 25 日
原产标准：WP　　商品编码：6214.10
发票号码：NSHS21-1115　　发票日期：2021 年 11 月 23 日
启运日期：2021 年 11 月 30 日　　航班号：MU511
单证员：张萍　　海关授权签署人：李建华

任务 4　填制其他随附单据——船公司证明和生产过程证明

知识支撑

在国际贸易的履行过程中，不同的国家会有不同的单据要求，这些单据种类繁多，金融单证有汇票、本票、支票等；商业单证有发票、装箱单等；运输单证有海运提单、航空运单、邮政收据等；保险单据包括保险单、保险凭证等；官方单证有产地证、许可证等。随附单证就是除了上述这些单证以外的其他单证，以补充说明履约情况，便于进口商办理进口手续和产品销售。

随附单据名称多样，内容、制作格式也没有严格统一的规范，不像提单、保险单等单据有专门的法律规定或约定可依。常用的随附单据有受益人（出口商）证明、装船通知、船公司证明等。由于装船通知和出口商证明在本篇项目 6 和项目 8 里已有讲解，这里不再赘述。这里主要介绍船公司证明和生产过程证明。

一、船公司证明

船公司证明（Shipping Company's Certificate）是承运人或其代理人出具的单据，通常是进口商为了满足政府需要或为了了解船舶装载性能、货物运输情况等，要求出口商提供由承运人或其代理人出具的相关证明文件。

（一）船公司证明的种类

1. 船舶本身的证明文件

（1）船龄证明（Certificate of Vessel's Age）：因为海洋中波涛汹涌，日晒雨淋，一条船舶经过了 15 年左右时间的航行，大多破旧不堪，所以有些国家/地区的信用证规定，装载货物的船舶的船龄不得超过 15 年，并要求受益人提供船公司或其代理人出具的船龄证明书。这样的要求主要目的在于禁止使用老龄船，以保证货物运输安全。

（2）船级证明（Certificate of Classification）：是一种证明载货船舶符合一定船级标准的证明文书。按照惯例，船级证明由船级社（专门从事船舶检验的机构）出具。国际上著名的船级社有英国劳埃德船级社（LR）、德国船级社（GL）、挪威船级社（DNV）、法国船级社（BV）、日本海事协会（NK）、美国船级社（ABS）等。

（3）船籍证明（Certificate of Ship's Nationality）：主要用于证明船舶所属国籍，一般由承运人出具。进口商要求提供船籍证明通常是因为一些政治原因，比如在 1998 年之前，巴基斯坦的银行开来的信用证要求提供载货船舶的船籍不属于印度的证明；在 2000 年之前，阿拉伯国家的银行开来的信用证常要求提供载货船籍不属于以色列的证明。随着冷战的结束，船籍证明已日渐鲜见。

（4）集装箱船只证明（Certificate of Container Vessel）：在 1995 年之前比较常见，进口商或银行在合同/信用证中规定，货物必须装集装箱船并出具相应证明，一般由受益人根据信用证缮制后，交承运人或其代理人加盖提单签发人的公章，也可在运输单据上加以注明。随着集装箱运输的普及，集装箱船只证明也渐渐淡出。

2. 运输和航行证明

（1）航行路线证明（Certificate of Sailing Route）：主要说明航程中船舶停靠的港口和挂靠港。在中东战争和海湾战争时期，红海和波斯湾地区的国家常在信用证中要求进口货物不在以色列或与以色列友好的国家中转或停靠。证明信的格式及内容一般不固定，可以由受益人出具，也可以由承运人出具，只要符合信用证的要求即可。

（2）转船证明（Certificate of Transshipment）：主要用来说明出口货物将在中途转船，且已联系妥当，由承运人出具，由出口商负责通知进口商。

（3）船长收据（Captain's Receipt）：即船长签字的随船单证收据。有的信用证规定，样品或单据副本交载货船只的船长，由其交给进口商。因此出口商将单据交给船长后，船长签发收单证明即船长收据。船长收据一般注明收到的单据的种类、份数，并声明将于到达目的港后交予指定人。在 20 世纪五六十年代，航空快递没有现在这样发达，常常出现货物到达目的港而单据还未到达的情况，进口商为了能及时提货，就要求出口商让船长将某些单据随货带到目的地。如今，随着航空快递业的发展，船长收据已基本不用。

3. 航运组织和公约证明

（1）黑名单证明（Black List Certificate）：是船公司出具的说明载货船舶未被列入黑名单的证明文件。中东战争与海湾战争时期，阿拉伯国家将与以色列有业务往来的船公司列入黑名单，并不与它们发生业务往来。那时，阿拉伯国家开出的信用证都要求出具载货的船舶不属于黑名单的证明，现已不常见。

（2）SMC、DOC 和 SOLAS：这几个缩略语近年来常出现在信用证的要求中，SMC（Safety Management Certificate，船舶安全管理证书）和 DOC（Document of Compliance，安全符合证书，也称船/港保安符合证书）是按照国际安全管理规则（ISM）的规定，载货船舶应在船上拥有的必要证书。SOLAS 指的是《1974 年国际海上人命安全公约》（简称 SOLAS 公约）。“9·11”事件后国际海事组织于 2002 年 12 月召开缔约国大会，通过对 SOLAS 公约的修正案，并在 2004 年 7 月 1 日起开始实施。按上述有关规定，船舶应持有 SMC 正本，其船名与国籍证书一致，所载公司名称与 DOC 中的公司名称相一致。

（二）船公司证明的缮制

船公司证明如果有固定格式，例如船级证明，则不需要出口商提供资料。一些船公司证明本身没有固定格式，而由出口商按照信用证条款的要求进行缮制，然后让承运人或其代理人盖章。

（三）船公司证明的举例

某信用证规定如下：

A SEPARATE APPENDED DECLARATION TO B/L ISSUED AND SIGNED BY OWNER，AGENT，CAPTAIN OR CO. OF THE VESSEL APPENDED TO B/L STATING：

APPENDED DECLARATION TO B/L

（1）NAME OF VESSEL…PREVIOUS NAME…

（2）NATIONALITY OF VESSEL…

（3）OWNER OF VESSEL…

（4）VESSEL WILL CALL OR PASS THROUGH THE FOLLOWING PORTS ENROUTE TO SAUDI ARABIA 1…，2…，3…，4….

THE UNDERSIGNED（THE OWNER，AGENT，CAPTAIN OR CO. OF THE VESSEL）ACCORDINGLY DECLARES THAT THE INFORMATION PROVIDED（IN RESPONSES TO 1 TO 4）ABOVE IS CORRECT AND COMPLETE AND THAT THE VESSEL SHALL NOT CALL OR ANCHOR ON ANY OTHER PORTS THAN THE A. M. ENROUTE TO SAUDI ARABIA. WRITTEN ON THE…DAY OF…

SIGNATURE OF VESSEL'S OWNER，AGENT，CAPTAIN OR CO. OF THE VESSEL

THIS DECLARATION IS NOT REQUIRED IF SHIPMENT IS EFFECTED THROUGH NATIONAL SHIPPING CO. OF SAUDI ARABIA（NSCSA）OR UNITED ARAB SHIPPING CO.（SAG）.

根据如上信用证的规定，受益人要出具一份船公司证明（见图 9－22），再由签发提单的船公司或货代在下面盖章。

APPENDED DECLARATION TO B/L

B/L NO.: CNSHA293323
L/C NO.: IM329010DAM
PLACE OF ISSUE: SHANGHAI
DATE OF ISSUE: 22, Sept. 2021

（1）**NAME OF VESSEL**: HANJIN BUDAPEST 0042W

（2）**NATIONALITY OF VESSEL**: PANAMA

（3）**OWNER OF VESSEL**: HANJIN SHIPPING

（4）**VESSEL WILL CALL OR PASS THROUGH THE FOLLOWING PORTS ENROUTE TO SAUDI ARABIA**

1. SHANGHAI, 2. NINGBO, 3. XIAMEN, 4. SHEKOU, 5. SINGAPORE, 6. PORT KELANG, 7.JEBEL ALI, 8.KHOR FAKKAN 9. KHOR FAKKAN

THE UNDERSIGNED (THE OWNER, AGENT, CAPTAIN OR CO. OF THE VESSEL) ACCORDINGLY DECLARES THAT THE INFORMATION PROVIDED (IN RESPONSES TO 1 TO 4) ABOVE IS CORRECT AND COMPLITE AND THAT THE VESSEL SHALL NOT CALL OR ANCHOR ON ANY OTHER PORTS THAN THE A. M. ENROUTE TO SAUDI ARABIA.

SIGNATURE OF VESSEL'S OWNER, AGENT, CAPTAIN OR CO OF THE VESSEL
SIGN THE BILL TIME:

图 9-22 船公司证明

二、生产过程证明

在食品、药品出口时，信用证往往要求出口商提供生产过程证明，目的是了解产品从原材料到成品所经过的一系列生产环节是否符合相应的规范。

生产过程证明一般没有固定统一的格式，只要符合信用证要求即可。如果信用证要求生产过程证明必须经过专门机构的认证，则出口商需要到相应的认证机构对其生产过程证明进行认证盖章。如果信用证未做此要求，则只需出口商或生产厂商签字盖章即可。

生产过程证明（实例）见图 9-23。

杭州华味亨进出口有限公司

HANGZHOU HUAWEIHENG IMP. AND EXP. CO., LTD.

536 Jianding Road, Hangzhou, China

CERTIFICATE OF MANUFACTURING PROCESS

Inv. No. 21HHE0902
Date: 02 SEPT.,2021

To:
IWATANI CORPORATION
6-3-1 HOMMACHI
OSAKA, JAPAN

Description of Goods: HALF DRIED PRUNE 2021 CROP

Packing: 150G PER BAG, 25BAGS PER ONE INNER BOX, 4 BOXES PER ONE EXPORT CARTON

Manufacturing Process: MATURE PLUM FRUITS → GRADING AND WASHING → SALTING POOL (SALT 28% TO 30% IN 8 WEEKS) → PLUM IN BRINE (21°C TO 24°C BRIX) → SUN DRY → INSPECTION → PACKING → HALF DRIED PRUNE

杭州华味亨进出口有限公司(章)
HANGZHOU HUAWEIHENG I/E CO., LTD.

沈水根(章)

图 9-23 生产过程证明（实例）

训练测试题目

请根据下面的信用证条款帮助 TOSHIBA LOGISTICS HONGKONG CO.，LTD 公司完成船公司证明的填制。

信用证条款：

OFFICIAL CERTIFICATE ISSUED BY SHIPPING CO.，OR THEIR AGENT CERTIFYING THAT SHIPMENT WAS EFFECTED BY VESSEL/VESSELS CLASSIFIED AND REGISTERED IN LLOYD'S REGISTERS OR THEIR EQUIVALENT AND THAT AGE OF VESSEL/VESSELS NOT MORE THAN 25 YEARS REGISTERS（IN CASE OF SEA SHIPMENT）OR CERTIFICATE FROM AIRLINES CO. CERTIFYING THAT SHIPMENT WAS EFFECTED THROUGH REGULAR LINES.（IN CASE OF AIR SHIPMENT）.

其他相关信息：

B/L NO.：TOGPHML210027　　　　装船日期：2021 年 3 月 19 日

船名航次：COSCO SHIPPING PANAMA/017W

L/C NO.：TFCIMP02102035

签署人：TOSHIBA LOGISTICS HONGKONG CO. LTD AS AGENT FOR THE CARRIER TOSHIBA LOGISTICS CORPORATION *LILY*

第二篇
进口单证操作

在进口合同签订以后，买方需要根据合同的规定履行自己的义务。本篇以婴儿果泥的进口业务流程为实例，以CIF条件成交、远期信用证结算业务为背景，主要介绍进口批件的申领——自动进口许可证的申领和申请表的填写、开证申请——根据买卖双方的合同填制开证申请书、关检合一背景下进口企业单证员的报关单据准备、进口付汇核销的填制所涉及的单证操作。

- 项目10　进口批件的申领
- 项目11　开证申请书的填制
- 项目12　入境货物关检合一
- 项目13　进口付汇核销

10 项目

进口批件的申领

我国对进口商品的贸易管制可以分为两类：一类是禁止进口管理，凡列入国家公布的禁止进口货物目录，以及其他法律、法规明令禁止或停止进口的货物、技术，任何对外贸易经营者不得经营进口；另一类是限制进口管理，对有数量限制的进口货物，实行配额管理；对其他限制进口的货物，实行许可证管理。

凡列入进口许可证管理的商品，除国家另有规定外，各类进出口企业应该在进口前按规定向指定的发证机构申领进口许可证，海关凭进口许可证接受申报和验放。因此，在对外成交、签订合同前，进口单位或受托代理进口单位必须按规定向主管部门和审批部门履行报批手续，并凭批件向发证机关申领进口许可证。本项目仅以实际业务中常用的进口自动许可证来进行分析，以供读者对进口许可证件的申领有一定的了解。

学习目标

知识目标

1. 了解进口许可证的含义和种类
2. 了解办理进口许可证的程序
3. 熟悉自动进口许可证申请表的内容

技能目标

能够根据相关信息填写自动进口许可证申请表

素养目标

1. 养成爱岗敬业、踏实勤奋的职业习惯
2. 具备良好的沟通能力、协同合作能力
3. 培养成诚实守信，遵纪守法的社会责任感。

素养园地

2021 年 5 月 6 日，某化学品公司以一般贸易方式向海关申报进口对乙酰氨基酚 9 500 千克，申报总价 CIF 53 500 美元，申报商品编号 2924292000，属于限制进口商品。但由于单证员的疏忽，在上述货物进口到港报关时仍未向海关提交《进口药品通关单》。经核定，上述事实业已构成违反海关监管规定的行为。

《中华人民共和国海关行政处罚实施条例》第十四条第（一）款规定，违反国家进出口管理规定，进出口国家限制进出口的货物，进出口货物的收发货人向海关申报时不能提交许可证件的，进出口货物不予放行，处货物价值 30%以下罚款。

从这个案例可以看出，单证员在进口业务实际操作时一定要遵守我国的相关法律法规，并严格执行我国海关的相关法律法规，做到知法守法。

任务　申领自动进口许可证

知识支撑

一、进口许可证概述

（一）进口许可证的含义

进口许可证（Import License）指由国家商务部代表国家统一签发的、批准某项商品进口的具有法律效力的证明文件，也是海关查验、放行进口货物和银行办理付汇的依据。

（二）进口许可证的分类

（1）从许可证管理的范围来看，我国的许可证管理主要包括进口许可证以及濒危物种进口、可利用废物进口、进口药品、进口音像制品、进口黄金及其制品的管理。

（2）从进口许可证与配额的关系来看，进口许可证可分为如下两种：

1）有定额的进口许可证，即国家有关机构先规定相关商品的配额，然后在配额的限度内，根据进口商的申请，发放与商品数量有关的进口许可证。

2）无定额的进口许可证，即进口许可证不与进口配额相结合。

（3）从进口商品的许可程度上看，进口许可证可分为如下两种：

1）公开一般许可证，又称自动进口许可证，即一经申请一般都能获得的许可证，其特点是对进口国别或地区没有限制，适用于一些需求广泛、不需要进行严格限制和不限制货物来源的商品。本书主要介绍自动进口许可证。

2）特别许可证，又称非自动进口许可证，即需经主管部门个别审批后才能获得的许可证，特点是对进口国别或地区有限制，主要适用于特殊商品、配额商品及某些禁止进口的商品。

二、自动进口许可证

（一）自动进口许可证概述

自动进口许可证管理是我国货物自动进口许可管理制度中的主体管理部分，是国家基于对这类货物的统计和监督需要而实行的一种在任何情况下对进口申请一律予以批准，具有自动登记性质的许可管理。

《中华人民共和国货物进出口管理条例》规定，对进口属于自动进口许可管理的货物，国家均应当给予许可；进口属于自动进口许可管理的货物，进口经营者应当在办理海关报关手续前，向我国商务部提交自动进口许可申请，商务部应当在收到申请后，立即发放自动进口许可证明；进口经营者凭商务部发放的自动进口许可证明，向海关办理报关验放手续。

（二）自动进口许可证管理

（1）商务部对自动进口许可证项下的货物原则上实行“一批一证”管理，对部分货物也可实行“非一批一证”管理。

“一批一证”：同一份自动进口许可证不得分批次累计报关使用。同一进口合同项下，收货人可以申请并领取多份自动进口许可证。

“非一批一证”：同一份自动进口许可证在有效期内可以分批次累计报关使用，但累计使用不得超过 6 次。海关在自动进口许可证原件“海关验放签注”栏内批注后，留存复印件；最后一次使用后，海关留存正本。

非外商投资企业申领《进口许可证管理商品目录一》中商品的自动进口许可证，均实行“一批一证”（即同一份自动进口许可证只能一次报关使用，不得分批次累计报关使用）。

对“非一批一证”进口实行自动进口许可管理的大宗散装商品，每批货物进口时，按其实际进口数量核扣自动进口许可证额度数量；最后一批货物进口时，其溢装数量按该自动进口许可证实际剩余数量并在规定的允许溢装上限内计算。

（2）海关对散装货物的溢短装数量，在货物总量正负5%以内的予以免证验放，对原油、成品油、化肥、钢材4种大宗货物的散装货物，溢短装数量在货物总量正负3%以内的予以免证验放。

（三）自动进口许可证的申领程序

1. 提交材料

申请自动进口许可证，应向发证机构提交如下材料：

（1）收货人从事货物进出口的资格证书、备案登记文件或者外商投资企业批准证书（以上证书、文件仅限公历年度内初次申领者提交）。

（2）自动进口许可证申请表。

（3）货物进口合同。

（4）属于委托代理进口的，应当提交委托代理进口协议（正本）。

（5）对进口货物用途或者最终用户法律法规有特定规定的，应当提交进口货物用途或者最终用户符合国家规定的证明材料。

（6）针对不同商品在《自动进口许可管理货物目录》中列明的应当提交的材料。

（7）商务部规定的其他应当提交的材料。

收货人应当对所提交材料的真实性负责，并保证其有关经营活动符合国家法律规定。

2. 申领方式

自动进口许可证申请材料简表

进口经营者可以通过网上申领方式或书面申领方式向相关商务主管部门提出申请。

（1）书面申请：收货人可以到发证机构领取或者从相关网站下载“自动进口许可证申请表”（可复印）等有关材料，按要求如实填写，并采用送递、邮寄或者其他适当方式，将要求的其他材料一并递交发证机构。

（2）网上申请：收货人应当先到发证机构申领用于企业身份认证的电子钥匙。申请时，登录相关网站，进入相关申领系统，按要求如实在线填写“自动进口许可证申请表”等资料，同时向发证机构提交规定的有关材料。

进口经营者持“自动进口许可证申请表”及相关材料到相关商务主管部门领取自动进口许可证。许可申请内容正确且形式完备的，各地商务厅将在3个工作日内签发自动进口许可证，最多不超过10个工作日。

（四）自动进口许可证申请表的填写

自动进口许可证的填制（课件）

自动进口许可证申请表（见图10-1）共有20栏，各栏目的填制内容如下：

（1）进口商：此栏中的进口商编号是指进口企业资格证书的13位编码，此项为非必填项；进口商名称指进口用户委托的进口商代理名称，如果属用户自行进口，则输入进口用户名称。

中华人民共和国自动进口许可证申请表

1．进口商： 代码：	3．自动进口许可证申请表号： 自动进口许可证号：
2．进口用户：	4．申请自动进口许可证有效截止日期： 年 月 日
5．贸易方式：	8．贸易国（地区）：
6．外汇来源：	9．原产地国（地区）：
7．报关口岸：	10．商品用途：

11．商品名称：	商品编码：	设备状态：

12．规格、等级	13．单位	14．数量	15. 单价（币别）	16. 总值（币别）	17. 总值折美元
18．总计					

19．备注： 联 系 人： 联系电话： 申请日期：	20．签证机构审批意见：

图 10－1 自动进口许可证申请表（空白）

(2) 进口用户：输入进口用户的名称。

(3) 自动进口许可证申请表号、自动进口许可证号：由发证机关编排。书面申请时留空不填，网上申请时自动生成。

(4) 申请自动进口许可证有效截止日期：自动进口许可证的有效期为6个月，一般情况下自动进口许可证仅限公历年度内有效。

(5) 贸易方式：可以分为一般贸易、来料加工、进料对口、进料深加工、合资合作设备、外资设备物品、货样广告品及无代价抵偿。根据实际情况选择填写。

(6) 外汇来源：按实际填写，如“银行购汇”“自筹”“其他”等。

(7) 报关口岸：按实际的报关口岸填写。

(8) 贸易国（地区）：填写贸易国（地区）的名称。

(9) 原产地国（地区）：填写实际原产地国（地区）的名称。

(10) 商品用途：包括自用、生产配套件、仿制样机或合作制造、直接销售等。

(11) 商品名称、商品编码、设备状态：商品名称应按商务部公布的《进口许可证管理商品目录》填写，商品编码填写实际进口商品的10位编码，设备状态按设备的实际情况填写。

(12) 规格、等级：规格只能填写同一编码商品不同规格型号的4种，多于4种型号应另行填写许可证申请表。

(13) 单位：指计量单位。各商品使用的计量单位由商务部统一规定，不得任意变动。合同中使用的计量单位与规定的计量单位不一致时，应换算成统一计量单位。非限制进口商品，此栏以“套”为计量单位。

(14) 数量：应按商务部规定的计量单位填写数量，允许保留一位小数。

(15) 单价（币别）：应填写成交时用的价格或估计价格并与计量单位一致。

(16) 总值（币别）：根据数量和单价的乘积填写。

(17) 总值折美元：如果成交币别不是美元，要填写折成美元后的数字。

(18) 总计：根据内容进行汇总。

(19) 备注：此栏填写联系人的姓名、联系电话及申请日期。

(20) 签证机构审批意见：由发证机构填写。

知识链接

一、自动进口许可证办理流程（机电类）

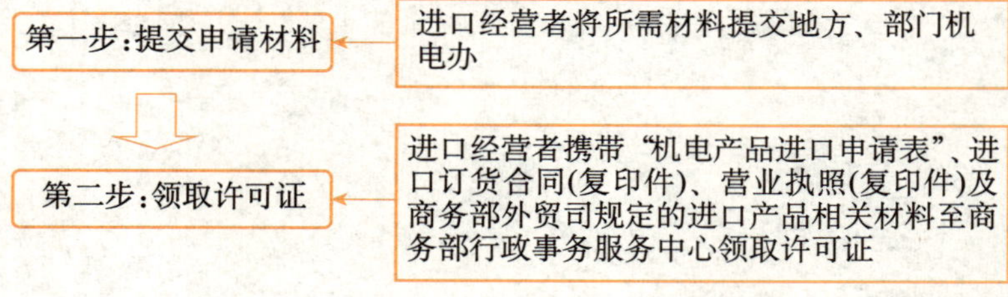

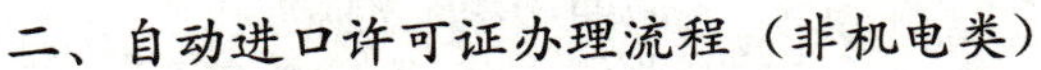

1. 网上申请方式

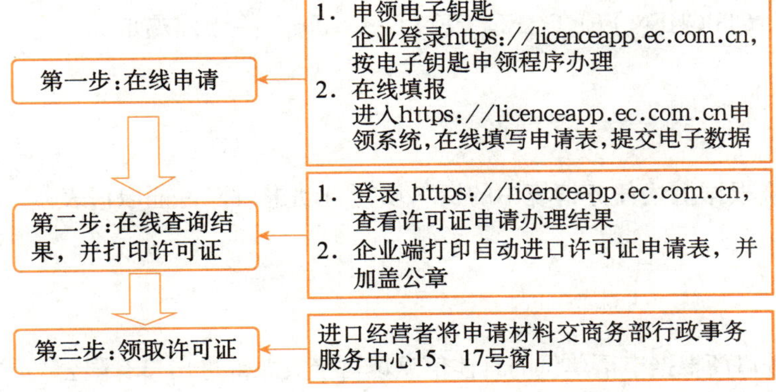

2. 书面申请方式

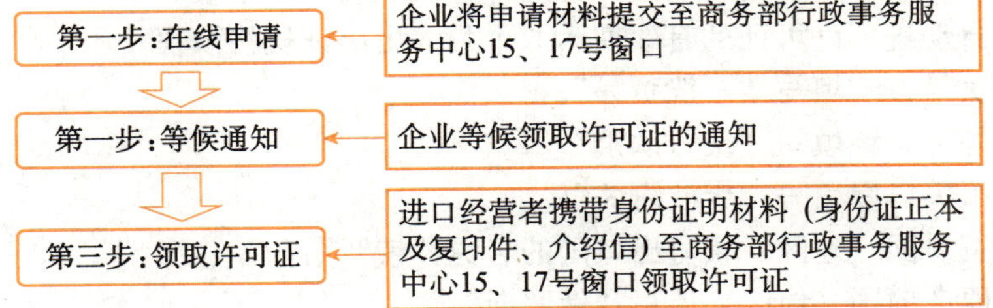

备注：商务部行政事务服务中心 15、17 号窗口为专门领取许可证窗口。

工作任务实训

一、任务情境

宁波龙港进出口有限公司（海关代码：3302739450384；社会信用代码：91330201739450384l）受盐城味鼎轩食品有限公司的委托，从俄罗斯进口冻鸡爪 26 990 千克。经查询，冻的鸡爪的监管条件为“7”和“A”。因此宁波龙港进出口有限公司和俄罗斯的 LLC CHERKIZOVO TH 公司在 2021 年 5 月 28 日签订合同后，宁波龙港进出口有限公司的单证员方晓于 2021 年 7 月 15 日向商务部提交自动进口许可证申请表，申请自动进口许可证。

其他相关资料如下：

贸易方式：一般贸易　　　　外汇来源：银行购汇

合同号：NG28052021
预计到港时间：2021 年 7 月 31 日
报关口岸：宁波海关
商品用途：内销
单价：每千克 2.00 美元
总值：53 980.00 美元
H. S. 编码：0207142200
进口数量：26 990 千克
商品名称：CHICKEN FEET，FROZEN B GRADE 一级冻鸡爪

二、工作任务

单证员方晓根据上述任务情境中的资料填写自动进口许可证申请表。

三、任务实施

第 1 栏：进口商根据申请单位的具体信息填写宁波龙港进出口有限公司的名称、代码。
第 2 栏：填写进口用户的名称“盐城味鼎轩食品有限公司”。
第 3 栏：留空不填，该栏由出证机构的计算机系统自动生成。
第 4 栏：自动进口许可证的有效期为 6 个月，由出证机构填写。
第 5 栏：贸易方式填写“一般贸易”。
第 6 栏：外汇来源填写“银行购汇”。
第 7 栏：报关口岸填写“宁波海关”
第 8 栏：贸易国（地区）填写出口国的名称“俄罗斯”。
第 9 栏：原产地国（地区）填写“俄罗斯”。
第 10 栏：商品用途填写“内销”。
第 11 栏：商品名称填写“一级冻鸡爪”，商品编码填写“0207142200”，设备状态填写“新”。
第 12、13、14、15、16、17、18 栏：填写内容见图 10－2。
第 19 栏：一般留空不填。
第 20 栏：留空，由发证机构填写。
填制好的自动进口许可证申请表见图 10－2。

训练测试题目

宁波千知进出口有限公司于 2021 年 8 月 10 日与泰国的 JEFI AQUATECH RESOUTCES SDN. BHD 公司达成进口 15 000 千克冷冻木薯（H. S. 编码 0714103000，为《2021 年自动进口许可证管理目录一》内商品）的交易。请根据下列资料，以公司单证员董婕的身份填写“自动进口许可证申请表”。

其他相关资料如下：
企业代码：3302653461438
社会信用代码：913302057532053297
贸易方式：一般贸易
报关口岸：北仑海关

外汇来源：银行购汇
商品用途：内销
数量：15 000 千克
总值：11 250.00 美元
联系电话：0574－83456215

商品名称：冷冻木薯（Frozen Cassava）
单价：0.75 美元
申请日期：2021 年 8 月 15 日

中华人民共和国自动进口许可证申请表

1. 进口商：　代码：3302739450384 913302017394503841 宁波龙港进出口有限公司	3. 自动进口许可证申请表号： 自动进口许可证号：
2. 进口用户： 盐城味鼎轩食品有限公司	4. 申请自动进口许可证有效截止日期： 年　月　日
5. 贸易方式： 一般贸易	8. 贸易国（地区）： 俄罗斯
6. 外汇来源： 银行购汇	9. 原产地国（地区）： 俄罗斯
7. 报关口岸： 宁波海关	10. 商品用途： 内销
11. 商品名称： 一级冻鸡爪	商品编码：0207142200　设备状态：新

12. 规格、等级	13. 单位	14. 数量	15. 单价(USD)	16. 总值(USD)	17. 总值折美元
一级	千克	26 990	2.00	53 980.00	53 980.00
18. 总　计		26 990		53 980.00	53 980.00

19. 备注： 联 系 人： 联系电话： 申请日期：	20. 签证机构审批意见：

图 10－2　自动进口许可证申请表（实例）

项目 11 开证申请书的填制

买卖双方签订合同后，按期开立信用证是买方履行合同的关键步骤。向银行申请开立信用证相当于买方在履行合同的付款责任，通过银行对出口商做出付款承诺。因此，作为进口商的买方，签订合同，办理好必要的进口批件后，接下来的工作就是向当地银行申请开立信用证，填写开证申请书。

学习目标

知识目标

1. 了解开立信用证的具体手续
2. 了解进口开证中必须注意的问题
3. 熟悉开证申请书的内容

技能目标

能够根据贸易合同填制开证申请书

素养目标

1. 养成爱岗敬业、吃苦耐劳、踏实勤奋的职业精神
2. 践行实践能力、专注能力、精益求精的工匠精神

3. 具备良好的沟通能力和协同合作能力

素养园地

2021 年 3 月我国某电子有限公司需从国外购买一批电子元器件，该公司单证员根据要求需向银行申请开立信用证。申请人的开证申请书使用开证行印就的格式，申请书中关于汇票的付款人栏目为空白即 draft drawn on ，留由申请人填写。申请人认为，但凡申请书，均是申请人向开证行申请，因此，便将汇票栏目中的付款人填成自己，使本栏目成为 draft on us，但根据《UCP600》的规定，信用证是不得开立成汇票以申请人为付款人的。为与统一惯例相符，使信用证得以使用，开证行便将申请人选定的汇票付款人由 us 修改为 issuing bank。

进口货物到港后，国内市场价格暴跌，但单证相符，开证行按时付款。申请人欲以“开证行未经申请人同意擅自将申请书中汇票的付款人更改为开证行”为由，拒绝偿付开证行的付款。开证行按《UCP600》的规定与申请人交涉，最终申请人如数对开证行进行了偿付。

从这个案例可以看出，单证员在开立信用证申请书时一定要细致，认真学习有关法律法规，对于不了解的专业知识，不能胡乱猜测，以免导致本身信誉的丧失。

任务　填制开证申请书

知识支撑

一、申请开立信用证的具体手续

当进出口双方在贸易合同中确立以信用证结算方式支付货款后，进口商必须在合同规定的时间内到所在地银行办理申请开立信用证手续。开证的手续如下：

（一）递交有关合同的副本及附件

进口商在向银行申请开证时，要向银行递交进口合同的副本及所需的文件，如进口许可证、进口批件等文件。

（二）填写开证申请书

进口商根据银行规定的统一开证申请书格式，填写一式三份：一份留业务部门，一份留财务部门，一份交银行。填写开证申请书，必须按照合同条款的具体规定，写明信用证的各项要求，内容要求明确、完整，无词意不清的记载。

（三）缴纳保证金

按照国际贸易的习惯做法，进口商向银行申请开立信用证时，应向银行缴付一定比例的保证金，其金额一般为信用证金额的百分之十几到百分之几十，根据进口商的资信情况而定。在我国的进口业务中，开证行往往根据不同企业的资信和交易情况，要求开证申请人缴付一定比例的人民币保证金。

（四）支付开证费用

按照国际惯例，开证费由开证申请人支付，所以进口商在申请开立信用证时必须支付开证费。按照我国目前各银行的一般规定，开证费为信用证金额的 0.1%，最高为 100 美元，最低为 25 美元。

二、申请开证的注意事项

（1）申请开证前，要落实进口批准手续（如进口许可证）及外汇来源。

（2）注意申请开证的时间应以卖方在收到信用证后能在合同规定的装运期内出运为原则。若合同规定了具体的开证期限，则必须在规定的期限内开立信用证；若合同未规定限期，则应在合理的时间即合同规定的交货期前一个月开给卖方。因为信用证开出后就不受合同约束，所以应注意信用证与合同的一致，要以对外签订的买卖合同（包括修改后的买卖合同）为开证依据，合同中规定要在信用证上明确的条款都必须列明，不能使用“参阅第×号合同”或“第×号合同项下货物”等条款，也不能将有关合同作为信用证附件附在信用证后，因为信用证是一个独立的文件，不依附于贸易合同。

（3）当合同规定为远期付款时，要明确汇票期限，价格条款必须与相应的单据要求以及费用负担、表示方法等相吻合。如 CIF 价格条件下，开证申请书应表明要求卖方提交“运费预付”的提单，要求卖方提交保险单据，并要表明保险内容、保险范围及投保金额。

（4）信用证内容必须明确无误，应明确规定各类单据、条款的出单人（商业发票、保险单和运输单据除外），明确各单据应表述的内容。

（5）银行只处理单据，不管货物质量如何，也不受贸易合同的约束。为使货物符合要求，可以要求卖方提供商品检验机构出具的装船前检验证明。

（6）在信用证支付方式下，只要单据表面与信用证条款相符合，开证行就必须按规定付款。所以进口商对卖方的要求，在申请开证时应按合同有关规定转化成有关单据，具体规定在信用证中。若信用证中含有某些条件而未列明应提交与之相适应的单据，银行将认为未列此条件，对此不予理会。

（7）不准分批、不准转运、不接受第三者装运单据等要求，均应在信用证中明确规定，否则将被认为允许分批、允许转运、接受第三者装运单据。

（8）国外通知行应由开证行指定，出口商不能指定。但如果出口商在订立合同时坚持指定通知行，进口商可在开证申请书上注明，供开证行在选择通知行时参考。

（9）对进口方开出的信用证，如对方（出口商）要求其他银行保兑或由通知行保兑，我方原则上不能同意（在订立合同时，应说服国外出口商免除保兑要求，以免开证时被动）。

（10）我国银行一般不开立不可转让信用证（因为对第二受益人的资信难以了解，特别是对于跨地区和国家的转让更难掌握）。但在特殊情况下，如大额合同项下开证要求多家出口商交货，照顾实际需要可与银行协商开出可转让信用证。另外，我国银行一般也不开有电报索偿条款的信用证。

三、开证申请书的填制内容

开证申请书内容思维导图

我国各大商业银行的开证申请书格式及填制内容大同小异，下面以中国银行的开证申请书（见图 11－1）为例来介绍开证申请书的填制内容。

开证申请人向开证银行申请开立信用证时，还需向银行提交开证承诺书，开证申请书内容具体如下：

开证申请书承诺书

中国银行：

我公司已办妥一切进口手续，现请贵行按我公司开证申请书内容开出不可撤销跟单信用证，为此我公司愿不可撤销地承担有关责任如下：

一、我公司同意贵行依照国际商务第 600 号出版物《跟单信用证统一惯例》办理信用证项下一切事宜，并同意承担由此产生的一切责任。

二、我公司保证按时向贵行支付该证项下的货款、手续费、利息及一切费用等（包括国外受益人拒绝承担的有关银行费用）所需的外汇和人民币资金。

三、我公司保证在贵行单到通知书中规定的期限之内通知贵行办理对外付款/承兑，否则贵行可认为我公司已接受单据，同意付款/承兑。

四、我公司保证在单证表面相符的条件下办理有关付款/承兑手续。如因单证有不符之处而拒绝付款/承兑，我公司保证在贵行单到通知书中规定的日期之前将全套单据如数退还贵行并附书面拒付理由及对单据的处理意见，由贵行按国际惯例确定能否对外拒付，如贵行确定我公司所提拒付理由不成立，或虽然拒付理由成立，但我公司未能退回全套单据或拒付单据退到贵行已超过单到通知书中规定的期限，贵行有权主动办理对外付款/承兑，并从我公司账户中扣款。

五、该信用证及其项下业务往来函电及单据如因邮、电或其他方式传递过程中发生遗失、延误、错漏，贵行当不负责。

六、该信用证如需修改，由我公司向贵行提出书面申请，由贵行根据具体情况确定能否办理修改。我公司确认所有修改当由信用证受益人接受时才能生效。

七、我公司在收到贵行开出的信用证、修改书副本后，保证及时与原申请书核对，如有不符之处，保证在接到副本之日起，两个工作日内通知贵行。如未通知，当视为正确无误。

八、如因申请书字迹不清或词意含混而引起的一切后果由我公司负责。

我国各个银行的开证申请书填制内容大同小异，本书以中国银行的开证申请书格式为例来介绍，具体填制内容有 17 项，填制要求如下：

IRREVOCABLE DOCUMENTARY CREDIT APPLICATION

（1）TO: BANK OF CHINA

（2）开证方式：

（全电开证） ISSUE BY TELETRANSMISSION

（快邮开证） ISSUE BY COURIER

（简电开证） WITH BRIEF ADVICE BY TELETRANSMISSION

（3）CONTRACT NO.(合同号）	
（4）IRREVOCABLE DOCUMENTARY CREDIT NO. （信用证编号）	
（5）DATE OF EXPIRY(交单截止日：年 /月/日）	
（6）PLACE OF EXPIRY （信用证效地）	
(7)APPLICANT	
(8)BENEFICIARY (9)ADVISING BANK	
(10)L/C AMOUNT(信用证币别及金额）	USD

(11) 信用证种类）CREDIT AVAILABLE

□	WITH □ ADVISING BANK □ ANY BANK BY NEGOTIATION(议付信用证)
□	WITH ISSUING BANK BY SIGHT PAYMENT(即期付款信用证）
	WITH ISSUING BANK BY ACCEPTANCE（承兑信用证） AT (付款到期日）
□	WITH ISSUING BANK BY DEFERRED PAYMENT（延期付款信用证） AT (付款到期日）

AGAINST THE DOCUMENTS DETAILED HEREIN AND □BENEFICIARY'S DRAFT FOR

____OF INVOICE VALUE

AT (汇票付款期限）： ______

ON BANK OF CHINA, H.O.,BEIJING,CHINA

（12）**PARTIAL SHIPMENTS** （分批发运）				**TRANSSHIPMENT**（转运）			
□	ALLOWED	□	NOT ALLOWED	□	ALLOWED	□	NOT ALLOWED
（13）PLACE OF TAKING IN CHARGE/DISPATCH FROM.../PLACE OF RECEIPT(起运地/发货地/收货点）							
LOADING ON BOARD/DISPATCH/TAKING IN CHARGE AT/FROM(装运港）							
FOR TRANSPORATION TO(到货港）							
PLACE OF FINAL DESTINATION/PLACE OF DELIVERY(最终目的地/运往.../交货地点）							
NOT LATER THAN (最晚装运期 年/月/日)							

（14）COVERING(货物描述）

GOODS ORIGIN(产地）	
QUALITY CONDITION(品质）	
PRICE TERM（价格条款）	
□	FOB
□	CFR
□	CIF
□	OTHER TERM
PACKING(包装）	

（15）DOCUMENTS REQUIRED:（请选择需要的单据，如无法满足要求请在 OTHER DOCUMENTS 处自行录入）

□MANUALLY SIGNED COMMERCIAL INVOICE IN [____] ORIGINAL(S) AND [____] COPY(IES) INDICATING THIS L/C NO._______ AND CONTRACT NO.__________ (PHOTO COPY AND CARBON COPY NOT ACCEPTABLE AS ORIGIN)

□FULL SET(INCLUDED [___] ORIGINAL(S) AND [___] NON-NEGOTIABLE COPY（IES） OF CLEAN ON BOARD OCEAN BILL OF LADING MADE OUT TO ORDER AND BLANK ENDORSED,MARKED FREIGHT □PREPAID □COLLECT □PAYABLE AS PER CHARTER PARTY NOTIFYING________

□AIR WAYBILLS SHOWING FREIGHT □ PREPAID □TO COLLECT AND CONSIGNED TO ________

□ RAILWAY BILLS SHOWING □ PREPAID □TO COLLECT AND CONSIGNED TO ________

□FULL SET(INCLUDED [____] ORIGINAL(S) AND [____] COPY(IES)) OF INSURANCE POLICY / CERTIFICATE FOR 110% OF THE INVOICE VALUE, SHOWING CLAIMS PAYABLE IN CHINA, IN THE CURRENCY OF THE DRAFT, BLANK ENDORSED,COVERING([□]OCEAN MARINE TRANSPORTATION [□]AIR TRANSPORTATION[□]OVERLAND TRANSPORTATION) □ICC(A)/□ALL RISKS (CIC)AND WAR RISK

□WEIGHT MEMO/PACKING LIST IN [___] ORIGINAL(S) AND [___] COPY(IES) BY__________ INDICATING QUANTITY/GROSS AND NET WEIGHTS OF EACH PACKAGE AND PACKING CONDITIONS AS CALLED FOR THE L/C

□CERTIFICATE OF QUANTITY/WEIGHT IN [___] ORIGINAL(S) AND [___] COPY(IES) ISSUED BY ________ INDICATING THE ACTUAL SURVEYED QUANTITY/WEIGHT OF SHIPPED GOODS AS WELL AS THE PACKING CONDITION.

□CERTIFICATE OF QUALITY IN [___] ORIGINAL(S) AND [___] COPY(IES) INDICATING ISSUED BY______

□BENEFICIARY'S CERTIFIED COPY OF FAX /TELEX DISPATCHED TO THE APPLICANT WITHIN [___] DAYS AFTER SHIPMENT ADVISING [□] NAMES OF VESSEL/[□]FLIGHT NO./[□]WAGON NO. DATE, QUANTITY,WEIGHT AND VALUE OF SHIPMENT.

□CERTIFICATE OF ORIGIN IN [______] ORIGINAL(S) AND [______] COPY(IES) ISSUED BY ______________________.

（16）□OTHER DOCUMENTS, IF ANY

（17）ADDITIONAL INSTRUCTION（特殊条款）（请选择需要的条款，如无法满足要求请在 OTHER TERMS 处自行录入）：

□ THE CREDIT IS SUBJECT TO UCP 600.

□BENEFICIARY'S CERTIFICATE CONFIRMING THEIR ACCEPTANCE OR REJECTION OF THE AMENDMENTS ISSUED UNDER THIS L/C. QUOTING THE RELEVANT AMENDMENT NUMBER IS AMENDMENTS IS REQUIRED FOR PRESENTATION UNDER THIS L/C. SUCH CERTIFICATE IS NOT REQUIRED IF NO AMENDMENT HAS BEEN ISSUED UNDER THIS L/C.

□ALL BANKING CHARGES OUTSIDE THE OPENING BANK ARE FOR BENEFICIARY'S ACCOUNT.

□DOCUMENTS MUST BE PRESENTED WITHIN ____ DAYS AFTER THE DATE OF ISSUANCE OF THE TRANSPORT DOCUMENTS BUT WITHIN THE VALIDITY OF THIS CREDIT.

□THIRD PARTY AS SHIPPER IS NOT ACCEPTABLE

. □BOTH QUANTITY AND AMOUNT FOR _____ MORE OR LESS ARE ALLOWED

□ PREPAID FREIGHT DRAWN IN EXCESS OF L/C AMOUNT IS ACCEPTABLE AGAINST PRESENTATION OF ORIGINAL CHARGES VOUCHER ISSUED BY SHIPPING CO. AIR LINE/OR IT'S AGENT.

□ ALL DOCUMENTS TO BE FORWARDER IN ONE COVER,UNLESS OTHERWISE STATED ABOVE.

□OTHER TERMS,IF ANY:

（18）联系人
联系电话
手续费扣费账号

开证申请人
（签字盖章）

图 11－1 开证申请书（空白）

开证申请书的填制（动画课件）

（1）致（TO）：银行印制的申请书上事先都会印就开证银行的名称、地址，银行的 SWIFT 号码、电传号码等也会同时显示。

（2）开证方式：信用证的开证方式主要分三种、（全电开证）ISSUE BY TELETRANSMISSION、（快邮开证）ISSUE BY COURIER、（简电开证）WITH BRIEF ADVICE BY TELETRANSMISSION，目前主要是全电开证方式。

（3）CONTRACT NO.（合同号）：填写合同的号码

（4）IRREVOCABLE DOCUMENTARY CREDIT NO.（信用证编号）：此栏由银行填写。

（5）DATE OF EXPIRY（交单截止日：年/月/日）：为承付或议付规定的到期日，一般填写提单日后 15 天内。

（6）PLACE OF EXPIRY（信用证效地）：此栏填写信用证的有效期及到期地点。按照惯例，有效期为最后装运日 15 天，到期地点为受益人所在地。

（7）APPLICANT（开证申请人）：此栏填写开证申请人（进口商）的全称及详细地址。

（8）BENEFICIARY（受益人）：此栏填写受益人（出口商）的全称及详细地址。

（9）ADVISING BANK（通知行）：此栏由开证行填写。因为通知行一般为开证银行的代理行或分支机构，与开证行有账户往来。如果出口商指定了通知行，进口商应事先向有关银行查询，并及时更改，以免被动。

（10）L/C AMOUNT（信用证币别及金额）：此栏根据合同规定填写信用证金额的大写与小写，大、小写金额必须一致。

（11）CREDIT AVAILABLE（信用证种类）：此栏填写开证行的兑付方式，即议付、即期付款、承兑、延期付款四种中的一种。

如果是议付信用证，还必须明示是自由议付还是限制议付（在“□ADVISING BANK”和“□ANY BANK”中选择）。如果是即期付款、承兑、延期付款三种信用证兑付方式则还要填写付款到期日。

最后，在跟单信用证“AGAINST THE DOCUMENTS DETAILED HEREIN AND □ BENEFICIARY'S DRAFT FOR”后面还要填写汇票金额为商业发票的百分比，并注明汇票的付款人，即在“ON”后面填写开证行名称，中国银行的开证申请书上已印“BANK OF CHINA，H.O.，BEIJING，CHINA”，具体可以根据开证行的名称详细填写。

（12）PARTIAL SHIPMENTS（分批发运）和 TRANSSHIPMENT（转运）：此栏根据合同规定填写，如果可以分批装运和转运，就在“ALLOWED”前面的“□”内打“×”，如果不能分批装运和转运，就在“NOT ALLOWED”前面的“□”内打“×”。

（13）PLACE OF TAKING IN CHARGE/DISPATCH FROM.../PLACE OF RECEIPT（起运地/发货地/收货点）、PLACE OF FINAL DESTINATION/PLACE OF DELIVERY（最终目的地/运往……/交货地点）、FOR TRANSPORATION TO（到货港）、PLACE OF FINAL DESTINATION/PLACE OF DELIVERY（最终目的地/运往……/交货地点）、NOT LATER THAN（最晚装运期　年/月/日）：相关装运信息根据合同规定填写，若允许有转运地/港，也应清楚标明。

（14）COVERING（货物描述）：此栏根据合同规定填写商品描述，包括产地、品名、贸易术语、数量、单价、总价、包装等货物相关信息。所有内容都必须与合同内容相一致，如果合同条款里附带“AS PER INCOTERMS 2010”、数量条款中规定“MORE OR LESS”或“ABOUT”、使用某种特定包装物等特殊要求，在此也必须清楚列明。

(15) DOCUMENTS REQUIRED（单据要求）：中国银行在此栏已列明的单证条款有10条，依次为发票、提单、航空货运单、铁路运单、保险单、重量单/装箱单、数量证书/重量证书、品质证书、受益人证明、其他单证。

开证申请人可根据合同规定在对应的单据前的“□”内打“×”，不能随意提出超出合同规定的要求，也不能降低或减少合同规定的要求。选中某单据后，对该单据的具体要求（如一式几份、是否要签字、正副本的份数、单据中应标明的内容等）也应如实填写。

(16) OTHER DOCUMENTS, IF ANY（其他单据）：如果印就的单据要求不完整，则在此栏填写所需单证的名称、份数及出证机构。

(17) 附加指示（ADDITIONAL INSTRUCTIONS）：中国银行的开证申请书在此栏已印就 9 条指示，自上而下分别是：信用证适用惯例版本条款、信用证修改受益人的声明文件是否出具条款、银行费用条款、交单期、不接受第三方托运的提单、数量及金额的增减条款、船公司（航空公司）及其代理人出具正本变更凭证后预付的运费超过信用证金额可接受条款、单据一批寄送条款和其他要求。进口商可以在对应的指示前的“□”内打“×”，并填上对应的内容。按照一般惯例，开证行以外的费用由受益人承担，交单期为提单日期后 15 天，但必须在信用证有效期之内。

如果印就的指示要求不完整，则可在第 9 条前的“□”内打“×”，并明示要求。

(18) 开证申请人签署、电话、手续费扣费账号等：此栏由进口企业盖公章、财务专用章、法人代表签署章，并填写电话与手续费扣费账号。

工作任务实训

一、任务情境

宁波贝宁品牌管理有限公司（以下简称“宁波贝宁”）于 2021 年 3 月 20 日与西班牙 VICKY FOODS PRODUCTS, SLU 签订进口 4 410 箱果泥的合同，合同见图 11-2。宁波贝宁公司的单证员支晓红于 3 月 25 日向中国银行浙江分行申请开立信用证。

二、工作任务

单证员支晓红根据销售合同填写开证申请书。

三、任务实施

单证员支晓红根据中国银行开立国际信用证的格式填写开证申请书。

买卖合同

SALES CONTRACT

合同编号：BSB0005

Contract No: BSB0005

签订日期： 2021.03.20

Date: 2021.03.20

卖方：

Seller: VICKY FOODS PRODUCTS,SLU

地址：

Address ： AVENIDA DE ALICANTE 134,46702 GANDIA,VALENCIA,SPAIN

电话：

Tel:+34961021006

传真：

Fax: +34961021008

卖方银行：

Seller Bank:银行账号：

Bank Account：ES23.2100.8623.0202.0000.1761

SWIFT 号码：

SWIFT Code:CAIXESBBXXX

银行地址：

Bank Address: C/Pintor Sorolla 2-4,Valencia

BANCO电话：

BANCO Phone:

EMAIL:

买方：宁波贝宁品牌管理有限公司

Buyer: NINGBO BELLNING BRAND MANAGEMENT CO.,LTD

EMAIL: 532608841@qq. com

EMAIL:532608841@qq. com

地址：浙江省宁波市鄞州区首南街道长亭庵村

Address:CHANGTINGAN VILLAGE SHOUNAN STREET,YINZHOU DISTRICT,NINGBO CITY,ZHEJIANG PROVINCE

电话：0574-88135813

传真：0574-88135800

兹经买卖双方同意，买方购进，卖方出售下列货物，并按下列条款签订本合同：

This Contract is made by and between the Buyers and the Sellers; whereby the Buyers agree to buy and the Sellers agree to sell the under-mentioned commodity according to the terms and conditions stipulated below:

1. 商品：

名称及规格 Descriptions	数量(袋) Quantity （BAGS	单价(欧元) Unit Price（EUR CIF	金额（欧元） Amount（EUR） NINGBO
物品： POUCH FRESA-PLATANO BIO	6174	**0.45**	2778.3
POUCH FRUTOS ROJOS BIO 1	6174	**0.45**	2778.3
POUCH YOGISAN BIO PLATAN	6174	**0.395**	2438.73
POU PERA CIRUELA BIO 1	6174	**0.45**	2778.3
POUCH MANZ PLAT ARAND BI	6174	**0.45**	2778 3
总值（大写）欧元壹万叁仟伍佰伍拾壹元玖角叁分 Total value:. EURO THIRTEEN THOUSAND FIVE HUNDRED AND FIFTY ONE CENTS NINETY THREE ONLY			

2. 包装：每箱7 袋

Packing:7 bags in a box

3. 原产地：西班牙

Country of origin: Espana

4. 价 格：13 551.93欧元

PRICE:EUR13 551.93

5.装运港：西班牙巴伦西亚

目的港：中国宁波

装运期限：不迟于2021年4月30日

Port of loading：Valencia , Spain
Shipping Port: Ningbo port china.

Time of shipment:Not later than APR. 30,2021

6. 有效期：TIME PERIOD

本合同有效期为 12 个月（1 年）

The duration of this contract is 12 consecutive months (1 Year)

7.付款方式：

Terms of payment :100% invoice value of Irrevocable L/C drafts at 15 days after B/L date drawn on Bank of China. The L/C remains valid for negotiation in China for a period of 15 days after the actual date of shipment.

8. 单据/Documents:

1)商业发票三份正本，标明合同号；

2)装箱单正本三份，注明毛、净重、尺码和所装货物每项的品名数量；

3)清洁海运提单作成空白抬头、空白背书，注明运费预付，通知开证申请人；

4)生产批次证书 一份；

5)原产地证书一份，由权威机构签出；

6）保险证书

1）Signed commercial invoice in triplicate with indication of contract number.

2）Packing list in triplicate with indication of both gross and net weights. Measurements and quantity of each

3）Ocean Bill of Lading issued by the carrier consigned to order of shipper and blank endorsed, marked “Freight Prepaid”, and notify applicant.

4）Production batch in 1 copy issued by the producer

5）Certificate of origin in 1 copy

6）Insurance policy in 2 copies.

9.装 运 Shipment:

卖方应在合同规定的装运期内将货物发往目的港。不允许分批，允许转运。

The Seller shall ship the goods within the shipment time from the port of shipment to the port of destination. Partial shipments is not allowed. Transshipment is allowed.

10. 保险：由卖方按发票金额110% 购买一切险。

Insurance : to be covered by the Seller for 110% of the invoice value covering all risks.

11. 装运通知：装运完毕，卖方应即电告买方合同号、品名、已装载数量，发票，装箱单，毛重，净重，运输工具名称及启运日期等。

Shipment advice : The sellers shall immediately , upon the completion of the loading of the goods , advise the buyers of the Contract No , names of commodity , loaded quantity , invoice , packing list, gross weight , net weight, names of vessel and shipment date by TLX/FAX./EMAIL.

12. 品质保证 Guarantee of Quality:

卖方保证本合同项下的商品的保质期为自承运船离开装运港日期起10 个月以上，并且符合本合同规定的品质和规格。总的保质期为 12个月。

The seller guarantees that the goods under this contract for a period of the ship leave the port of shipment date more than 10 months, and in line with the quality and specifications stipulated in the contract.The total shelf life of 12 months.

13. 索 赔 Claims:

如商品品质、规格或数量与本合同的规定不符, 并且此不符不应由保险公司或承运人负责, 则买方有权在商品到达目的港60天内, 凭中华人民共和国海关出具的商检证书, 向卖方索赔或要求更换新的商品, 并且所有费用(如清关费、商检费、运费、保险费、仓储费以及装卸费等因此产生的费用)由卖方承担。关于品质, 卖方应保证: 在货物抵达目的港后60天内, 如出现商品品质不合格, 买方应立即用书面方式通知卖方并提交一份附由中华人民共和国海关总署出具的商检证书的索赔函。

以上证书应被视为索赔依据。根据买方的索赔函, 卖方应负责立即排除商品残缺, 部分或全部更换商品或按照残损状况进行降价处理。如有必要, 买方可自行消除残损, 费用由卖方承担。如卖方在收到上述索赔函后一个月内仍未作答复, 此项索赔要求可被视作已为卖方接受。

Such as commodity quality, specifications or quantity inconsistent with the provisions of this contract, and this should not be inconsistent with the insurance company or the carrier is responsible, the buyer is entitled to 60 days of arrival at destination of goods, with issued by the General Customs Administration of People's Republic of China The inspection certificate to the seller claim or demand replacement of the goods, and all costs (costs such as customs clearance fees, inspection fees, freight, insurance, storage, and handling fees thus generated) shall be borne by the seller. About the quality, the seller shall ensure that: the goods arrive at the port of destination after 60 days, where there is substandard quality of goods, the Buyer shall immediately notify the seller in writing and submit attached by inspection certificate issued by the the General Customs Administration of People's Republic of China The letter claims.

Over certificate shall be considered on the basis of the claim. According to the buyer's claim letter, the seller shall be responsible for defective merchandise immediately exclude some or all of the goods or replace damaged status in accordance with the price deal. If necessary, the buyer may eliminate damaging themselves, the cost borne by the seller. If the seller after receipt of such letter has yet to make a claim within one month of the reply, this claim can not be deemed as accepted by the seller.

14.不可抗力 Force Majeure:

无论在商品制造或装运或转运期间, 如有不可抗力事件发生, 卖方将不对由此而导致的逾期或不能交货负责。但此时, 卖方应立即将不可抗力事件通知买方, 并于通知后十四天内以传真方式向买方提供一份由不可抗力事件发生地权威机构出具的不可抗力事件证明。卖方不能取得出口许可证不得作为不可抗力。

在这种情况下, 卖方仍有义务竭尽全力尽快交货。如不可抗力事件持续超过十周, 买方有权撤销合同。

The Sellers shall not be hold responsible for the delay in shipment or non-delivery of the goods due to Force Majeure, which might occur during the process of manufacturing or the course of loading or transit. The Sellers shall advice Buyers immediately of the occurrence mentioned above and within fourteen days thereafter, the Sellers shall send by fax to the Buyers for their acceptance a certificate of the accident issued by the Competent Government Authorities where the accident occurs as evidence thereof. Seller's inability in obtaining export license shall not be considered as Force Majeure.

Under such circumstances the Sellers, however, are still under the obligation to take all necessary measures to hasten the delivery of the goods. In case the accident lasts for more than 10 weeks, the Buyers shall have right to cancel the Contract.

15. 延迟发货与罚款Late Delivery and Penalty:

除本合同规定的不可抗力外, 若卖方不能按合同规定及时交货, 经买方同意,卖方可在缴纳罚金的条件下延期交货, 罚金将在议付时由付款银行从货款中扣减。罚金不得超过迟发货物价值总额的5%。罚款率为每七天0.5%, 不足七天的按七天计算。如果卖方在合同规定的装运期后十周仍未能发货, 买方有权撤销该部份合同。但不管合同撤销与否, 卖方均应及时支付前述罚金。

Should the Sellers fail to make delivery on time as stipulated in the Contract, with exception of Force Majeure causes specified in the above clause, the Buyers shall agree to postpone the delivery on condition that the Sellers agree to pay a penalty which shall be deducted by the paying bank from the payment under negotiation. The penalty, however, shall not exceed 5% of the total value of the goods involved in the late delivery. The rate of Penalty is charged at 0.5% for every seven days, odd days less than seven days should be counted as seven days. In case the Sellers fail to make delivery ten weeks later than the time of shipment stipulated in the Contract, the Buyers shall have the right to cancel the contract and the Sellers, in spite of the cancellation, shall still pay the aforesaid penalty to the Buyers without delay.

16. 受国际贸易术语2010法律管辖和联合国公约合同国际货物销售.

by Incoterms 2010 law is governed and the United Nations Convention on Contracts for the International Sale of Goods

17. 合同正本一式两份，合同双方及最终用户各持一份。合同的中英文本具有同等法律效力。若中英文文本出现异议时以英文文本为准。

This contract is made in Chinese and English, and has the same validity. Two original ones of this contract will be held by the Buyer, the Seller and the End-user respectively. If the English version and Chinese version of the contract differs, the English version shall prevail.

图 11－2 买卖合同

第1栏：在“BRANCH”的前面填写“ZHEJIANG”，因为在中国银行浙江分行开证。

第2栏：一般选择“ISSUE BY TELETRANSMISSION”开立信用证。

第3栏：填写合同号“BSB0005”。

第4栏：留空。

第5栏：根据合同规定的最迟装运日4月30日后的15天，即5月15日。

第6栏：根据惯例填写西班牙

第7栏：根据合同填写宁波贝宁公司的全称、地址“NINGBO BELLNING BRAND MANAGEMENT CO.，LTD，CHANGTINGAN VILLAGE，SHOUNAN STREET，YINZHOU DISTRICT，NINGBO CITY，ZHEJIANG PROVINCE”。

第8栏：根据合同填写卖方的公司名称、地址“VICKY FOODS PRODUCTS，SLU，AVENIDA DE ALICANTE 134，46702 GANDIA，VALENCIA，SPAIN”。

第9栏：通知行留给开证银行填写。

第10栏：根据合同填写“EUR13 551.93”的大小写金额。

第11栏：根据合同在议付信用证的“□”内打“×”，并根据惯例在ANY BANK的“□”内打“×”；汇票总值按照合同内容填写“100% OF INVOICE VALUE”，汇票付款期限填写“15 DAYS AFTER B/L DATE”。

第12栏：根据合同规定在“PARTIAL SHIPMENTS”下的“NOT ALLOWED”前的“□”内打“×”，在“TRANSSHIPMENT”下的“ALLOWED”前的“□”内打“×”。

第13栏：根据合同的规定，在“LOADING ON BOARD/DISPATCH/TAKING IN CHARGE AT/FROM”下面填写“VALENCIA，SPAIN”；在“FOR TRANSPORATION TO”下面填写“NINGBO，CHINA”；在“NOT LATER THAN”后面填写“2021/04/30”。

第14栏：根据合同的规定，填写“POUCH FRESA－PLATANO BIO”等五种商品的货物名称、数量、单价、总价，选择相应的贸易术语“CIF”，同时填写包装方式。

第15栏：根据合同的规定，在第1、2、5、6、10项前面的“□”内打“×”，并填制相应空格，

第16栏：在“OTHER DOCUMENTS REQUIRED”后添加“Production batch in 1 copy indicates the date of production and expiry date.”

第17栏：根据惯例与合同规定，在第1、3、4、8项前的“□”内打“×”，在第4条的“DAYS”前的横线上填写“15”，

第18栏：按规定加盖公司章、财务章及法人代表签署章，并填写电话号码与传真号码。

填写好的开证申请书见图11－3。

? 训练测试题目

宁波千盛国际贸易有限公司与西班牙的SANTOS VINEDOS CASDE LAERMITA. S. L公司签订了进口17 100瓶葡萄酒的合同。请以该公司单证员的名义，根据销售合同（见图11－4）和相关资料填写开证申请书。

其他相关信息如下：

申请开证日期：2021年5月30日

开证银行：中国银行宁波支行

附加指示：所有单据必须显示合同号和信用证号

不接受第三方托运的提单

IRREVOCABLE DOCUMENTARY CREDIT APPLICATION

（1）TO: BANK OF CHINA ZHEJIANG BRANCH

（2）开证方式：☒（全电开证）ISSUE BY TELETRANSMISSION

☐（快邮开证）ISSUE BY COURIER

☐（简电开证）WITH BRIEF ADVICE BY TELETRANSMISSION

（3）CONTRACT NO.(合同号)	BSB0005
（4）IRREVOCABLE DOCUMENTARY CREDIT NO.(信用证编号)	
（5）DATE OF EXPIRY(交单截止日：年/月/日)	2021 年 5 月 15 日
（6）PLACE OF EXPIRY（信用证效地）	SPAIN
(7)APPLICANT NINGBO BELLNING BRAND MANAGEMENT CO.,LTD CHANGTINGAN VILLAGE,SHOUNAN STREET,YINZHOU DISTRICT,NINGBO CITY,ZHEJIANG PROVINCE	
(8)BENEFICIARY VICKY FOODS PRODUCTS,SLU AVENIDA DE ALICANTE 134,46702 GANDIA,VALENCIA,SPAIN (9)ADVISING BANK	
(10)L/C AMOUNT(信用证币别及金额)	EUR13 551.93 SAY EUR THIRTEEN THOUSAND FIVE HUNDRED AND FIFTY ONE CENTS NINETY THREE ONLY

(11) 信用证种类）CREDIT AVAILABLE

☒	WITH ☐ ADVISING BANK ☒ ANY BANK BY NEGOTIATION(议付信用证)
☐	WITH ISSUING BANK BY SIGHT PAYMENT(即期付款信用证)
☐	WITH ISSUING BANK BY ACCEPTANCE（承兑信用证） AT (付款到期日)
☐	WITH ISSUING BANK BY DEFERRED PAYMENT（延期付款信用证） AT (付款到期日)

AGAINST THE DOCUMENTS DETAILED HEREIN AND☐BENEFICIARY'S DRAFT FOR

100% OF INVOICE VALUE

AT (汇票付款期限)： 15 DAYS AFTER B/L DATE

ON BANK OF CHINA, H.O.,BEIJING,CHINA

（12）PARTIAL SHIPMENTS（分批发运）				TRANSSHIPMENT（转运）			
☐	ALLOWED	☒	NOT ALLOWED	☒	ALLOWED	☐	NOT ALLOWED
（13）PLACE OF TAKING IN CHARGE/DISPATCH FROM.../PLACE OF RECEIPT(起运地/发货地/收货点)							

LOADING ON BOARD/DISPATCH/TAKING IN CHARGE AT/FROM(装运港)
VALENCIA, SPAIN
FOR TRANSPORATION TO(到货港)
NINGBO,CHINA
PLACE OF FINAL DESTINATION/PLACE OF DELIVERY(最终目的地/运往…/交货地点)
NOT LATER THAN (最晚装运期 年/月/日) 2021/04/30

（14）COVERING(货物描述)

DESCRIPTION OF GOODS	QUANTITY	UNIT PRICE	AMOUNT
POUCH FRESA-PLATANO BIO	6174	0.45	2778.3
POUCH FRUTOS ROJOS BIO 1	6174	0.45	2778.3
POUCH YOGISAN BIO PLATAN	6174	0.395	2438.73
POU PERA CIRUELA BIO 1	6174	0.45	2778.3
POUCH MANZ PLAT ARAND BI	6174	0.45	2778.3

GOODS ORIGIN(产地)	SPAIN
QUALITY CONDITION(品质)	
PRICE TERM（价格条款）	
☐	FOB
☐	CFR
☒	CIF NINGBO
☐	OTHER TERM
PACKING(包装)	7 bags in a box

（15）DOCUMENTS REQUIRED:（请选择需要的单据，如无法满足要求请在 OTHER DOCUMENTS 处自行录入）

☒MANUALLY SIGNED COMMERCIAL INVOICE IN [3] ORIGINAL(S) AND [___] COPY(IES) INDICATING THIS L/C NO.________ AND CONTRACT NO. BSB0005
(PHOTO COPY AND CARBON COPY NOT ACCEPTABLE AS ORIGIN)

☒FULL SET(INCLUDED [__] ORIGINAL(S) AND [__] NON-NEGOTIABLE COPY（IES） OF CLEAN ON BOARD OCEAN BILL OF LADING MADE OUT TO ORDER AND BLANK ENDORSED,MARKED FREIGHT ☒ PREPAID ☐COLLECT ☐PAYABLE AS PER CHARTER PARTY NOTIFYING APPLICANT

☐AIR WAYBILLS SHOWINGFREIGHT ☐ PREPAID ☐TO COLLECT AND CONSIGNED TO ________

☐ RAILWAY BILLS SHOWING ☐ PREPAID ☐TO COLLECT AND CONSIGNED TO ________

☒FULL SET(INCLUDED [1] ORIGINAL(S) AND [1] COPY(IES)) OF INSURANCE POLICY / CERTIFICATE FOR 110% OF THE INVOICE VALUE, SHOWING CLAIMS PAYABLE IN CHINA, IN THE CURRENCY OF THE DRAFT, BLANK ENDORSED,COVERING([☒]OCEAN MARINE TRANSPORTATION [☐]AIR TRANSPORTATION[☐]OVERLAND TRANSPORTATION) ☐ICC(A)/☒ALL RISKS (CIC) AND WAR RISK

☒WEIGHT MEMO/PACKING LIST IN [3] ORIGINAL(S) AND [__] COPY(IES) BY __________ INDICATING QUANTITY/GROSS AND NET WEIGHTS OF EACH PACKAGE AND PACKING CONDITIONS AS CALLED FOR THE L/C

☐CERTIFICATE OF QUANTITY/WEIGHT IN [__] ORIGINAL(S) AND [__] COPY(IES) ISSUED BY _______ INDICATING THE ACTUAL SURVEYED QUANTITY/WEIGHT OF SHIPPED GOODS AS WELL AS THE PACKING CONDITION.

☐CERTIFICATE OF QUALITY IN [___] ORIGINAL(S) AND [___] COPY(IES) INDICATING ISSUED BY ______

☐BENEFICIARY'S CERTIFIED COPY OF FAX /TELEX DISPATCHED TO THE APPLICANT WITHIN [___] DAYS AFTER SHIPMENT ADVISING ☐ NAMES OF VESSEL/☐FLIGHT NO./☐WAGON NO.DATE, QUANTITY,WEIGHT AND VALUE OF SHIPMENT.

☒CERTIFICATE OF ORIGIN IN [1] ORIGINAL(S) AND [___] COPY(IES) ISSUED BY THE authorized department .

(16)OTHER DOCUMENTS, IF ANY

☒Production batch in 1 copy indicates the date of production and expiry date.

（17）ADDITIONAL INSTRUCTION（特殊条款）（请选择需要的条款，如无法满足要求请在 OTHER TERMS 处自行录入）：

☒THE CREDIT IS SUBJECT TO UCP 600.

☐BENEFICIARY'S CERTIFICATE CONFIRMING THEIR ACCEPTANCE OR REJECTION OF THE AMENDMENTS ISSUED UNDER THIS L/C. QUOTING THE RELEVANT AMENDMENT NUMBER IS AMENDMENTS IS REQUIRED FOR PRESENTATION UNDER THIS L/C. SUCH CERTIFICATE IS NOT REQUIRED IF NO AMENDMENT HAS BEEN ISSUED UNDER THIS L/C.

☒ALL BANKING CHARGES OUTSIDE THE OPENING BANK ARE FOR BENEFICIARY'S ACCOUNT.

☒DOCUMENTS MUST BE PRESENTED WITHIN 15 DAYS AFTER THE DATE OF ISSUANCE OF THE TRANSPORT DOCUMENTS BUT WITHIN THE VALIDITY OF THIS CREDIT.

☐THIRD PARTY AS SHIPPER IS NOT ACCEPTABLE

. ☐BOTH QUANTITY AND AMOUNT FOR _____ MORE OR LESS ARE ALLOWED

☐ PREPAID FREIGHT DRAWN IN EXCESS OF L/C AMOUNT IS ACCEPTABLE AGAINST PRESENTATION OF ORIGINAL CHARGES VOUCHER ISSUED BY SHIPPING CO. AIR LINE/OR IT'S AGENT.

☒ALL DOCUMENTS TO BE FORWARDER IN ONE COVER,UNLESS OTHERWISE STATED ABOVE.

☐OTHER TERMS,IF ANY:

（18）联系人：支晓红

联系电话：0574-88342158

扣费账户： 453456723479

开证申请人（签字盖章） 宁波贝宁品牌管理有限公司

图 11－3 开证申请书

合　同
CONTRACT

合同号码 No.: WTYX124

日期 Date: MAY 27, 2021

买方：宁波千盛国际贸易有限公司
Buyer: NINGBO QIANSHENG INTERNATIONAL TRADING CO.LTD
ADD: RM.1507, BLOCK#1, YINCHEN INTERNATIONAL., BLVDNO.666,JINGJIANGROADJIANGDONG,NINGBO
TEL: 0574-58346798
FAX: 0574-58346797

卖方：
Seller: SANTOS VINEDOS CASDE LAERMIITA. S. L
ADD: B30542CTRA DEL CARCHU KM11,435820JUMILLA(MURCIA)
TEL: 0034-500412369
FAX: 0034 500412368

本合同由买卖双方订立，买方按照如下条款购进卖方售出的以下产品：
This contract is made between the buyer and the sellers, whereby the buyers agree to buy and the sellers agree to sell the under-mentioned:

（1）货名及规格 Commodity and Specification	（2）数量 Quantity (bottle/case)		（3）单价 Unit price (EUR/bottle)	（4）总金额 Total amount(EUR)
RED WINE			FOB VALENCIA	
VALLE SALINAS MONASTRELL - SYRAH YOUNG RED 750ML	6,000	1,000	0.80	4,800.00
VALLE SALINAS MONASTRELL - SYRAH SELECTION 750ML	11,100	1,850	1.20	13,320.00
TOTAL:	17,100	2,850		
				EUR18,120.00
SAY EURO EIGHTEEN HUNDRED AND ONE HUNDRED TWENTY ONLY THE ABOVE GOODS MAY BE ALLOWED WITH 10% MORE OR LESS IN QUANTITY AT THE SELLER OPTION				

（5）生产国别和制造厂商 COUNTRY OF ORIGIN AND MANUFACTURER：SPAIN

（6）装运期 TIME OF SHIPMENT: BEFORE JUN 30，2021

（7）装运口岸 PORT OF LOADING: VALENCIA SPAIN

（8）卸货口岸 PORT OF DISCHARGE: NINGBO CHINA

（9）保险 INSURANCE: COVERED BY THE BUYER

（10）付款条件 TERMS OF PAYMENT: 100% invoice value of Irrevocable L/C drafts at 60 days after B/L date drawn on Bank of China, If buyer issue L/C lately so that seller can't make the shipping documents in time caused all related fee by the documents delay are not belong to the seller's responsibility.

（11）包装 PACKING

须用坚固的新木箱/纸箱包装，适合长途运输，防湿、防潮、防震、防锈、防粗暴搬运；如果由于包装不良发生损失，或由于采用不充分或不妥当的防保措施而造成任何锈损，卖方应负担由此产生的一切费用和/或损失。

To be packed in new strong wooden case(s)/carton(s)suitable for long distance transportation and well protected against dampness, Moisture, shock, rust and rough handling. The sellers shall be liable for any damages to the goods on account of improper packing and for any rust damage attribute to inadequate or improper protective measures taken by the Sellers, and in such case or cases any and all losses and /or expenses incurred in consequence thereof shall be borne by the Sellers.

（12）唛头 SHIPPING MARKS

卖方应该在每件包装上，用不褪色油墨清楚地标列件号、尺码、毛重、净重、“此端向上”、“小心轻放”、“切勿受潮”等字样，并刷有下列唛头；

On the surface of each package, the package number, measurements, gross weight, net weight, the lifting positions, such cautions as "DO NOT STACK UP SIDE DOWN" "HANDLE WITH CARE ","KEEP AWAY FROM MOISTURE" and the following shipping marks shall be stenciled in fadeless paint。

（13）单据 DOCUMENTS

卖方应提交下列单据：

1. 经签字的商业发票一式五份，标明合同号。
2. 清洁海运提单作成空白抬头、空白背书，注明运费到付，标明船名、开航日期并通知开证申请人。
3. 装箱单一式三份，注明毛、净重、尺码和所装货物每项的品名数量。

4. 产品成分分析报告（除买卖外的第三方机构出具，一般为葡萄酒协会或中立的化验机构出具）
5. 食品卫生检疫证书（官方出具）
6. 装运证明副本卖方以电传方式通知买方，该证明在装船后48小时内发出，并标明合同号、信用证号、品名、数量、发票金额、航次、包装、装运地点、发货日期和预计到达日期。
7. 无木质包装证明或若是木质包装则出具熏蒸证明。
8. 原产地证书一份，由权威机构签出。

The Sellers shall present the following documents:

1. Manually signed commercial invoice in quintuplicate with indication of contract number.
2. Ocean Bill of Lading consigned to order and blank endorsed, marked "Freight Collect",indicating vessel name and sailing date notify applicant.
3. Packing list in triplicate with indication of both gross and net weights. Measurements and quantity of each item packed.
4. Certificate of Analysis of the products in 1 issued by red wine factory.
5. Sanitary Certificate in 1 issued by the authorized department.
6. The beneficiary's certified copy of fax sent to the applicant within 48 hours after dispatch indicating contract No. goods name, quantity, invoice value, vessel No. package, dispatch place, dispatch date and ETA.
7. Certificate of no-wood packing material or certificate of fumigation in case that the goods are packed with wood material.
8. Certificate of origin in 1 issued by the authorized department.

(14)装运条款 TERMS OF SHIPMENT

1. 海运 in case of sea transportation
2. 必须在合同第6条规定的装运期限内发货。Dispatch the goods with the times in clause 6 hereof.

(15)质量保证 GUARANTEE OF QUANLITY

卖方保证订货系用最上等的材料和上等工艺制成，全新，未曾用过，并完全符合本合同规定的质量、规格和性能，卖方并保证本合同订货在正确安装，正常使用和检修的情况下，自货物到达到货口岸之日起十二月内运转良好。

The Sellers shall guarantee that the good are made of best materials, with first class workmanship, brand-new, unused and correspond in all respects with the quality, specifications and performance as stipulated in this contract. The sellers shall also guarantee that the goods when correctly mounted and properly operated and maintained, will give satisfactory Performance for a period of 12 months stating from the date on which the goods arrive at the port of destination.

(16)检验和索赔 INSPECTION AND CLAIMS

货卸目的口岸，买方有权申请中国海关进行检验，如发现货物的品质及/或数量/重量与合同或发票不符，除属于保险公司及货船公司的责任外 买方有权在卸货目的地口岸后60天内，根据中国海关出具的证明书向卖方提出索赔 因索赔所发生的 切费用（包括检验费用）均由卖方承担。

The Buyers shall have the right to apply to the China Custom for inspection after discharge of the goods at the export of destination. Should the quality and/or quantity /weight be found not in conformity with contract or invoice the buyers shall be antitied to lodge claims with the sellers on the basis of CCIB's Survey Claims for which the shipping company and /of the Insurance company.

（17）索赔解决办法 SETTLEMENT OF CLAIMS

如货物不符合本合同规定应由卖方负责，同时买方按照本合同规定在索赔期限内提出索赔，卖方在取得买方同意后，应按下列方式理赔。

In case the Sellers are liable for the discrepancies and a claim is made by the Buyers within the period of claim or quality guarantee period of the contract, the Sellers shall settle the claim upon the agreement of the Buyers in the following ways

甲 同意买方退货，并将退货金额以成交原币偿还买方，并负担应退货而发生的一切直接损失和费用， 包括利息，银行费用，运费，保险费、商检费，仓租，码头装卸费以及保管退货而发生的一切其他必要费用。

a. Agree to the rejection of the and refund the Buyers the value of the goods to rejected in the same currency as contracted herein, and to bear all direct losses and expenses in connection therewith including interest accrued, banking Charges, freight, insurance premium inspection charges ,storage, stevedores charges and all other necessary expenses required for the custody and protection of the rejected goods.

乙 按照货物的疵劣程度，损坏的范围和买方所遭受的损失，将货物贬值。

b. Devaluate the goods according to the degree of inferiority extent of damage and amount of losses suffered by the Buyers.

丙 调换有瑕疵的货物，换货必须全新并符合合同规定的规格、质量和性能，卖方并负担因此而产生的一切费用和买方所遭受的一切直接损失，对换货的质量，卖方仍应按本合同第16条的规定，保证十二个月。

c. Replace the defective goods with the new ones, which conform to the specifications, quality and performances as stipulated in the contract and bear all expenses incurred to and direct losses sustained by the Buyers. The Sellers shall at the same time guarantee the replacement goods for a further period of 12 months as specified in Clause 16 of the Contract.

(18)人力不可抗拒事故 FORCE MAJEURE

由于人力不可抗拒事故，使卖方不能在合同规定期限内交货或不能交货，卖方不负责任，但卖方必须立即以传真通知买方，并以挂号函向买方提出有关政府机构或者商会所出具的证明，以证明事故的存在，由于人力不可抗力事故致使交货延期一个月以上时，买方有权撤销合同，卖方不能取得出口许可证不能作为不可抗力。

In case of force majeure the sellers shall not be held responsible for delay in delivery or non-delivery of the goods but shall notify immediately the buyers by facsimile and deliver to the buyers by registered mail a certificate issued by government authorities or chamber of commerce as evidence thereof. if the delivery is delayed above one month as the consequence of the said force majeure buyers shall have the right cancel this contract. seller's failure to obtain export license shall not be considered as force majeure.

(19)迟交和罚款 LATE DELIVERY AND PENALTY

如延迟交货除人力不可抗拒事故者外，卖方应付给买方每一星期按迟交货物总值的 0.5%迟交罚款，不足一星期的迟交日数作为一星期计算，此项罚款总额不超过全部迟交货物总值的 5%，在议付货款时由银行代为扣除，或由买方在付款时进行扣除。

In case of delayed delivery, except for force majeure cases, the sellers shall pay to the buyers for every week of delay a penalty amounting to 0.5% of the total value of the goods whose delivery has been delayed. Any fractional part of a week is to be considered a full week. The local amount of penalty shall not, however, exceed 5% of the total value of the goods involved in the late delivery and is to deducted from the amount due to the Sellers by the paying bank at the time of negotiation, or by the Buyers direct at the time of payment.

(20)仲裁 ARBITRITION

凡有关本合同或执行本合同而发生的一切争执，应通过友好协商解决，如不能解决，则应申请中国国际贸易促进委员会对外贸易仲裁委员会按照中国国际贸易促进委员会对外贸易仲裁委员会规定的仲裁程序暂行规定在北京进行仲裁，该仲裁委员会作出的裁决是最终的，买卖双方均应受其约束，任何一方不得向法院或其他机关申请变更，仲裁费用由败诉一方负担。

All disputes in connection with this contract or the execution thereof shall be settled through friendly negotiations, in case no settlement can be reached through negotiations. The case should then be submitted for arbitration to the Foreign Arbitration Committee of China Council for the Promotion of International trade, Beijing, in accordance with the "Provision Rules of Procedure of the Foreign Trade Arbitration Committee of China Council for the Promotion of International Trade" The arbitration shall take place in Madrid and the decision rendered by the said Committee shall be final and binding upon both parties; neither party shall seek recourse to a law court or other Authorities for revising the decision. The arbitration fee shall be borne by the losing part.

本合同一式两份，买卖双方各执一份为证。

This contract is made out in two original copies, one copy to be held by each part in thereof.

卖方	买方
The seller	The Buyer
SANTOS VINEDOS CASDE LAERMIITA.S.L	NINGBO QIANSHENG INTERNATIONAL TRADING CO.LTD
Casde Laermiita	江盛

图 11-4 合同

项目12 入境货物关检合一

进口商在收到开证行转来的全套议付单据（进口商业发票、装箱单、汇票、海运提单等）后，对其进行审核。如果审核无误，则办理付款赎单手续。审单的原则和方法与出口审单相同，在此项目里不再介绍。2018 年 4 月关检融合后，出入境检验检疫职责纳入海关现有通关流程，通关单已失去了原有的职能和意义，因此海关总署在 6 月 1 日全面取消《入/出境货物通关单》，进出口收发货人或其代理人可以在国际贸易单一窗口完成关检合一申报，完成申报后取得入境货物检验检疫证明（作用同入境货物通关单）、中华人民共和国进口货物报关单预录单。根据中华人民共和国海关进出口货物申报管理规定》（海关总署令第 243 号）的第十八条的规定，经海关批准，进出口货物的收发货人、受委托的报关企业可以在取得提（运）单或载货清单（舱单）数据后，向海关提前申报。因此，在实际业务中，“提前申报”已经成为进出口货物的收发货人、报关企业经常选择的方式。在本项目中主要以进口企业如何配合报关企业完成提前申报任务展开论述。

学习目标

知识目标

1. 了解入境货物检验检疫的报检报关基本知识和报检、报关流程
2. 掌握入境货物报检委托书的内容和缮制要求

技能目标

能够根据进口单据和相关资料填制入境货物报检单，进口报关操作

素养目标

1. 具备诚实守信，遵纪守法的社会责任感
2. 具有良好的沟通能力、协同合作的职业素养
3. 践行精益求精、专注能力的工匠精神

★ 素养园地

2021年2月，广东某家具有限公司与香港某公司签订合同，双方约定广东公司向香港公司购买原产于赤道几内亚的原木1.8万立方，EXW成交价格368万美元，香港公司租用香港船务公司的货轮从亚巴塔港运抵国内港口，支付运保费共计62万美元，并委托报关行向深圳罗湖海关申报进口。但由于广东公司提交给报关行的报关材料中没有运保费的发票，报关行在填写报关单时没有加上运保费，直接填写总价为368万美元，造成漏报运保费，涉及少缴税款约人民币58万元。海关调查认为，广东公司向报关行提供的报关材料中明确成交方式是EXW，没有隐瞒成交方式，报关行未尽合理审查义务，直接根据原木价格发票作为总价填报，且将EXW价格填报为CIF价格。经海关审理认定，调查排除了双方的主观故意，不构成走私行为。但双方均有申报的违规责任，广东公司未提交运保费发票，主要责任应由广东公司承担，报关行承担未合理审查的责任。分别根据《海关行政处罚实施条例》第十五条（四）项、第十七条的规定，对广东公司罚款53万元，对报关公司罚款人民币4万元。

从本案例可以看出，进出口企业关务人员在进口申报时要如实申报并提供相关资料，同时要遵守海关的法律法规，以免造成因未如实申报而要承担法律责任。

任务　入境货物检验检疫申请

★ 知识支撑

一、入境货物检验检疫的基本知识

（一）入境货物检验检疫的报检范围

（1）国家法律、行政法规规定必须由海关检验检疫部门实施检验检疫的。
（2）对外贸易合同约定须凭海关检验检疫部门签发的证书进行结算的。
（3）有关国际条约规定必须经检验检疫的。

（4）国际贸易关系人申请的其他检验检疫、鉴定工作。

（二）入境货物检验检疫的报检方式

1. 进境一般报检

进境一般报检是指法定检验检疫入境货物的收货人或其代理人，持有关单证向卸货口岸海关申请取得入境货物检验检疫证明并对货物进行报检。对进境一般报检业务而言，签发入境货物检验检疫证明后，收货人或其代理人在办理完通关手续后，应主动与海关联系，落实施检工作。

2. 进境流向报检

进境流向报检亦称口岸清关转异地进行检验检疫的报检，是指法定入境检验检疫货物的收货人或其代理人持有关单证在卸货口岸向口岸海关报检，获取入境货物调离通知单，通关后由进境口岸海关进行必要的检疫处理，货物调往目的地后再由目的地海关进行检验检疫监管。申请进境流向报检货物的通关地与目的地属于不同海关辖区。

3. 异地施检报检

异地施检报检是指已在口岸完成进境流向报检，货物到达目的地后，该批进境货物的收货人或其代理人在规定的时间内，向目的地海关申请进行检验检疫的报检。因进境流向报检只在口岸对装运货物的运输工具和外包装进行了必要的检疫处理，并未对整批货物进行检验检疫，只有当检验检疫机构海关对货物实施了具体的检验检疫，确认其符合有关检验检疫要求及合同或信用证的相关规定后，收货人才能获得相应的准许进口货物销售使用的合法凭证，完成进境货物的检验检疫工作。异地施检报检时应提供口岸海关签发的入境货物调离通知单。

（三）报检的地点和时限

（1）审批、许可证等有关政府批文中规定检验检疫地点的，在规定的地点报检。

（2）大宗散装商品、易腐烂变质商品、废旧物品及在卸货时发现包装破损、重量/数量短缺的商品，必须在卸货口岸海关报检。

（3）需结合安装调试进行检验的成套设备、机电仪器产品，以及在口岸开件检验后难以恢复包装的商品，应在收货人所在地海关报检并检验。

（4）其他入境货物，应在入境前或入境时向报关地海关办理报检手续。

（5）入境的运输工具及人员应在入境前或入境时向入境口岸海关申报。

（6）入境货物需对外索赔出证的，应在索赔有效期前不少于 20 天向到货口岸或货物到达地的海关报检。

（7）输入微生物、人体组织、生物制品、血液及其制品或种畜、禽及其精液、胚胎、受精卵的，应当在入境前 30 天报检。

（8）输入其他动物的，应在入境前 15 天报检。

（9）输入植物、种子、种苗及其他繁殖材料的，应在入境前 7 天报检。

二、入境货物检验检疫申请表的填制

入境货物报关
报检课件

在实务中，进口商（外贸公司）通常委托货代公司进行报检。进口商填写一份代理报检委托书，双方盖章后，由货代公司全权代理进口货物的报检业务。代理报检委托书的填制内容在第一篇项目二“出境货物报检”中已经详细介绍，本文不再展开说明。

如进口企业自行报检，可登录中国国际贸易单一窗口（www. singlewindow. cn），进入入境货物检验检疫申请申报界面（见图 12－1），包括基本信息、商品信息、基本信息（其他）、集装箱信息等部分，单一窗口申报的填制内容可以生成入境货物检验检疫申请表（见图 12－2）。

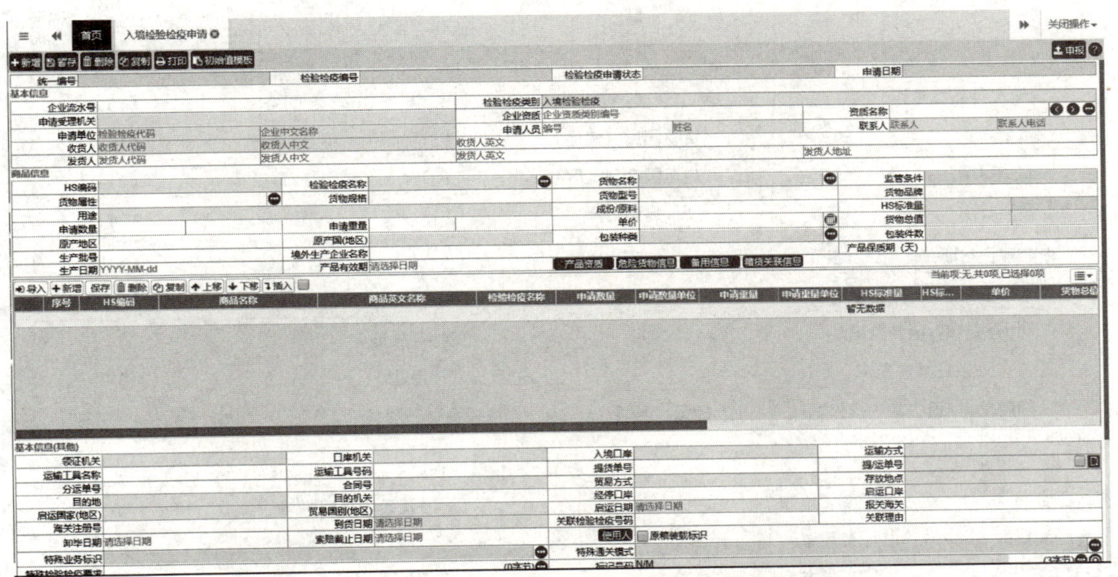

图 12－1　入境货物报检申报界面截图

入境货物的检验检疫申请填制的内容与出境货物的检验检疫申请的填制内容主要有如下 12 个栏目不同，具体填写如下：

（1）第 10 栏，原产国（地区）：此栏填写报检的进口货物的原产国家或地区。

（2）第 17 栏，贸易国别（地区）：此栏填写进口货物的贸易国别，即签订买卖合同的出口商所在的国家。

（3）第 19 栏，到货日期：此栏填写进口货物到达口岸的日期。

（4）第 20 栏，启运国家（地区）：此栏填写进口货物的启运国家或地区。

（5）第 22 栏，卸毕日期：此栏填写货物在入境口岸的卸毕日期。

（6）第 23 栏，启运口岸：此栏填写进口货物的启运口岸。

（7）第 24 栏，入境口岸：此栏填写进口货物的入境口岸。

（8）第 25 栏，索赔截止日期：此栏填写买卖合同中约定的索赔期限。

中华人民共和国海关
入境货物检疫检验申请

申请单位（加盖公章） (1)　　　　　　　　　　　　　　　　　　　　*编号

申请单位登记号： (2)　　　联系人 (3)　　　电话 (4)　　　申请日期 (5)

发货人 （6）	（中文）	企业性质（划“√”）	□合资□合作□外资
	（外文）		
收货人 （7）	（中文）		
	（外文）		

货物名称（中/外文）	H.S. 编码	原产国（地区）	数/重量	货物总值	包装种类及数量
（8）	（9）	（10）	（11）	（12）	（13）

运输工具名称号码	（14）			合同号	（15）
贸易方式	（16）	贸易国别（地区）	（17）	提/运单号	（18）
到货日期	（19）	启运国家（地区）	（20）	许可证/审批号	（21）
卸毕日期	（22）	启运口岸	（23）	入境口岸	（24）
索赔截止日期	（25）	经停口岸	（26）	目的地	（27）
集装箱规格、数量及号码	（28）				

合同订立的特殊条款 以及其他要求	（29）	货物存放地点	（30）
		用途	（31）
随附单据（画“√”或补填） （32）	标记及号码 （33）	*外商投资财产画（“√”）	□是　□否

			*检验检疫费	
□合同	□到货通知			
□发票	□装箱单		总金额 （人民币元）	
□提/运单	□质保书			
□兽医卫生证书	□理货清单		计费人	
□植物检疫证书	□磅码单			
□动物检疫证书	□验收报告			
□卫生证书	□		收费人	
□原产地证	□			
□许可/审批文件	□			

报检人郑重声明：（34）	领取证单（35）	
1. 本人被授权报检		
2. 上列填写内容正确属实	日期	
签名 ____________	签名	

图 12－2　入境货物检验检疫申请表

(9) 第 26 栏，经停口岸：此栏填写进口货物在运输中曾经停靠的外国口岸，如果没有，则填写“ *** ”。

(10) 第 27 栏，目的地：此栏填写进口货物的最终境内目的地。

(11) 第 31 栏，用途：在国际贸易单一窗口的 22 种用途中选其一：种用或繁殖，食用，奶用，观赏或演艺，伴侣，实验，药用，饲用，食品包装材料，食品加工设备，食品添加剂，介质土，食品容器，食品洗涤剂，食品消毒剂，仅工业用途，化妆品，化妆品原料，肥料，保健品，治疗、预防、诊断，科研其他。

(12) 第 32 栏，随附单据：入境货物检验检疫的随附单据与出境货物报检的随附单据有所区别，在随附单据种类前的“□”内划“√”或补填。

三、进口货物报关

(一) 进口货物报关程序

1. 进口申报

进口申报，指进口货物的收货人或者其委托的代理人在进口货物时，在海关规定的期限内，以书面或者电子数据交换（EDI）方式向海关报告其进口货物的情况，申请海关审查放行，并对所报告内容的真实准确性承担法律责任的行为。

运载进口货物的运输工具申报进境之日起 14 天内（期限的最后一天是星期六、星期天或法定节假日可顺延至周末或法定节假日之后的第一个工作日），进口货物的收货人或其代理人必须向运输工具进境地海关申报，并提供进口货物报关单及随附单证。逾期不申报的，海关将征收滞报金，超过三个月未申报的，货物由海关提取依法变卖处理。

2. 配合查验

查验是指海关在接受报关单位的申报后，依法为确定进境货物的性质、原产地、货物状况、数量和价值是否与货物申报单上已填报的详细内容相符，对货物进行实际检查的行政执法行为。

海关查验进口货物时，进口货物的收货人或其代理人必须在场，并按照海关的要求负责搬移货物、开拆和重封货物的包装等。如果进口货物收货人或其代理人没有在规定时间内到场，海关也有径行查验的权力。

3. 缴纳税费

进口货物的收货人或其代理人将进口货物报关单及随附单证提交给货物进境地海关后，海关对报关单进行审核，对需要查验的货物进行查验；然后核对计算机系统，计算税费，开具缴款书和收费票据。

进口货物的收货人或其代理人应当在税款书和收费票据开具之日起 15 日内，持缴款书和收费票据向指定银行办理税费交付手续，也可以通过网络进行电子支付税费。一旦收到银行缴款成功的信息，收货人即可报请海关办理货物放行手续。自缴款书开具之日起 15 天内，进口货物的收货人不缴纳税款的，从第 16 天开始，海关征收滞纳金。缴款期限满日遇星期六、星期天或法定节假日的，可顺延至周末或法定节假日之后的第一个工作日。

4. 提取货物

进口货物的收货人或其代理人，在办理了进口申报、配合查验、缴纳税费等手续，海关决定放行后，凭海关加盖放行章的出口装货凭证或凭海关通过计算机发送的放行通知书提取进口货物。

一篇搞懂提前申报

（二）进口货物报关单的填报

目前的进口货物报关单为2018年版本（见图12-3），有52项内容，其中38个栏目的内容与出口货物报关单相同，内容不同的栏目有11栏，分别是（3）境内收货人、（4）境外发货人、（5）消费使用单位、（6）进境关别、（7）进口日期、（18）启运国（地区）、（19）经停港、（20）入境口岸、（40）境内目的地、（51）货物存放地点、（52）启运港。

另外，（8）申报日期、（26）运费、（27）保费、（29）随附单证及编号、（38）原产国（地区）这5个栏目的名称虽与出口货物报关单中一致，但填写时要根据进口的要求填写。

因此本项目只详细介绍这16个栏目的填写，其余栏目的填写可参见本书第一篇项目四。

（1）第3栏，境内收货人：此栏填报在海关备案的对外签订并执行进出口贸易合同的中国境内法人、其他组织名称及编码。编码填报18位法人和其他组织统一社会信用代码，没有统一社会信用代码的，填报其在海关的备案编码。

（2）第4栏，境外发货人：通常指签订并执行进口贸易合同中的卖方。

（3）第5栏，消费使用单位：此栏填报已知的进口货物在境内的最终消费、使用单位的名称，包括自行进口货物的单位、委托进出口企业进口货物的单位。

（4）第6栏，进境关别：此栏填报海关规定的《关区代码表》中相应口岸海关的名称及代码。

（5）第7栏，进口日期：此栏填报运载进口货物的运输工具申报进境的日期。无实际进境的，填报申请办理货物进口手续的日期。此栏为8位数字，顺序为年（4位）、月（2位）、日（2位）。

（6）第8栏，申报日期：此栏填报海关接受境内收货人或其代理人申报办理货物进口手续的日期。除特殊规定外，进口货物的申报日期不得早于进口日期。

（7）第18栏，启运国（地区）：此栏填报进口货物启始发出直接运抵我国或者在运输中转国（地）未发生任何商业性交易的情况下运抵我国的国家（地区）。如果货物在运抵最终目的国（地区）之前，在第三国发生中转，并且发生某种商业性交易或活动，则应把第三国作为启运国（地区）。

（8）第19栏，经停港：经停港也称中转港，是指进口货物在运抵我国关境前的最后一个境外装运港。如果未经转运，经停港就是提单上的装货港；如果经过转运，经停港则填写最后一个中转港。

（9）第20栏，入境口岸：入境口岸填报进境货物从跨境运输工具卸离的第一个境内口岸的中文名称及代码；采取多式联运跨境运输的，填报多式联运货物最终卸离的境内口

中华人民共和国海关进口货物报关单

预录入编号：(1)　　海关编号：(2)　　页码/页数：

境内收货人 (3)	进境关别 (6)		进口日期 (7)		申报日期 (8)		备案号 (9)
境外发货人 (4)	运输方式 (10)		运输工具名称及航次号 (11)		提运单号 (12)		货物存放地点(51)
消费使用单位 (5)	监管方式 (13)		征免性质 (14)		许可证号 (15)		启运港(52)
合同协议号 (16)	贸易国（地区） (17)		启运国（地区） (18)		经停港 (19)		入境口岸 (20)
包装种类 (21)	件数(22)	毛重（千克）(23)	净重（千克）(24)	成交方式 (25)	运费 (26)	保费 (27)	杂费 (28)
随附单证及编号 (29)							
标记唛码及备注 (30)							

项号	商品编号	商品名称及规格型号	数量及单位	单价/总价/币制	原产国（地区）	最终目的国（地区）	境内目的地	征免
(31)	(32)	(33)	(34)	(35) (36) (37)	(38)	(39)	(40)	(41)

特殊关系确认：(42)　　价格影响确认：(43)　　支付特许权使用费确认：(44)　　自报自缴：(45)

报关人员 (46)　报关人员证号 (47)　电话 (48) 申报单位 (49)　　兹申明对以上内容承担如实申报、依法纳税之法律责任 申报单位（签章）	海关批注及签章 (50)

图 12－3　进口货物报关单

岸中文名称及代码；过境货物填报货物进入境内的第一个口岸的中文名称及代码；从海关特殊监管区域或保税监管场所进境的，填报海关特殊监管区域或保税监管场所的中文名称及代码。其他无实际进境的货物，填报货物所在地的城市名称及代码。

（10）第 26 栏，运费：此栏填报进口货物运抵我国境内输入地点起卸前的运输费用，当进口成交方式为 FOB 的，应在本栏填报运费。

（11）第 27 栏，保费：此栏填报进口货物运抵我国境内输入地点起卸前的保险费用，当进口成交方式为 FOB 和 CFR 的，应在本栏填报保险费。

（12）第 29 栏，随附单证及编号：根据海关规定的"监管证件代码表"和"随附单据代码表"选择填报除进口许可证、两用物项和技术进口许可证以外的其他进口许可证件或监管证件、随附单据代码及编号，其中代码栏按海关规定的"监管证件代码表""随附单据代码表"选择填报相应证件代码；随附单证编号栏填报证件编号。主要填写自动进口许可证、关税配额、法定检验商品的电子底账、原产地证等证书文件。根据 2021 年各海关简化报关单随附单证的公告，在国际贸易单一窗口填报时企业可不向海关提交合同、装箱清单、载货清单（舱单）。

（13）第 38 栏，原产国（地区）：此栏是指进口货物的生产、开采或加工制造的国家或地区。对经过几个国家或地区加工制造的进口货物，以最后一个对货物进行经济上实质性加工的国家（地区）为该货物的原产国。

（14）第 40 栏，境内目的地：此栏填报已知的进口货物在国内的消费、使用地或最终运抵地点。

（15）第 51 栏，货物存放地点：此栏填报货物进境后存放的场所或地点，包括海关监管作业场所、分拨仓库、定点加工厂、隔离检疫场、企业自有仓库等。

（16）第 52 栏，启运港：此栏填报进口货物在运抵我国关境前的第一个境外装运港。

工作任务实训

一、任务情境

宁波贝宁品牌管理有限公司的单证员支晓红在 2021 年 6 月 1 日收到开证行中国银行浙江分行的到单通知（商业发票、装箱单、海运提单、生产日期证明、产地证），完成进口付汇后联系宁波蓝天白云国际物流有限公司办理进口报关报检事宜。根据业务实际，宁波蓝天白云国际物流有限公司的操作员参考上述单据及到货通知在国际贸易单一窗口完成报关和报检的申报工作。

果泥中英文标签（以碧哺氏苹果香蕉蓝梅燕麦混合泥为例）

二、工作任务

宁波贝宁品牌管理有限公司的单证员支晓红在国际贸易单一窗口完成

电子报关委托后，根据商业发票（见图 12－4）、装箱单（见图 12－5）、生产日期证明（见图 12－6）填写申报要素，并将此票货物的中英文标签（见二维码）、海运提单（见图 12－7）提供给宁波蓝天白云国际物流有限公司的操作员向宁波海曙海关申请办理果泥的提前申报通关业务。

FOODS  NINGBO BELLNING BRAND MANAGEMENT CO.LTD
CN02127449525000
2F NO.10 DONGQING RD.,YINZHOU
00000-315000 NINGBO ZHEJIANG

VICKY FOODS PRODUCTS, SLU
Avinguda d'Alacant, 134
46702 *Gandia,* Valencia, Espana
Tel. 96102 10 00, fax 96102 10 01
CIF/VAT: ES B96694823
PRODUCTOS
DE ALIMENTACION

ENTREGA DE PRODUCTOS DE PANADERIA Y OTROS

COMMERCIAL INVOICE

Comercial invoice:2104003268
Invoice date:17/04/2021

The exporter of the products covered by this document (Customs Authorization No (ES/EAOR/14/000192) declares that,

Descriptions	Quantity（BAGS）	Unit Price（EUR	Amount（EUR）
			CIF NINGBO
POUCH FRESA-PLATANO BIO	6174	0.45	2778.3
POUCH FRUTOS ROJOS BIO 1	6174	0.45	2778.3
POUCH YOGISAN BIO PLATAN	6174	0.395	2438.73
POU PERA CIRUELA BIO 1	6174	0.45	2778.3
POUCH MANZ PLAT ARAND BI	6174	0.45	2778.3
Total value:. EURO THIRTEEN THOUSAND FIVE HUNDRED AND FIFTY ONE CENTS NINETY THREE ONLY			

The exporter of the products covered by this document (Customs Authorization No (ES/EAOR/14/000192) declares that, except where otherwise clearly indicated indication, these products have European Union Preferential Origin
* CODIGO AUTORIDAD CONTROL ES-ECO-020-CV *

webmaster@vickyfoods.es

图 12－4 商业发票

VICKY FOODS PRODUCTS, S.L.U.
Avinguda d'Alacant, 134 46702 *Gandia,* Valencia, Espana
Tel. *96* 102 10 00, fax *96* 102 10 01
http://www.dulcesol.es ES-ECO-020-CV

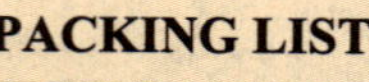

PACKING LIST

Loaded on 17/04/2020 billed by VICKY FOODS PRODUCTS, SLU with destination to the client:

NINGBO BELLNING BRAND MANAGEMENT CO.LTD
CN02127449525000
2F NO.10 DONGQING RD.,YINZHOU
00000-315000 NINGBO ZHEJIANG

Comercial invoice:2104003268
Invoice date: 17/04/2021
Container: MSKU7421178
Seal: MLES4777104

RC N.: 24811

The list of products with the corresponding batches and expiry date is as follows:

CODE DESCRIPTION	Weight/unit(g.)	PK/BOX	BOXES	UNITS
60271-POUCH FRESA-PLATANO BIO	100	7.0	882	6674
60582-POUCH FRUTOS ROJOS BIO 1	100	7.0	882	6674
61975-PO BIO 100g MAN/PLAT/ARA	100	7.0	882	6674
64375-YOGISAN BIO 90g PLATANO	90	7.0	882	6674
64376-POUCH PERA Y CIRUELA BIO	100	7.0	882	6674

Palets Euro:11
Number of packages of finished products,410 cajas Net weigth:3,025.26 Kg
Gross Weigth :3,980.00 Kg

Gandia April 17, 2021, am

Joaquin del Rio -Responsable de Area Calidad

图 12-5 装箱单

VICKY FOODS PRODUCTS, S.L.U.
A vingudad'Alacant, 134
46702 *Gandia*, Valencia, Espana
Tel. *96* 102 10 00, fax *96* 102 10 01
http://www.dulcesol.es ES-ECO-020-CV

ANEXO II: DILIGENCIA: PARA HACER CONSTAR QUE ESTE

DOCUMENTACOMPANA AL CERTIFICADO DE EXPORTACION **SERIE 02/2017** *5*

En relacion a la carga que se realizarAj el 17/04/2020 proveniente de las instalaciones de VICKY FOODS PRODUCTS, SLU , para el cliente y destino 2F NO. 10 DONGQING RD.,YINZHOU, NINGBO BELLNING BRAND MANAGEMENT CO.LTD 248113 **-315000** **NINGBO ZHEJIANG**

Factual Commercial:2104003268
Fecha Factura:17/04/2021
Container :MSKU7421178
Seal:MLES4777104

El listado de productos junto a los respectivos lotes y fechas de caducidad es el siguiente:

CodigoDescripcion	Paq/caja	Cajas	Uds.	lote	Fecha	produccion		F.Caducidad
60271-POUCH FRESA-PLATANO BIO	7	35.00	245	LO-03C	03/03/2020	03/03/2021
60271-POUCH FRESA-PLATANO BIO	7	847.00	5929	LO-03B	03/02/2020	03/02/2021
60582-POUCH FRUTOS ROJOS BIO 1	7	882.00	6174	LO-27A	27/01/2020	27/01/2021
61975-PO BIO lOOg MAN/PLAT/ARA	7	371.00	2597	LO-31C	31/03/2020	31/03/2021
61975-PO BIO lOOg MAN/PLAT/ARA	7	511.00	3577	LO-03B	03/02/2020	03/02/2021
64375-YOGISAN BIO 90g PLATANO	7	882.00	6174	LO-06D	06/04/2020	06/04/2021
64376-POUCH PERA Y CIRUELA BIO	7	882.00	6174	LO-06D	06/04/2020	06/04/2021

Numero de cajas:4,410cajas
Peso Neto:3,025.26 Kg.
Peso Bruto :3,980.00 Kg.

Gandia April 17, 2021 am

Joaquin del Rio -Responsable de Area Calidad

图 12－6　生产日期证明

<table>
<tr><td colspan="3">Shipper:
VICKY FOODS PRODUCTS, SLU AVINGUDA D'ALACANT, 134 46702 GANDIA, VALENCIA, ESPANA</td><td colspan="2">BESMA SPAIN · ESPAÑA es.besmacargo.com
BILL OF LADING
BL NO.: ESX0320102
DATE: 24/04/2021</td></tr>
<tr><td colspan="3">Consignee:
TO ORDER</td><td colspan="2">Events for Bill of Loading</td></tr>
<tr><td colspan="3">Notify:
NINGBO BELLNING BRAND MANAGEMENT CO. LTD CHANG TLNGAN VILLAGE, SHOUNAN STREET, YINZHOU DISTRICT, NINGBO CITY, ZHE JIANG PROVINCE</td><td colspan="2">Port of Loading: VALENCIA, SPAIN
Vessel name: MSC MELATILDE
Voyage: 015E
Port of Discharge: NINGBO, CHINA
Final Destination:</td></tr>
<tr><td>Marks</td><td>Description of goods</td><td>No. / Kind of Pkgs</td><td>Gross weight</td><td>Measurement m^3</td></tr>
<tr><td colspan="2">4410 BOXES OF PREPARACIONES ALIMENTICIAS</td><td>11 PALLETS</td><td>3,980.00 KGS</td><td>20.00</td></tr>
<tr><td>Container No:
MSKU7421178</td><td colspan="2">No. Original BL issued:
3</td><td colspan="2" rowspan="4">For delivery of goods please apply (complete name and address)
NINGBO BESMA INT'L FREIGHT FORWARDING CO.,LTD
NO.415,SCIENCE AND TECHNOLOGY BUILDING,NO.599 JIANGNAN ROAD,GAOXIN DISTRICT,NINGBO
TEL:0574-87059861</td></tr>
<tr><td colspan="3">Total & Type of CNTR: 1X20 GP</td></tr>
<tr><td>Seal: MLES4777104</td><td colspan="2">Place of issue: BARCELONA</td></tr>
<tr><td colspan="3">Freight and charges: COLLECT
ORIGINAL
CLEAN ON BOARD 24/04/2021</td></tr>
</table>

RECEIVED in apparent good order and condition except as otherwise noted the total number of containers or other packages or unites enumerated below for transportation from the place of receipt to the place to delivery subject to the terms hereof.

One of the signed Bills of Lading must be surrendered duly endorsed in exchange for the Goods of delivery order. On presentation of this documents (duly endorsed) to the Delivery Agent: by the holder the rights and liabilities arising in accordance with the terms her of shall (without prejudice to any rule of common-law or statute rendering them binding on the Merchant) becoming in all respects between the Carrier and the Holder as though the contract evidence hereby had been made between them.

IN WITNESS where of this number of original Bills of Lading stated below all of tenor and date one of which being accomplished the others to stand void.

Signed By BESMA CARGO EUROPE (SPAIN) SL as carrier

图 12－7　海运提单

三、任务实施

进口报关报检环节，宁波贝宁品牌管理有限公司的单证员支晓红的主要工作是配合宁波蓝天白云国际物流的操作员完成入境申报，提供单证，完成进口缴税，并做好入境货物检验检疫证明（见图 12-8）、进口货物报关单预录入（见图 12-9）、海关放行通知书（见图 12-10）的整理。

（一）申报要素

根据果泥的 H. S. 编码和申报要求，填写申报要素如下：

H. S.：2007100000

1. 品名：碧哺氏香蕉苹果草莓混合泥
2. 制作或保存方法（烹饪）：常温贮藏，开袋后需冷藏，并于 24 小时内食用完
3. 包装规格：100g/6 174 袋
4. 品牌：碧哺氏 be plus

H. S.：2007100000

1. 品名：碧哺氏苹果梨浆果混合泥
2. 制作或保存方法（烹饪）：常温贮藏，开袋后需冷藏，并于 24 小时内食用完
3. 包装规格：100g/6 174 袋
4. 品牌：碧哺氏 be plus

H. S.：2007100000

1. 品名：碧哺氏香蕉果泥酸酸乳（含乳饮料）
2. 成分：复原乳（水，奶粉），水，白砂糖，食用玉米淀粉，香蕉泥，食用大米淀粉，柠檬酸，天然食用香料，瓜尔胶，乳酸
3. 包装规格：90g/6 174 袋
4. 品牌：碧哺氏 be plus

H. S.：2007100000

1. 品名：碧哺氏梨李子混合泥
2. 制作或保存方法（烹饪）：常温贮藏，开袋后需冷藏，并于 24 小时内食用完
3. 包装规格：100g/6 174 袋
4. 品牌：碧哺氏 be plus

H. S.：2007100000

1. 品名；碧哺氏苹果香蕉蓝莓燕麦混合泥
2. 制作或保存方法（烹饪）：常温贮藏，开袋后需冷藏，并于 24 小时内食用完
3. 包装规格：100g/6 174 袋
4. 品牌：碧哺氏 be plus

中华人民共和国出入境检验检疫

入境货物检验检疫证明

编号：120000003631514001

收货人	宁波贝宁品牌管理有限公司		
发货人	VICKY FOODS PRODUCTS S.L.U.		
品名	碧哺氏果泥等	报检数/重量	见附页
包装种类及数量	11托盘	输出国家或地区	西班牙
合同号	BSB0005	标记及号码 N/M	
提/运单号	ESX0320102		
入境口岸	宁波穿山港区		
入境日期	2021年06月09日		

证明

上述货物经检验检疫合格评定，予以通关放行。

申报品名	申报品牌	原产国	数量	规格	生产日期
碧哺氏香蕉苹果草莓混合泥	碧哺氏 be plus	西班牙	**245袋	**100g/袋	20210303
碧哺氏香蕉苹果草莓混合泥	碧哺氏 be plus	西班牙	**5929袋	**100g/袋	20210203
碧哺氏果梨浆果混合泥	碧哺氏 be plus	西班牙	**6174袋	**100g/袋	20210127
碧哺氏香蕉果泥酸酸乳（含乳饮料）	碧哺氏 be plus	西班牙	**6174袋	**90g/袋	20210406
碧哺氏梨李子混合泥	碧哺氏 be plus	西班牙	**6174袋	**100g/袋	20210406
碧哺氏苹果香蕉蓝莓燕麦混合泥	碧哺氏 be plus	西班牙	**2597袋	**100g/袋	20210331
碧哺氏苹果香蕉蓝莓燕麦混合泥	碧哺氏 be plus	西班牙	**3577袋	**100g/袋	20210203

****

签字：吴钧峰　　　　日期：2021年06月11日

（印章：中华人民共和国海关）

备注***

[5-1(2018.4.20)*2]　　①货主收执　　BA315433

图12-8　入境货物检验检疫证明

中华人民共和国海关进口货物报关单

预录入编号：310120201019956712　海关编号：310120201019956712　（海曙海关）　页码/页数：1/1

境内收货人　（913302127449525494） 宁波贝宁品牌管理有限公司	进境关别　（3104） 海曙海关	进口日期 20210616	申报日期 20210609	备案号
境外收货人 VICKY FOODS PRODUCTS SLU	运输方式　（2） 水路运输	运输工具名称及航次号 MSC MELATILDE/015E	提运单号 ESX0320102	货物存放地点 物流园区
消费使用单位　（913302127449525494） 宁波贝宁牌管理有限公司	监管方式　（0110） 一般贸易	征免性质　（101） 一般征税	许可证号	启运港　（ESP177） 巴伦西亚（西班牙）
合同协议号 BSB0005	贸易国别(地区)　（ESP） 西班牙	启运国(地区)　（ESP） 西班牙	经停港　（ESP177） 巴伦西亚（西班牙）	入境口岸　（381002） 宁波穿山港区
包装种类 天然木托	件数 11 毛重（千克）3980	净重（千克）3025.26 成交方式 CIF	运费 保费	杂费

随附单证及编号
随附单证 2：代理报关委托协议（电子）；装箱单；发票；提/运单；合同；原产地证据文件

标记唛码及备注
备注：N/M　集装箱标箱数及号码：1; MSKU7421178；

项号	商品编号	商品名称及规格型号	数量及单位	单价/总价/币制	原产国（地区）	最终目的国（地区）	境内货源地	征免
1	2007100000	碧哺氏香蕉苹果草莓混合泥 4｜3｜烹煮，常温贮藏，开袋后需冷藏，并于 24 小时内食用完｜100g/袋｜碧哺氏 be	617.4 千克 6174 袋	0.4500 2778.30 欧元	西班牙 （ESP）	中国（33029/330212） （CHN）	宁波其他/宁波市鄞州区	照章征税 （1）
2	2007100000	碧哺氏苹果梨浆果混合泥 4｜3｜烹煮，常温贮藏，开袋后需冷藏，并于 24 小时内食用完｜100g/袋｜碧哺氏 be	617.4 千克 6174 袋	0.4500 2778.30 欧元	西班牙 （ESP）	中国（33029/330212） （CHN）	宁波其他/宁波市鄞州区	照章征税 （1）
3	2007100000	碧哺氏香蕉果泥酸酸乳（含乳饮料） 4｜3｜复原乳（水，奶粉），水，白砂糖，食用玉米淀粉，香蕉泥，食用大米淀粉	555.66 千克 6174 袋	0.4500 2778.30 欧元	西班牙 （ESP）	中国（33029/330212） （CHN）	宁波其他/宁波市鄞州区	照章征税 （1）
4	2007100000	碧哺氏梨李子混合泥 4｜3｜烹煮，常温贮藏，开袋后需冷藏，并于 24 小时内食用完｜100g/袋｜碧哺氏be	617.4 千克 6174 袋	0.3950 2438.73 欧元	西班牙 （ESP）	中国（33029/330212） （CHN）	宁波其他/宁波市鄞州区	照章征税 （1）
5	2007100000	碧哺氏苹果香蕉蓝莓燕麦混合泥 4｜3｜烹煮，常温贮藏，开袋后需冷藏，并于 24 小时内食用完｜100g/袋｜碧哺氏 be	617.4 千克 6174 袋	0.4500 2778.30 欧元	西班牙 （ESP）	中国（33029/330212） （CHN）	宁波其他/宁波市鄞州区	照章征税 （1）

特殊关系确认：否　价格影响确认：否　支付特许权使用费确认：否　自报自缴：是

报关人员　报关人员证号 31105826　电话	兹申明对以上内容承担如实申报、依法纳税之法律责任	海关批注及签章
申报单位　（91330204580548784K）宁波蓝天白云国际物流有限公司	申报单位（签章）	

图 12－9　进口货物报关单预录入(电子)

通关无纸化进口放行通知书

宁波蓝天白云供应链管理有限公司

你公司以通关无纸化方式向海关发送下列电子报关单数据业经海关审核放行，请携带本通知书及相关单证至港区班轮装货/提货手续。

海曙海关海关审单中心

2021 年 6 月 9 日

预录入编号：310120201019956712　　海关编号：310120201019956712　　*310120201019956712*

进口关别（3104） 海曙海关	备案号	进口日期 20210610	申报日期 20210609
收发货人 宁波贝宁品牌管理有限公司	运输方式（2） 水路运输	运输工具名称 MSC MELATILDE/015E	提运单号 ESX0320102
消费使用单位（913302127449525494） 宁波贝宁品牌管理有限公司	监管方式（0110） 一般贸易	征免性质（101） 一般征税	征税比例

许可证号	启运国（地区）（ESP） 西班牙	经停港（地区）（ESP177） 巴伦西亚（西班牙）	境内目的地（33029） 宁波其他	
批准文号	成交方式（3） CIF	运费（ESP177）	保费（ESP177）	杂费（33029）
合同协议号 BSB0005	件数 11	包装种类 天然木托	毛重（千克） 3980	净重（千克） 3025.2600
集装箱号 MSKU7421178*1（1）	随附单证 检验检疫		生产厂家	

序号	商品名称、规格型号	数量及单位	原产国（地区）	单价	币值
1	碧哺氏香蕉苹果草莓混合泥 4｜3｜烹煮，常温贮藏，开袋后需冷藏，并于24小时内食用完｜100g/袋｜碧哺氏be	6174 袋 617.4 千克	西班牙（ESP） 目的国：中国	0.4500	EUR （欧元）
2	碧哺氏苹果梨浆果混合泥 4｜3｜烹煮，常温贮藏开袋后需冷藏，并于24小时内食用完｜100g/袋｜碧哺氏be	6174 袋 617.4 千克	西班牙（ESP） 目的国：中国	0.4500	EUR （欧元）
3	碧哺氏香蕉果泥酸酸乳（含乳饮料） 4｜3｜复原乳（水，奶粉），水，白砂糖，食用玉米淀粉，香蕉泥，食用大米淀粉	6174 袋 555.66 千克	西班牙（ESP） 目的国：中国	0.4500	EUR （欧元）
4	碧哺氏梨李子混合泥 4｜3｜烹煮，常温贮藏，开袋后需冷藏，并于24小时内食用完｜100g/袋｜碧哺氏be	6174 袋 617.4 千克	西班牙（ESP） 目的国：中国	0.4500	EUR （欧元）
5	碧哺氏苹果香蕉蓝莓燕麦混合泥 4｜3｜烹煮，常温贮藏，开袋后需冷藏，并于24小时内食用完｜100g/袋｜碧哺氏be	6174 袋 617.4 千克	西班牙（ESP） 目的国：中国	0.4500	EUR （欧元）

兹申明，以上通知由我公司根据海关电子回执打印，保证准确无讹。

宁波蓝天白云供应链管有限公司（签印）

2021 年 06 月 10 日

图 12－10　海关放行通知书

训练测试题目

请根据宁波千盛国际贸易有限公司（海关注册编码 3302268186、社会信用代码 91330201MA281LHU4）的第 WTYX124 合同（见本篇项目 11 中的图 11-4）和下列相关资料填写进口货物报关单。此份报关单仅供报关行参考用。

其他相关资料如下：

品名：

1. 庞野萨丽娜红葡萄酒（2204210000）
DE SALINAS 2014/鲜葡萄酒

2. 庞野萨丽娜红精选款红葡萄酒（2204210000）
RED WINE
WINE DE SALINAS 2014/鲜葡萄酒

进口日期：2021 年 7 月 9 日

申报日期：2021 年 7 月 21 日

装运国：西班牙

装货港：瓦伦西亚

入境口岸：梅山港区 3116

包装：2 850 件

合同号：WTYX124

最终目的地：宁波经济技术开发区

总金额：18 120.00 欧元

箱号：TCLU 4407836

集装箱自重：2 200.00 千克

毛重：23 479.00 千克

净重：12 825.00 千克

船名与航次：APL YANGSHAN021E21

提单号：NYKSVLCS00297100

贸易术语：FOB VALENCIA

第一计量单位：升，第二计量单位：千克

随附单证：代理报关委托协议（电子）合同、发票、装箱单、原产地证

项目13 进口付汇核销

根据我国《贸易进口付汇核销监管暂行办法》的规定，进口单位应当在有关货物进口报关后一个月内向外汇管理局办理核销报审手续。因此，在办理完报关手续一个月内，进口单位必须向外汇管理局办理进口付汇核销手续。

我国的货物贸易外汇管理从20世纪90年代的进出口核销外汇管理到现在的货物贸易外汇收支便利化管理，主要经历了6个阶段的改革："逐笔核销、事前备案、现场审核、行为监管"的进出口核销管理，2010年进口核销改革，2011年出口收汇与出口退税信息共享改革，2012年货物贸易外汇管理制度改革，2017年以来不断简化的货物贸易外汇收支便利化管理试点，2019年取消报关单收、付汇证明联和办理加工贸易核销的海关核销联。我国的货物贸易外汇服务和管理制度越来越完善，企业的营商环境得到不断改善。目前进口企业在合作银行网银端完成付款/承兑通知书的填写即可完成付汇手续。

学习目标

知识目标

1. 了解我国货物贸易外汇管理制度改革不同阶段的政策和不同时期进口付汇核销的基本操作程序

2. 了解境外汇款申请书的填制内容

技能目标

能够根据资料填制境外汇款申请书

素养目标

1. 具备良好的沟通能力、协同合作的职业素养
2. 践行精益求精、专注能力的工匠精神
3. 养成认真严谨、一丝不苟的工作作风

素养园地

2015 年 6 月至 7 月，某贸易有限公司凭借进口合同及海关进境备案清单，在银行办理 11 笔合计 1 036.88 万美元对外付汇后，又重复使用该进口合同及海关进境备案清单，在另一家银行办理了对外付汇。

该公司上述行为违反了《中华人民共和国外汇管理条例》第十二条和《货物贸易外汇管理指引》(汇发〔2012〕38 号）第三条，属于逃汇行为。根据《中华人民共和国外汇管理条例》第三十九条，外汇局对该公司作出罚款 129.96 万元人民币的行政处罚。

该案例是重复使用贸易单据对外付汇的典型案例。2017 年 5 月 1 日，外汇管理局加强了货物贸易项下进口付汇的关单核验程序。银行为企业办理货贸项下进口付汇时，新增了“报关单核验”的要求。企业在办理付汇时需要将付汇金额与报关金额一一对应。如果发生纰漏重复使用了关单信息，就有可能会被认定为重复使用关单付汇，而被系统加注“不良”标识。这对于企业的内部管理也提出了更高的要求，财务人员务必要和报关人员做好充分的沟通，确保付汇信息和报关信息一一对应。

由此案例可以看出，企业单证人员必须不断学习外汇管理的新知识，遵纪守法，诚信工作。

任务　确认付款/承兑通知书

知识支撑

一、2012 年前我国货物贸易外汇管理制度改革前的进口付汇核销的相关规定

(一) 进口付汇核销的概念和管理范围

1. 进口付汇核销的概念

进口付汇，主要是配合国家的外汇管理政策，通过“电子底账＋联网核查”的方式，

防止不法企业伪造报关单或者利用报关单进行重复付汇。

进口付汇核销单的主要数据来自进口货物报关单、银行核注结案信息等。

进口付汇核销是以外贸付汇的金额为标准，核对是否有相应的实际货物进口或有其他证明抵冲的一种事后管理措施。核对的依据是海关对相应进口货物的监督情况。进口付汇核销的管理办法是逐笔核销，即一笔进口付汇，对应一套单据资料，办理一次核销手续。

2. 进口付汇核销的管理范围

对于进口贸易项下的进口付汇核销，国家要求：经商务部或其授权单位批准（或登记）的经营进出口业务的企业（包括外商投资企业）/事业单位，以通过银行购汇或从现汇账户支付的方式向境外支付有关进口商品的货款/预付款/尾款等（以下简称“进口付汇”），应按照《贸易进口付汇核销监管暂行办法》的规定，办理核销手续。

（二）进口付汇核销的基本操作程序

1. 企业登记

未开立经常项目外汇账户的企业凭介绍信/工商营业执照/组织机构代码证/进出口企业资格证（批准证书或备案表）到外汇管理局登记；已开立经常项目外汇的企业凭申请书/进出口经营权备案登记表或相关证明/银行经常项目外汇账户证明办理登记。外汇管理局将企业信息录入贸易进口付汇监管系统。

2. 办理进口付汇备案表

“不在名录”“异地付汇”“由外汇管理局审核真实性的进口单位”付汇，须先持有关材料到外汇管理局办理进口付汇备案手续，领取外汇管理局签发的进口付汇备案表，然后到外汇指定银行办理开证或购/付汇。

3. 银行付汇数据录入

进口单位付汇后，根据银行报送的贸易进口付汇核销单或对外付汇/承诺通知书，外汇管理局将付汇单位的付汇数据录入贸易进口付汇监管系统中。

4. 办理进口核销手续

进口单位在有关货物报关一个月内到外汇管理局办理进口核销报审手续（货到付款结算方式的进口付汇除外）。

（三）进口付汇核销报审手续

在 2012 年 8 月 1 日以前，企业在办理核销报审时，对已到货的，进口单位在办理到货报审手续时，须提供下列单据：

（1）贸易进口付汇核销单（见图 13 - 1）（如核销单上的结算方式为“货到付款”，则“报关单号栏”不得为空）。

（2）进口付汇备案表（如核销单付汇原因为“正常付汇”，企业可以不提供该单据）。

（3）进口货物报关单正本（如核销单上的结算方式为“货到付汇”，企业可以不提供该单据）。

贸易进口付汇核销单（代申报单）

(1)印单局代码： (2)核销单编号：

(3)单位代码：	(4)单位名称：	(5)所在地外汇局名称：
(6)付汇银行名称：	(7)收款人国别：	(8)交易编码：
(9)收款人是否保税区：是□　否□	(10)进口商品名称：	
(11)对外付汇币种 其中：购汇金额　现汇金额　其他方式金额 (13)人民币账号　外汇账号	(12)对外付汇总额	折美元总额
(14)付汇性质 □正常付汇 □不在名录　□90天以上信用证　□90天以上托收　□异地付汇 □90天以上到货　□转口贸易　□境外工程使用物资　□真实性审查 备案表编号		
(15)预计到货日期	(16)进口批件号	(17)合同/发票号
(18)结算方式		
信用证　90天以内□　90天以上□　承兑日期　/　/　付汇日期　/　/　期限　天		
托收　90天以内□　90天以上□　承兑日期　/　/　付汇日期　/　/　期限　天		
(19)汇款：预付货款□　货到付汇(凭报关单付汇)□　付汇日期 报关单号　报关日期　报关单币种　金额 报关单号　报关日期　报关单币种　金额 报关单号　报关日期　报关单币种　金额 报关单号　报关日期　报关单币种　金额 报关单号　报关日期　报关单币种　金额 （若报关单填写不完，可另附纸）		
其他□ (20) 付汇日期		
以下由付汇银行填写 申报号码： 业务编号： （付款银行签章） 审核日期		

进口单位（签章）

图13-1　贸易进口付汇核销单

（4）贸易进口付汇到货核销表（见图 13－2）（一式两份，均为打印件并加盖公司章）。

（5）结汇水单及收账通知单（如核销单付汇原因不为“境外工程使用物资”及“转口贸易”，企业可不提供该单据）。

（6）外汇管理局要求提供的其他凭证、文件。

应如实填写贸易进口付汇到货核销表。对未到货的，填写贸易进口付汇未到货核销表。

二、2012 年货物贸易外汇管理制度改革

根据国家外汇管理局 2012 年第 1 号公告的规定，自 2012 年 8 月 1 日起，进口付汇核销手续简化，进口企业只要凭进口报关单（进口付汇证明联）或合同或发票，再填写对外付款/承兑通知书或境外汇款申请书 [信用证结算与进口托收结算方式下用对外付款/承兑通知书（见图 13－3），T/T 结算方式下用境外汇款申请书（见图 13－4）]，提交给银行即可完成进口付汇核销手续。

三、现行货物贸易外汇收支便利化管理改革

2019 年海关总署外汇管理局发布 93 号公告：为深化通关作业无纸化改革，完善货物贸易外汇服务和管理，进一步减少纸质单证流转，优化营商环境，海关总署、国家外汇管理局决定，全面取消报关单收、付汇证明联和办理加工贸易核销的海关核销联。企业办理货物贸易外汇收付和加工贸易核销业务，按规定须提交纸质报关单的，可通过中国电子口岸自行以普通 A4 纸打印报关单并加盖企业公章。

四、对外付款/承兑通知书的填制内容

在银行进口代收及进口信用证的对外付款业务环节，开证行（代收行）收到国外托收行或议付行寄来的出口商填制的单据后，通常要制作“单到通知书”向进口商提示单据，如“信用证单据通知书”和“进口代收单据通知书（托收项下）”。进口商审核单据后选择付款、承兑或拒付后，填制托收项下的“付款委托书”和信用证项下的“付款或承兑委托书/拒绝说明”。

进口企业在信用证、保函、托收等项下向境外付款的业务中应填写“对外付款/承兑通知书”。“对外付款/承兑通知书”共三联：第一联为到单通知银行/客户留存联，正面为通知内容（如图 13－5 所示），背面为银行自行制定的银行有关条款，如付款人申明；第二联、第三联分别为银行留存联、申报主体留存联，两联的正面内容相同，第二联的背面为银行自行制定的银行有关条款（如申请人须知），第三联的背面为“对外付款/承兑通知书”的填报说明。

年　月贸易进口付汇到货核销表

进口单位名称：　　　　进口单位编号：　　　　核销单编号：

付汇情况								报关到货情况							
序号	核销单号	备案表号	付汇币种金额	付汇日期	结算方式	付汇银行名称	应到货日期	报关单号	到货企业名称	报关币种金额	报关日期	与付汇差额		凭报关单付汇	备注
												退汇	其他		

付汇合计笔数：	付汇合计金额：	到货报关合计笔数：	到货报关合计金额：	退汇合计金额：	凭报关单合计金额：
至本月累计笔数：	至本月累计笔数：	至本月累计笔数：	至本月累计金额：	至本月累计金额：	至本月累计金额：

填表人：　　　　负责人：　　　　填表日期：

联系电话：

本核销表内容无讹。

（进口单位签章）

注：

1. 本表一式两联，第一联外汇局留存，第二联进口单位留存；
2. 付汇金额与报关进度有差额的，应勾选余额是否留用，不留用的在备注栏注明“核销结案”字样；
3. 属“境外工程使用物资”“转口贸易”核销的，“最迟装运期”栏填写实际收汇日期；
4. 报关单号填写进口货物报关单的“预录入编号”。

图 13－2　贸易进口付汇到货核销表

中国银行 BANK OF CHINA

对外付款/承兑通知书

银行业务编号　　　　　　　　　　　　日　期

结　算　方　式	（1）□信用证 □保函　□托收　□其他	信用证/保函编号	(2)
来单币种及金额	（3）	开证日期	（4）
索汇币种及金额	（5）	期　　限	（6）
来 单 行 名 称	（7）	来单行编号	（8）
收 款 人 名 称	（9）		
收款行名称及地址	（10）		
付 款 人 名 称	（11）		

□对公组织机构代码	□□□□□□□□□—□	□对 私	个人身份证件号码
扣费币种及金额	（12）		□中国居民个人 □中国非居民个人
合同号	（13）	发票号	（13）
提运单号	（13）	合同金额	（13）

银行附言

上述信用证项下单据已到，
按照信用证条款和国际商会《跟单信用证统一惯例》(2007年修订)第600号出版物规定，我行正在审核。
如单证相符，我行将按规定对外承兑/付款；如单证不一，我行将另行通知。
请贵司准备资金，或保证指定账户余额足以支付。

单据清单如下：

申报号码	（14）	实际付款币种及金额	（14）
付款编号	（14）	若为购汇支出，则购汇汇率	（14）
收款人常驻国家(地区)名称及代码　（15）　□□□		是否为进口核查项下付款	（16）□是 □否

是否为预付款	（17）□是 □否	最迟装运日期	(18)	外汇局批件/登记表号	(19)

付款币种及金额		（20）	金额大写	
其中	购汇金额		账　　号	
	现汇金额		账　　号	
	其他金额		账　　号	

交易编码（21）	□□□□□□ □□□□□□	相应币种及金额	（22）	交易附言	（23）

□同意即期付款 □同意承兑并到期付款 □申请拒付	付款人印鉴(银行预留印鉴) （24）	银行业务章

图 13－3　对外付款/承兑通知书

境外汇款申请书

APPLICATION FOR FUNDS TRANSFERS(OVERSEAS)

致日期
TO:Date

	□电汇 T/T□票汇 D/D□信汇 M/T	发电等级 Priority □普通 Normal □加急 Urgent

申报号码 BOP Reporting No.	□□□□□□	□□□□	□□	□□□□□□	□□□□

20			收电行/付款行 Receiver/Drawn on	
32A			金额大写 Amount in Words	
	现汇金额 Amount in FX		账号 Account No./Credit CardNo.	
	购汇金额 Amount of Purchase		账号 Account No./Credit CardNo.	
	其他金额 Amount of Others		账号 Account No./CreditCardNo.	
50a				

□对公组织机构代码 Unit Code	□□□□□□□□—□	□对私	个人身份证件号码 Individual ID NO. □中国居民个人 Resident Individual □中国非居民个人 Non-Resident Individual

54/56a		
57a		收款人开户银行在其代理行账号 Bene's Bank A/C No.
收款人名称及地址 Beneficiary's Name&Address		收款人账号 Bene's Bank A/C No.

70	汇款附言 Remittance Information	只限 140 个字位 Not Exceeding 140 Characters	71A	国内外费用承担 All Bank's Charges If Any Are To Be Borne By □汇款人 OUR □收款人 BEN □共同 SHA

收款人常驻国家(地区)名称及代码 Resident Country/Region Name&Code	□□□
请选择:□预付货款 Advance Payment □货到付款 Payment Against Delivery □退款 Refund □其他 Others	最迟装运日期

交易编码 BOP Transac. Code	□□□□□□ □□□□□□	相应币种及金额 Currency&Amount		交易附言 Transac. Remark	
是否为进口核销项下付款		□是 □否	合同号		发票号
外管局批件/备案表号			报关单经营单位代码	□□□□□□□□□□	
报关单号		报关单币种及总金额		本次核注金额	
报关单号		报关单币种及总金额		本次核注金额	

银行专用栏 For Bank Use Only	申请人签章 Applicant's Signature	银行签章 Bank's Signature

购汇汇率 Rate		请按照贵行背页所列条款代办以上汇款并进行申报 Please Effect The Upwards Remittance,Subject To The Conditions Overleaf.	
等值人民币 RMB Equivalent			
手续费 Commission			
电报费 Cable Charges			
合计 Total Charges		申请人姓名 Name of Applicant	核准人签字 Authorized Person
支付费用方式 In Payment of the Remittance	□现金 by Cash □支票 by Check □账户 from Account	电话 Phone No.	日期 Date
核印 Sig.Ver.		经办 Maker	复核 Checker

图 13－4 境外汇款申请书

银行业务编号________　　　　　　　　　　　　日期________

结算方式	□信用证□保函□托收□其他	信用证/保函编号			
来单币种及金额		开证日期			
索汇币种及金额		期限		到期日	
来单行名称		来单行编号			
收款人名称					
收款行名称及地址					
付款人名称					
□对公组织机构代码 □□□□□□□□-□		□对私	个人身份证号码		
扣费币种及金额			□中国居民个人	□中国非居民个人	
合同号		发票号			
提运单号		合同金额			
银行附言					
经办	复核	负责人	银行业务章		

图 13－5　对外付款/承兑通知书（第一联）

从图 13－3 和图 13－5 可以看出，“对外付款/承兑通知书”一式三联，每联的上半部内容与第一联的内容完全相同，但第二、第三联增加了用于国际收支统计申报的内容和进口商对外付款/承兑/拒付的内容。三联内容的填写需要进口商和银行共同完成，区别在于结算方式不同，则填写要求不同。

(一)银行向进口商发出到单通知

信用证项下，开证行收到境外来单后，要对单据进行审核以确定是否相符交单和是否对外付款。审核单据后填写“对外付款/承兑通知书”中的银行编号、日期等到单信息，并将单据审核情况及对进口商审单付款的要求等单证业务信息填制在通知书中的“银行附言”栏，在第一联“到单通知银行/客户留存联”上签章后，将相应联次及全套单据复印件送达付款人（开证申请人），提示其付款/承兑。

进口代收业务中即托收业务项下，银行一般是代收行收到境外来单后，根据托收指示审查单据的种类及份数是否准确，审核无误后填制“对外付款/承兑通知书”中应由银行填写的到单信息，并将对进口商付款赎单的要求等单证业务信息填制在通知书中的“银行附言”栏，同时在第一栏“到单通知银行/客户留存联”上签章后，将相应联次送达付款人。

(二)进口商填制“对外付款/承兑通知书”

进口付汇核销课件

在收到银行签署的“对外付款/承兑通知书”及全套单据后，进口商应根据单据审核情况，同意即期付款或申请拒付；因付汇时进口商还未完成报关，如果同意付款则将“对外付款/承兑通知书”各联填写完整，并加盖印鉴后，按照银行规定时间退还银行办理涉外付款手续，“对外付款/承兑通知书”的有关栏目填写的方法和要求如下：

(1) 结算方式：根据合同在“信用证”“保函”“托收”“其他”四个选项中选择适当的方式，并在该选项前的“□”内打“√”。

(2) 信用证/保函编号：若“结算方式”中选择了信用证或保函，则该栏填写银行开立的信用证/保函编号。

(3) 来单币种及金额：填写国外银行索偿款项币种及金额，一般为合同或信用证规定的币种及金额。

(4) 开证日期：填写信用证的开证日期。

(5) 索汇币种及金额：填写国外银行索偿款项币种及金额，一般为合同或信用证规定的币种及金额。

(6) 期限：如果是远期 L/C、远期 D/P 或 D/A，则填写远期付款天数。

(7) 来单行名称及编号：托收项下一般填托收行的名称及编号，信用证项下填国外寄单行（一般是指国外议付行或通知行）的名称及编号。

(8) 收款人名称：填写该笔款项的收款人公司名称，即托收项下和信用证项下汇票的收款人名称。

(9) 收款行名称及地址：填写最终收款银行的名称及所在国家、城市，通常在国外送达的托收指示或信用证项下的寄单通知书加以明确。

(10) 付款人名称：填写付款人公司的名称。注意该栏目的“选项”栏如选“对公”，则在前面的“□”内打“√”。付款人名称在信用证项下为开证申请人名称，在保函项下为要求银行开立保函的申请人名称，在进口代收项下为汇票上注明的付款人名称。该栏必须填写汇款人预留银行印鉴或工商局颁发的社会信用代码或国家外汇局签发的特殊机构代码附码通知书上的单位组织机构代码或特殊机构代码。该栏目的选项栏如选“对私”，则在前面的“□”内打

“√”，并且必须填写个人身份证件上的名称。个人身份证号码栏的填写内容包括境内居民个人的身份证号、军官证号，以及境外居民个人的护照等。根据《国际收支统计申报方法》中对中国居民个人、中国非居民个人的定义选择一种，并在所选项前的“□”内打“√”。

（11）扣费币种及金额：填写此笔交易要扣费的币种及金额。

（12）合同号、发票号、提运单号、合同金额：填写本笔对境外付款的合同号、发票号、提单号以及合同金额。

（13）申报号码、实际付款币种及金额、付款编号、购汇汇率等栏目由银行填写。

（14）收款人常驻国家（地区）名称及代码：填写本笔对境外付款的实际收款人常驻的国家或地区，名称用中文填写，代码根据《国家（地区）名称代码表》填写。例如国家名称“美国”，代码502。

（15）是否为进口核查项下付款：根据本笔交易的实际情况在“是”或“否”前的“□”内打“√”。

（16）是否为预付款：根据本笔交易的实际情况在“是”或“否”前的“□”内打“√”。

（17）最迟装运日期：根据本笔交易的装运日期填写。

（18）外汇局批件号/登记表号：根据外汇局签发的，银行凭以对外付款的各种批件号、登记表号填写。如果本笔付款涉及外汇局核准批件，则优先填写该核准号。

（19）付款币种及金额：填写付款人支付款项的币种及金额。付款金额是购汇金额、现汇金额与其他金额的总和。购汇金额是指付款人申请付出的实际付款金额中，向银行购买外汇直接对境外支付的金额。现汇金额是指付款人申请付出的实际付款金额中，直接从外汇账户（包括外汇保证金账户）中支付的金额，付款人将从银行购买的外汇存入外汇账户（包括外汇保证金账户）后对境外支付的金额应作为现汇金额；另外，付款人以外币现钞方式对境外支付的金额也作为现汇金额。其他金额是指付款人除购汇和现汇以外对境外支付的金额，包括跨境人民币交易及记账贸易项下交易等的金额。

账号是指银行对境外付款时扣款的账号，包括人民币账号、现汇账号、现钞账号、保证金账号、银行卡号。如从多个同类账户扣款，则填写金额大的扣款账号。注意：“付款币种及金额”中可能包含境内银行费用；而由银行填写的“实际付款币种及金额”是指银行实际对外支付的币种及金额，不包括境内银行已扣除的费用。因此，“付款币种及金额”可能大于或等于“实际付款币种及金额”。

（20）交易编码：根据《国际收支交易编码表（支出）》与本笔境外付款的交易性质对应的编码填写。如果本笔付款为多种交易性质，则在第一行填写最大金额交易的国际收支交易编码；第二行填写次大金额的国际收支交易编码。如果本笔付款涉及进口核查项下交易，则核查项下交易视同最大金额交易处理；如果本笔付款为退款，则应填写本笔付款对应原涉外收入的国际收支交易编码。

（21）相应币种及金额：根据对应填报的“交易编码”填写。如果本笔涉外收入款为多种交易性质，则在第一行填写最大金额交易相应的币种和金额，第二行填写其余币种及金额，两栏合计数应等于汇款币种及金额。如果本笔涉外收入款涉及出口核查项下交易，则核查项下交易视同最大金额交易处理。

（22）交易附言：应根据填报的交易编码，对本笔对境外付款的交易性质进行详细描述。

(23) 付款人印鉴：付款人在确认同意即期付款/承兑/申请拒付后，填写联系人及电话和申报日期，然后加盖在银行预留的印鉴。

在实际业务中，开证行在收到出口国议付行寄过来的全套单据后，签发进口信用证签收单据联，填好对外付款/承兑通知书，通知开证行确认完毕后并盖章即可。

工作任务实训

一、任务情境

宁波贝宁品牌管理有限公司单证员支晓红收到中国银行浙江分行的到单通知书及填制好的银行对外付款/承兑通知书，填写情况说明（见图 13-6），并确认付款/承兑通知书上的内容后盖章递交银行，完成进口付汇。

情况说明

中国银行 浙江 分行

我司已充分知晓《国家外汇管理局关于便利银行开展贸易单证审核有关工作的通知》汇发〔2017〕9号，（以下简称“9号文”）相关要求，并承诺配合银行按照9号文相关要求向银行提供真实的报关信息，由银行通过货物贸易外汇监测系统“报关信息核验”模块办理核验手续。

☑ 付汇时未报关的，预计报关时间 60 天报关后 40 日内提供报关信息。

如报关时间调整，我司将告知银行或重新提交情况说明

口付汇时已报关未提交报关信息的，付汇后 5 个工作日内提供报关信息。(可提供报关清单，见附件)

本企业申明：本表所填内容真实无误，并在承诺的时间内向付汇银行提供报关信息。如有虚假，将承担相关后果。

填报人： 支晓红

联系电话：

邮箱：

单位公章或财务印章

银行报关清单

付款人

付款日期 付款币种 付款金额

报关单号	报关币种	报关金额	核验金额

银行业务编号（如有）：

图 13-6 进口付汇情况说明

其他相关资料如下：

信用证号：C16000190　　　　　　　　开证日期：2021 年 3 月 25 日

合同金额：13 551.93 欧元　　　　　　发票号：2104003268

通知行名称：CAIXABANK

收款行名称：GESTION DOCUMENTAL CALLE BADAJOZ 145，BAJOS 08018 BARCELONA

来单银行编号：B2F54D63E251

提运单号：ESX0320102

二、工作任务

因收到银行到单通知书时还没完成报关，单证员支晓红先填写情况说明，然后在付款/承兑通知书上对银行填写的付款/承兑通知书相关信息进行确认，交给公司财务人员办理进口付汇核销，并在 6 月 9 日海关放行后将报关清单信息提供给银行。

三、任务实施

银行根据到单的信息填制的付款/承兑通知书（实例）如图 13－7 所示。

第 1 栏根据本笔交易的信息，在信用证前的“□”内打“√”。

第 2 栏填写信用证号码“C16000190”。

第 3 栏填写“EUR13 551.93”。

第 4 栏填写开证日期“2021 年 3 月 25 日”。

第 7 栏根据信息填写“CAIXABANK”和第 8 栏“B2F54D63E251”。

第 8、9、10、11、12 栏银行根据到单资料完成填写。

其余栏目交给公司的财务人员填写。支晓红确认完毕的对外付款/承兑通知书见图 13－7。

? 训练测试题目

请根据本书项目 11 中的图 11－4 宁波千盛国际贸易有限公司进口葡萄酒的合同及相关信息，以宁波千盛国际贸易有限公司单证员的身份完成相关对外付款/承兑通知书（见图 13－8）的填制信息的确认。

其他相关信息如下：

来单银行信息：BANCO POPULAR ESPANOL，S. A. MADRID

信用证号码：1020DCEP00012

开证日期：2021 年 5 月 30 日

发票号：CA70114

来单银行编号：POPU049258

提运单号：NYKSVLCS00297100

银行业务编号　　　　　　　　　　　　　　　　　　　　　　　　日期________

结算方式	☑ 信用证□保函□托收□其他	信用证/保函编号	C16000190
来单币种及金额	EUR13 551.93	开证日期	2021 年 3 月 25 日
索汇币种及金额		期限	到期日
来单行名称	CAIXABANK	来单行编号	B2F54D63E251
收款人名称	VICKY FOODS PRODUCTS SLU		
收款行名称及地址	GESTION DOCUMENTAL CALLE BADAJOZ 145, BAJOS 08018 BARCELONA		
付款人名称	宁波贝宁品牌管理有限公司		
☑ 对公组织机构代码	□□□□□□□□□-□	□对私	个人身份证号码
扣费币种及金额			□中国居民个人　□中国非居民个人
合同号	BSB0005	发票号	2104003268
提运单号	ESX0320102	合同金额	EUR13 551.93
银行附言			

经办　　　　复核　　　　负责人　　　　银行业务章

图 13－7　付款/承兑通知书（实例）

中国银行 BANK OF CHINA

对外付款/承兑通知书

银行业务编号			日期	

结算方式	☒ 信用证□保函□托收□其他	信用证/保函编号	1020DCEP00012
来单币种及金额	18 120.00欧元	开证日期	2021年5月30日
索汇币种及金额	18 120.00欧元	期限	
来单行名称	BANCO POPULAR ESPANOL, S.A.MADRID	来单行编号	POPU049258
收款人名称	SANTOS VINEDOS CASDE		
收款行名称及地址			
付款人名称	宁波千盛国际贸易有限公司		

□对公组织机构代码□□□□□□□□□—□		□对私	个人身份证件号码
扣费币种及金额			□中国居民个人□中国非居民个人
合同号	WTYX124	发票号	CA70114
提运单号	NYKSVLCS00297100	合同金额	18 120欧元

银行附言

上述信用证项下单据已到，

按照信用证条款和国际商会《跟单信用证统一惯例》(2007年修订)第600号出版物规定，我行正在审核。

如单证相符，我行将按规定对外承兑/付款；如单证不一，我行将另行通知。

请贵司准备资金，或保证指定账户余额足以支付。

单据清单如下：

申报号码		实际付款币种及金额	
付款编号		若为购汇支出，则购汇汇率	
收款人常驻国家(地区)名称及代码□□□		是否为进口核查项下付款	□是□否

是否为预付款	□是□否	最迟装运日期		外汇局批件/登记表号	
付款币种及金额			金额大写		
其中	购汇金额		账号		
	现汇金额		账号		
	其他金额		账号		
交易编码	□□□□□□ □□□□□□	相应币种及金额		交易附言	

□同意即期付款 □同意承兑并到期付款 □申请拒付 联系人及电话 申报日期	付款人印鉴(银行预留印鉴)	银行业务章 经办复核

图13-8 对外付款/承兑通知书

参考文献

1. 外贸单证实务：应用·技能·案例·实训．3 版．上海：上海财经大学出版社，2020.

2. 报关职业能力训练及水平测试系列教材编委会．报关基础知识．北京：中国海关出版社，2021.

3. 报关职业能力训练及水平测试系列教材编委会．报关业务技能．北京：中国海关出版社，2021.

4. 周文苑．外贸单证操作与实训指导．北京：清华大学出版社，2019.

5. 吴穗珊．外贸单证实务．3 版．北京：电子工业出版社，2020.

6. 朱春兰，佘雪锋．新编外贸单证实训教程．杭州：浙江大学出版社，2020.

7. 余世明．国际商务单证实务．8 版．广州：暨南大学出版社，2021.

8. 高露华，张爱华，柳鹏飞．国际贸易单证实务．北京：清华大学出版社，2016.

9. 王利平．外贸单证．杭州：浙江大学出版社，2019.

10. 孟祥年．外贸单证实务．2 版．北京：中国财政经济出版社，2020.

11. 吴百福，徐小薇，聂清．进出口贸易实务教程．8 版．上海：格致出版社，上海人民出版社，2020.

12. 林榕，吕亚君．外贸单证实务（微课版）．北京：人民邮电出版社，2019.

13. 黄秀丹，王瑞华．外贸单证实务．北京：中国财富出版社，2018.

14. 黎孝先，王健．国际贸易实务．北京：对外经济贸易大学出版社，2020.

15. 夏合群，夏菲菲，胡爱玲，赵翊，乔志霞．国际贸易实务模拟操作教程．4 版．北京：对外经济贸易大学出版社，2020.

16. 许丽洁．报检与报关业务从入门到精通．北京：人民邮电出版社，2020.